教你打官司 丛书

环境保护案例

蓝 楠 戈华清 李 铮 编著

山西出版集团 山西教育出版社

图书在版编目（CIP）数据

环境保护案例/蓝楠，戈华清，李铮著．—太原：山西教育出版社，2010．4
（教你打官司）
ISBN 978-7-5440-4199-7

Ⅰ．①环…　Ⅱ．①蓝…　②戈…　③李…　Ⅲ．①环境保护法-案例-分析-中国　Ⅳ．①D922.685

中国版本图书馆CIP数据核字（2009）第205377号

环境保护案例

责任编辑　孙　铁
特邀编辑　霍　艳
复　　审　邓吉忠
终　　审　樊爱香
装帧设计　刘志斌
印装监制　贾永胜

出版发行　山西出版集团·山西教育出版社
（太原市水西门街馒头巷7号　电话：4035711　邮编：030002）
印　　装　山西新华印业有限公司
开　　本　850×1168　1/32
印　　张　11.875
字　　数　379千字
版　　次　2010年4月第1版　2010年4月山西第1次印刷
印　　数　1—7000册
书　　号　ISBN 978-7-5440-4199-7
定　　价　21.00元

序　言

俗话说:“无规矩不成方圆。”法律虽然抽象,但离我们的生活并不遥远。法律规则在现代社会人与人的交往中发挥着重要的作用,尤其是在预防和减少纷争、维护自身权益方面。我国正处在经济迅速发展、法制日臻完善的时期,法律的制定和修订也比较快,因此,对于普通百姓而言,我们不仅需要了解基本法律理念,还需要了解最新的、与我们生活密切相关的法律知识。

本套“教你打官司”丛书本着“为你打官司支招,为你赢官司献计”的宗旨,以通俗易懂的方式向读者宣讲法律知识,传播法治理念,让百姓明白自己有哪些权益是受法律保护的,应当怎样运用法律武器维护自己的合法权益。

本丛书共23册,各册的内容体系不是严格按照学术分类或是法律部门进行划分,而是以“与百姓的生活密切相关”为标准,将大量的法律概念、法律原理融入一个个典型而精彩的案例中,让读者在不知不觉中学到法律知识。每册书均采用以案说法的形式,运用简明通俗的语言、根据最新的法律规范深入浅出地解说法律问题。每个案例都由“事情是这样的”、“律师专线”、“法律规范”和“专家释惑”四个部分构成。其中“事情是这样的”旨在简要介绍法律问题的事实背景;“律师专线”是从律师实务的角度指明所涉法律问题，判断问题处理得对错与否，为当事人妥善解决此类问题提出相应的建议与技巧，比如所涉纠纷的核心问题是什么、有效解决问题的措施是什么、该向什么部门反映等；“法律规范”是摘录与案件有关的核心法条，为读者指明解决问题所援引的法律依据；“专家释惑”则是对与案件有关的法律知识进行更专业的阐释与介绍。有些案例还附有“联系本案”的内容，为读者防范或处理相关问题进行提醒。

衷心希望本丛书能成为普通百姓学习基本法律知识的得力助手，使大家不再觉得法律陌生而遥远，为我们认知和维护自身权益略尽绵薄之力。

兰　花

2009 年 7 月于中国政法大学

目　录

第十章 森林和草原资源保护案例

第十一章 土地资源保护案例

第十二章 野生动植物资源保护案例

第一章　水污染案例

内容提要

目前，我国处于水污染事故的高发期、频发期。水污染事故虽然是无法避免的，但政府和环保部门应对水污染突发事件不是束手无策的，有相关法律法规保驾护航，《水污染防治法》是我国环境保护领域最重要的一部单行专项法律。该法几经修订，最新修订案是2008年2月28日修订，2008年6月1日施行。另外，通过在水污染事故处理中积累的大量宝贵经验，水污染事故的应对工作将会做到妥善处理、从容应对，从而将对环境和人民群众的损失降低到最小。

1．企业违法排污导致死鱼案件如何处理？

案例1　袁春宇诉宏源地毯有限公司水污染案

事情是这样的

宏源地毯有限公司位于天津市宝坻区马于庄村附近，2001年5月，该公司在距离马于庄村居住区域50米左右的地方新建了一条生产线。由于未执行环境保护法规定的“三同时”制度，该生产线在投产使用后，将染线所产生的工业废水、废气未经任何处理，直排到周围的环境中。2003年5月，迫于种种压力，该地毯公司终于修建了环保设备。但是，该公司却经常违法闲置环保设备不用，依然将废水直排到农用河中。

袁春宇承包的鱼塘位于农用河北边，鱼塘距离农用河最近距离为7

米。由于宏源地毯公司的工业废水直排到农用河后，渗入到袁春宇的鱼塘内，致使养殖产品大量死亡。2001 年发生了第一次死鱼事件，经鉴定“鱼是氢中毒死亡”。地毯公司承认是自己排污所致，出资 5000 元让袁春宇自建一防渗区。但是，2003 年 11 月，农用河水位再次上涨，在强大的水压下，简陋的鱼塘防渗区失去了作用。当年 11 月 22 日，又一次发生死鱼事件，至当年 12 月初，各种养殖产品死亡 7000 余斤，仅直接经济损失就达 2 万余元。天津市宝坻区畜牧水产局鱼病门诊部对死鱼进行了诊治，认为死鱼“均未发现任何鱼病”，系非鱼病死亡。

2003 年 11 月 27 日，袁春宇找到了渔业损失鉴定机构。同时，为彻底解决宏源地毯公司违法直排工业废水、废气污染环境一事，袁春宇找人代书了反映该企业污染情况、请求当地政府有关部门予以处理的申请书。2004 年 1 月初，袁春宇就此案委托天津尚志律师事务所杨新律师作为本案的代理律师。

接受委托后，杨新律师首先就双方协商解决纠纷，向宏源地毯公司发出律师信。但是，2004 年 3 月 16 日，双方当事人进行协商未果。之后，袁春宇即向天津市宝坻区人民法院提起了请求损害赔偿的民事诉讼。4 月 7 日，宝坻区法院受理本案，并决定于 2004 年 5 月 10 日第一次开庭审理。

5 月 9 日，宝坻区法院工作人员到现场勘察。随后原告袁春宇收到法院的中止诉讼的裁定。

律师专线

这是一起典型的因企业违法排污造成他人财产损失的环境污染案件。本案被告宏源地毯有限公司存在多个违反环境法律法规的行为：一是作为一个新建项目，违反环境影响评价和“三同时”制度；二是擅自闲置环保治理设施；三是废水未经处理，超标排放；四是造成他人渔业损失。宏源地毯有限公司违反了《环境保护法》《环境影响评价法》《环境保护建设项目管理条例》《水污染防治法》等法律法规的有关规定。

法律规范

中华人民共和国环境保护法

（1989年12月26日第七届全国人民代表大会常务委员会第十一次会议通过，1989年12月26日中华人民共和国主席令第22号公布，自公布之日起施行）

第一条　为保护和改善生活环境与生态环境，防治污染和其他公害，保障人体健康，促进社会主义现代化建设的发展，制定本法。

第十三条　建设污染环境项目，必须遵守国家有关建设项目环境保护管理的规定。

建设项目的环境影响报告书，必须对建设项目产生的污染和对环境的影响作出评价，规定防治措施，经项目主管部门预审并依照规定的程序报环境保护行政主管部门批准。环境影响报告书经批准后，计划部门方可批准建设项目设计任务书。

第二十六条　建设项目中防治污染的设施，必须与主体工程同时设计、同时施工、同时投产使用。防治污染的设施必须经原审批环境影响报告书的环境保护行政主管部门验收合格后，该建设项目方可投入生产或者使用。

防治污染的设施不得擅自拆除或者闲置，确有必要拆除或者闲置的，必须征得所在地的环境保护行政主管部门同意。

第四十一条　造成环境污染危害的，有责任排除危害，并对直接受到损害的单位或者个人赔偿损失。

赔偿责任和赔偿金额的纠纷，可以根据当事人的请求，由环境保护行政主管部门或者其他依照法律规定行使环境监督管理权的部门处理；当事人对处理决定不服的，可以向人民法院起诉。当事人也可以直接向人民法院起诉。

完全由于不可抗拒的自然灾害，并经及时采取合理措施，仍然不能避免造成环境污染损害的，免予承担责任。

第四十二条　因环境污染损害赔偿提起诉讼的时效期间为3年，从当事人知道或者应当知道受到污染损害时起计算。

中华人民共和国环境影响评价法

（2002 年 10 月 28 日第九届全国人民代表大会常务委员会第三十次会议通过，自 2003 年 9 月 1 日起施行）

第十六条　国家根据建设项目对环境的影响程度，对建设项目的环境影响评价实行分类管理。

建设单位应当按照下列规定组织编制环境影响报告书、环境影响报告表或者填报环境影响登记表（以下统称环境影响评价文件）：

（一）可能造成重大环境影响的，应当编制环境影响报告书，对产生的环境影响进行全面评价；

（二）可能造成轻度环境影响的，应当编制环境影响报告表，对产生的环境影响进行分析或者专项评价；

（三）对环境影响很小、不需要进行环境影响评价的，应当填报环境影响登记表。

建设项目的环境影响评价分类管理名录，由国务院环境保护行政主管部门制定并公布。

第十七条　建设项目的环境影响报告书应当包括下列内容：

（一）建设项目概况；

（二）建设项目周围环境现状；

（三）建设项目对环境可能造成影响的分析、预测和评估；

（四）建设项目环境保护措施及其技术、经济论证；

（五）建设项目对环境影响的经济损益分析；

（六）对建设项目实施环境监测的建议；

（七）环境影响评价的结论。

涉及水土保持的建设项目，还必须有经水行政主管部门审查同意的水土保持方案。

环境影响报告表和环境影响登记表的内容和格式，由国务院环境保护行政主管部门制定。

第三十一条　建设单位未依法报批建设项目环境影响评价文件，或者未依照本法第二十四条的规定重新报批或者报请重新审核环境影响评价文件，擅自开工建设的，由有权审批该项目环境影响评价文件的环境保护行政主管部门责令停止建设，限期补办手续；逾期不补办手续的，可以处五万元以上二十万元以下的罚款，对建设单位直接负责的主管人员和其他直接责任人员，依法给予行政处分。

建设项目环境影响评价文件未经批准或者未经原审批部门重新审核同意，建设单位擅自开工建设的，由有权审批该项目环境影响评价文件的环境保护行政主管部门责令停止建设，可以处五万元以上二十万元以下的罚款，对建设单位直接负责的主管人员和其他直接责任人员，依法给予行政处分。

海洋工程建设项目的建设单位有前两款所列违法行为的，依照《中华人民共和国海洋环境保护法》的规定处罚。

建设项目环境保护管理条例

（1998 年 11 月 18 日国务院第 10 次常务会议通过，1998 年 11 月 29 日国务院令第 253 号发布施行）

第十六条　建设项目需要配套建设的环境保护设施，必须与主体工程同时设计、同时施工、同时投产使用。

第二十条　建设项目竣工后，建设单位应当向审批该建设项目环境影响报告书、环境影响报告表或者环境影响登记表的环境保护行政主管部门，申请该建设项目需要配套建设的环境保护设施竣工验收。

环境保护设施竣工验收，应当与主体工程竣工验收同时进行。需要进行试生产的建设项目，建设单位应当自建设项目投入试生产之日起 3 个月内，向审批该建设项目环境影响报告书、环境影响报告表或者环境影响登记表的环境保护行政主管部门，申请该建设项目需要配套建设的环境保护设施竣工验收。

第二十三条　建设项目需要配套建设的环境保护设施经验收合格，该建设项目方可正式投入生产或者使用。

第二十四条　违反本条例规定，有下列行为之一的，由负责审批建设项目环境影响报告书、环境影响报告表或者环境影响登记表的环境保护行政主管部门责令限期补办手续；逾期不补办手续，擅自开工建设的，责令停止建设，可以处 10 万元以下的罚款：

（一）未报批建设项目环境影响报告书、环境影响报告表或者环境影响登记表的；

（二）建设项目的性质、规模、地点或者采用的生产工艺发生重大变化，未重新报批建设项目环境影响报告书、环境影响报告表或者环境影响登记表的；

（三）建设项目环境影响报告书、环境影响报告表或者环境影响登记表自批准之日起满5年，建设项目方开工建设，其环境影响报告书、环境影响报告表或者环境影响登记表未报原审批机关重新审核的。

第二十六条　违反本条例规定，试生产建设项目配套建设的环境保护设施未与主体工程同时投入试运行的，由审批该建设项目环境影响报告书、环境影响报告表或者环境影响登记表的环境保护行政主管部门责令限期改正；逾期不改正的，责令停止试生产，可以处5万元以下的罚款。

第二十八条　违反本条例规定，建设项目需要配套建设的环境保护设施未建成、未经验收或者经验收不合格，主体工程正式投入生产或者使用的，由审批该建设项目环境影响报告书、环境影响报告表或者环境影响登记表的环境保护行政主管部门责令停止生产或者使用，可以处10万元以下的罚款。

中华人民共和国水污染防治法

（2008年2月28日第十届全国人民代表大会常务委员会第三十二次会议修订，自2008年6月1日起施行）

第十七条　新建、改建、扩建直接或者间接向水体排放污染物的建设项目和其他水上设施，应当依法进行环境影响评价。

建设单位在江河、湖泊新建、改建、扩建排污口的，应当取得水行政主管部门或者流域管理机构同意；涉及通航、渔业水域的，环境保护主管部门在审批环境影响评价文件时，应当征求交通、渔业主管部门的意见。

建设项目的水污染防治设施，应当与主体工程同时设计、同时施工、同时投入使用。水污染防治设施应当经过环境保护主管部门验收，验收不合格的，该建设项目不得投入生产或者使用。

第七十一条　违反本法规定，建设项目的水污染防治设施未建成、未经验收或者验收不合格，主体工程即投入生产或者使用的，由县级以上人民政府环境保护主管部门责令停止生产或者使用，直至验收合格，处五万元以上五十万元以下的罚款。

专家释惑

水污染，是指水体因某种物质的介入而导致其化学、物理、生物或者放射性等方面特性的改变，从而影响水的有效利用，危害人体健康或者破坏生态环境，造成水质恶化的现象。环境影响评价，是指对规划和建设项目实施后可能造成的环境影响进行分析、预测和评估，提出预防或者减轻不良环境影响的对策和措施，进行跟踪监测的方法与制度。环境影响评价必须客观、公开、公正，综合考虑规划和建设项目实施后对各种环境因素及其所构成的生态系统可能造成的影响，为决策提供科学依据。

2．城市污水管道破裂导致死鱼案件如何赔偿？

案例2　城市生活污水污染养殖户郑涛鱼塘案

事情是这样的

我国广大农村实行联产承包责任制以后，鉴于皖南山区当地水面较多的情况，不少农户承包了鱼塘，借此养家糊口，发展当地经济。郑涛是当地个体养殖户，近几年承包了约15亩鱼塘，虽称不上养殖大户，但每年亦有不少收获。2003年年底，本想有个好收成，没曾想，自己承包的鱼塘接连有大批鱼死亡。郑涛呆呆地望着自己多年苦心经营、已具规模的鱼塘，心如刀绞……

2003年12月20日，郑涛发现自己承包的鱼塘出现冬季鱼浮头并有鱼死亡。经查系城市排污管道破裂，污水改道进入鱼塘所致。郑涛当即决定先抽水捕鱼，同时与当地市政公司交涉。2004年1月3日，当地市政公司动工重新铺设了一条排污管道。在此期间，因污水进入鱼塘，造成部分鱼死亡，部分鱼已有严重异味。因久旱无雨，郑涛曾于2004年2月10日、14日用漂白粉、生石灰消毒，在鱼塘水变清后，又购进了一批鱼苗，但鱼塘鱼苗仍被再次污染而死亡。

郑涛认为，此次生活水污染导致库存的1万余斤成品鱼产生严重异味而不得不廉价出售，另有3000余斤鱼有浮头并死亡。按每斤2元计算仅鱼损就2万余元，鱼苗损失7000元，另有消毒费、抽水电费、水质检测费用等，合计经济损失32992元。为此，郑涛提供证人证明污染时每天死鱼多在500斤；另有证人证明污染鱼因有异味而以一元一斤购买；当地渔政监督管理站勘验检查笔录证明鱼损为3万余元；当地环境监测站环境监测报告证明该鱼塘水质已污染；另有华醒公司出具说明证明排污管道系由市政公司使用。于是，郑涛向当地法院起诉，要求当地市政公司赔偿其所有损失32992元。

一审法院经审理认为：当地市政公司管理的城市排污管道，出口位于第二中学操场北面，城市污水排向该操场北面的污水塘，再从污水塘西侧的明沟流向长江支流。数年前华醒公司在建设中为优化环境，将排污明沟变为暗道。2003年底因暗道排污管破裂，污水注入郑涛的鱼塘内，造成鱼塘内鱼变味、死亡。原告虽有损害的事实，但对赔偿的具体数额没有确实证据予以证实，无法确定赔偿额。故判决驳回原告诉讼请求。

原告不服上诉称：一审法院承认有损害的事实，对有关证人的证词也予以采纳，而无法确定赔偿数额难以接受，上诉要求依法改判。2004年2月11日，郑涛曾书面申请当地渔政监督管理站站长等人到鱼塘实地勘验并作了详细的勘验检查笔录，认定其损失为32992元。渔政监督管理站勘验检查笔录记载：2003年12月20日以来，该养殖户承包的池塘水面约15亩，经实地勘察，因生活污水污染造成5000公斤成品鱼出现严重异味，无法食用，经济损失32992元。

当地市政公司辩称：郑涛提交的关于鱼损的证据不能认定其损失状况，虽有损害的事实，但并没有因果关系的认定。另外，该排污管道是华醒公司建的，建设时并没有向有关部门说明，无法纳入市政管理中。此次污染与市政公司毫无关系，侵权主体是排污单位。即使市政公司在管理上疏漏造成污染源扩散，也只能减轻排污单位的责任，而不能免除排污单位的责任。

二审法院认为：当地市政公司负责对辖区内的污水排放进行管理，因其排污管道破裂，给他人造成损害，应负赔偿责任。郑涛在鱼塘被污染后，申请当地渔政监督管理站对鱼塘污染进行勘验，并按当地同等塘口平均产量平均价值予以估算损失，具有客观真实性，市政公司没有相反证据予以否定，一审法院不予采信该份证据是不妥的，应予纠正。关于郑涛索赔二次损失 7000 元，在未彻底解决鱼塘污染的情况下，因其盲目购进鱼苗放养，造成的损失应自己承担。2004 年 10 月 26 日，二审法院终审判决：撤销原判，判令市政公司 10 日内赔偿郑涛鱼塘损失 32992 元。

律师专线

本案中，原告承包的鱼塘内大量成品鱼死亡，有证人证明污染发生的时候每天死鱼多在 500 斤，并有他人因鱼有异味而以一元一斤廉价购买之证人证言，当地渔政监督管理站也进行了现场勘验，证明鱼损为 3 万余元。可以说原告已尽到了自己的举证义务，证实自己遭受了巨大损失，构成了诉讼的基础与索赔的前提。身临其境地想一想，受害者能做到这些已实属不易，法官不能过于苛求证据的规范性。司法实践中，必须要考虑农村养殖户的文化知识、法律素养以及生活生产习惯，还有污染的可怕性及处理问题的紧迫性。只要具备初步的损害，至于是不是被告造成的，则由被告举证。环境污染引起的损害赔偿诉讼，适用“举证责任倒置”原则。本案一审法院采用“谁主张，谁举证”原则，认定原告索赔的具体数额没有确实证据予以证实而判决驳回了原告的诉讼请求，过于苛求证据的规范性。二审法院依据当地渔政监督管理站勘验笔录，按照当地同等鱼塘平均产量、平均价值予以估算损失，较为客观与公平。既有损失，理当赔偿。我国《民法通则》第 124 条规定：“违反国家保护环境防止污染的规定，污染环境造成他人损害的，应当依法承担民事责任。”我国《环境保护法》第 41 条规定：“造成环境污染危害的，有责任排除危害，并对直接受到损害的单位或者个人赔偿损失。”我国《水污染防治法》等亦有类似的规定。该法第 55 条和第 56 条规定，造成水污染危害的单位，有责任排除危害，并对直接受到损害的单位或者个人赔偿损失；水污染损失由第三者故意或者过失所引起的，第三者应当承担责任；水污染损失由受害者自身的原因引起的，排污单位不承担责任；完全由于不可抗拒的自然灾害，并经及时采取合理措施，仍然不能避免造成水污染损失的，免予承担责任。

本案中，当地市政公司排污管道破裂，该排污管道由市政公司使用，因其管理疏漏造成污染源扩散至鱼塘后致鱼死亡，法院判决市政公司承担责任也无可非议。市政公司的上级单位是城市建设委员会，属于法律上公益性组织。有关公益性组织致人损害的赔偿，司法实践中，都被当作一般意义上的民事赔偿。但笔者认为，这种服务性的公益性公司不是一般意义上的公司，不能单纯适用私法。这些公益性组织“幕后的政府行为”是不言而喻的，是“延伸了的公共之手”。公益性组织侵权造成的损害赔偿，含有国家行政赔偿的性质。现实生活的复杂性、行政管理的多样性和行政主体的难统一性等常常使得行政赔偿与一般民事损害赔偿互有交叉。但无论怎样，环境污染责任属于严格责任范畴，实行无过错责任，被诉主体只有证明污染是因不可抗力造成或系受害人及第三人造成的情况下，才可以免除承担损害赔偿责任。

实际上，本案真正的污染者是谁还有待进一步明确。市政公司承担的是管理者的责任，其重新铺设了一条排污管道，排除了危害。真正的污染排放者是附近的企业。污染根源在于生活污水或工业废水而不在于排水沟本身。如果确实能查找出是哪一家或几家企业排放的污水超标而致鱼死亡，应由真正的排污单位负责赔偿。当然，这仍须由被诉主体负举证责任，被诉主体需对不存在因果关系和免责事由进行举证。

法律规范

中华人民共和国环境保护法

（1989 年 12 月 26 日第七届全国人民代表大会常务委员会第十一次会议通过，1989 年 12 月 26 日中华人民共和国主席令第 22 号公布，自公布之日起施行）

第一条　为保护和改善生活环境与生态环境，防治污染和其他公害，保障人体健康，促进社会主义现代化建设的发展，制定本法。

第四十一条　造成环境污染危害的，有责任排除危害，并对直接受到损害的单位或者个人赔偿损失。

赔偿责任和赔偿金额的纠纷，可以根据当事人的请求，由环境保护行政主管部门或者其他依照法律规定行使环境监督管理权的部门处理；当事人对处理决定不服的，可以向人民法院起诉。当事人也可以直接向人民法院起诉。

完全由于不可抗拒的自然灾害，并经及时采取合理措施，仍然不能避免造成环境污染损害的，免予承担责任。

第四十二条　因环境污染损害赔偿提起诉讼的时效期间为三年，从当事人知道或者应当知道受到污染损害时起计算。

中华人民共和国水污染防治法

（2008 年 2 月 28 日第十届全国人民代表大会常务委员会第三十二次会议修订，自 2008 年 6 月 1 日起施行）

第八十五条　因水污染受到损害的当事人，有权要求排污方排除危害和赔偿损失。

由于不可抗力造成水污染损害的，排污方不承担赔偿责任；法律另有规定的除外。

水污染损害是由受害人故意造成的，排污方不承担赔偿责任。水污染损害是由受害人重大过失造成的，可以减轻排污方的赔偿责任。

水污染损害是由第三人造成的，排污方承担赔偿责任后，有权向第三人追偿。

第八十六条　因水污染引起的损害赔偿责任和赔偿金额的纠纷，可以根据当事人的请求，由环境保护主管部门或者海事管理机构、渔业主管部门按照职责分工调解处理；调解不成的，当事人可以向人民法院提起诉讼。当事人也可以直接向人民法院提起诉讼。

第八十七条　因水污染引起的损害赔偿诉讼，由排污方就法律规定的免责事由及其行为与损害结果之间不存在因果关系承担举证责任。

第八十八条　因水污染受到损害的当事人人数众多的，可以依法由当事人推选代表人进行共同诉讼。

环境保护主管部门和有关社会团体可以依法支持因水污染受到损害的当事人向人民法院提起诉讼。

国家鼓励法律服务机构和律师为水污染损害诉讼中的受害人提供法律援助。

第八十九条　因水污染引起的损害赔偿责任和赔偿金额的纠纷，当事人可以委托环境监测机构提供监测数据。环境监测机构应当接受委托，如实提供有关监测数据。

专家释惑

在民事损害赔偿案件中，环境污染属于特殊的侵权行为。案件之所以特殊，主要在于环境污染的因果关系较难认定。认定环境污染损害赔偿，先要确定污染环境的行为与污染损害后果之间有因果关系。但环境污染损害常常涉及一定的科技内容，通常不为一般人所掌握，一般人很难就此因果关系作出直观判断。因此，法律规定对这类案件实行举证责任倒置。《最高人民法院关于适用〈中华人民共和国民事诉讼法〉若干问题的意见》第74条规定，因环境污染引起的损害赔偿诉讼由被告负责举证。2002年4月1日施行的《最高人民法院关于民事诉讼证据的若干规定》第4条明确规定："因环境污染引起的损害赔偿诉讼，由加害人就法律规定的免责事由及其行为与损害结果之间不存在因果关系承担举证责任。"换言之，如果加害人要推卸责任的话，加害人必须举证证明损害是被害人自身原因或者第三人原因造成的，而与自己无关。

3. 中国环保部门开出的首张最大罚单

案例3　四川省沱江流域特大水污染事故

事情是这样的

2004年3月1日23时左右，四川省环保局接到资阳市关于沱江流域水污染事故报告后，四川省环保局连夜对污染事故查处工作作出周密安排：一是指示资阳市、内江市环保局和位于沱江上游的成都市、德阳市环保局立即组织监测人员对流域断面水质进行监测，并排查污染源，分析污染原因；二是指示位于沱江下游的自贡市、泸州市环保局密切监视水质变化，做好应急准备；三是责成省环境监测中心站尽快赶赴污染现场进行技术指导、分析污染原因；四是责成局内职能处室和环境监察总队启动应急措施，调度相关情况。

3月2日上午，省环保局立即召开会议，研究部署调查工作，成立了以朱天开局长为组长，谷声文副局长为副组长的沱江污染事故调查组，并由谷声文副局长带队，省环境监察总队、污控处、建管处和省环境监测中心站等相关部门以及成都、资阳、内江、德阳环保部门参加，对沱江污染沿线进行拉网式调查。

调查组在事故报告地资阳市察看了位于沱江石桥电站以下的简阳市自来水厂取水点。通过了解发现，自2004年2月20日起，沱江简阳段陆续发生零星死鱼，2月27日发现大量死鱼，经简阳市环境监测站2月27日和3月1日采样监测，沱江入境断面（宏缘断面）氨氮高达51.3mg/L（2月9日例行监测数据为1.9mg/L），亚硝酸盐氮2.419mg/L（2月9日例行监测数据为0.325mg/L），溶解氧7.79mg/L（达标）；石桥取水点断面氨氮高达46.7mg/L，亚硝酸盐氮1.820mg/L，溶解氧7.50mg/L（达标）；临江寺断面氨氮高达21.5mg/L，亚硝酸盐氮0.338mg/L，溶解氧4.30mg/L。经过分析，判定氨氮污染是沱江简阳段死鱼的主要原因。同时，调查组调取了内江市3月1日在资中顺河场、资中水厂取水点、银山镇和内江花园滩采样监测数据，检测结果表明水中氨氮浓度异常，资中顺河场氨氮16.3mg/L、资中水厂取水点氨氮8.9mg/L、银山镇氨氮9.04mg/L、内江花园滩氨氮8.0mg/L，均严重超标。为此，调查组认定，沱江资阳、内江段水体已受到氨氮的严重污染。调查组决定：一是上游的成都、德阳市环保局对排放氨氮的化工企业立即开展重点排查；二是省环境监察总队立即赶赴四川化工股份有限公司（以下简称川化公司）现场检查；三是建议资阳市人民政府立即停止沿江城镇自来水厂向沱江取水饮用；四是资阳市、内江市环保部门进一步排查辖区内污染源，开展沱江水质加密监测，随时掌握水质动态，并向省环保局报告。同日下午，简阳水厂、资中水厂、内江水厂正式停止向沱江取水饮用。

3月2日中午，调查组经过对简阳市境内化工企业近期生产排污情况的调查，结合德阳市排查反馈的情况，将污染源判定在位于上游的成都地区。经过分析，初步判定川化公司为这次污染事故的嫌疑者。谷声文副局长当即率调查组赶赴成都市青白江区的川化公司。经现场检查，这次污染事故的直接责任者就是川化公司。调查组当日下午立即在川化公司召开紧急现场会议，切断污染源，并派省环境监察总队驻厂监督。

事故发生经过如下：

2004年1月16日上午，川化公司召开总裁办公会，总裁谢木喜要求抓紧二化技改项目开车工作，以生产开车为中心，安排好资金和物资，决定由李俭为二化技改开车工作总指挥，全面负责技改开车工作，谷业康负责技改工作的落实，吴贵鑫负责开车工作落实。2004年1月24日至1月31日川化第二化肥厂进行空车试车期间，尿素车间解吸装置的两台给料泵GA552A、B连续出现抱轴故障，经反复维修仍不能恢复正常。从2004年2月10日前召开的历次总裁办公会记录看，均没有反映和研究尿素水解系统两台给料泵出现的问题。2004年2月10日晚，二化技改指挥部召开技改现场协调会，会上，吴贵鑫要求所有项目整改必须在当日晚结束，2月11日早晨投料前进行签字确认后，开始化工投料试生产。据吴贵鑫说，会后他向李俭作了汇报，李俭同意开车试生产。2月11日，技改指挥部工程部与生产准备部对各系统（包括给料泵）状况进行了签字确认后，正式开始投料试生产。2月11日至13日，由于设备发生故障，停止投料。2月14日，李俭指挥重新开车投料，当日下午出产品（尿素）。2月15日由于合成系统故障，尿素系统停车。2月16日至18日，尿素系统进行局部试车。自2月18日至3月2日，连续进行投料试生产。在整个试生产过程中，两台给料泵都没有运行，尿素水解系统未能投运，尿素生产系统产生的工艺冷凝液没有经过水解塔有效处理，大量高浓度氨氮废水直接外排，通过青白江区排污截流工程进入青白江区污水处理厂后（因氨氮浓度太高没有进行处理）排入毗河，再经毗河进入沱江，导致沱江水质氨氮浓度严重超标。2月27日、28日，区环保监测站对川化进行了每两小时一次连续24小时的监视性监测，川化集团的3个排污沟外排废水中氨氮浓度在2611mg/L～7618mg/L之间，超标43倍至126倍。据估算，从2月11日至3月2日的20天试生产期间，该公司向沱江水体排放的氨氮总量大约在1600吨至1800吨。大量超标废水的排放，导致沱江中、下游地表水水质氨氮浓度严重超标，直接经济损失达2.19亿元，造成简阳市、资中县、内江市3个城市的自来水厂和8个乡镇的取水站停产，导致沱江中、下游地区100万群众连续26天饮水源中断，内江市、资中县被迫开辟第二水源，简阳市完全靠拉水解决群众的饮水困难。这次事故是近年来我国发生的一起严重水污染事故。

事故发生后，在北京参加全国人民代表大会的四川省委书记张学忠同志和省长张中伟同志当即作出部署，由在家值班的省委副书记刘鹏、副省长张作哈赶赴事故一线处置工作，连续多次召开紧急会议，部署事故处置工作。分管环保工作的刘晓峰副省长在3月3日听取省环保局关于沱江污染事故后，立即作出了重要指示。

一、采取的主要措施

（一）切断污染源，加快消除污染

1. 立即切断污染源。3月2日，省环保局调查组当即责令川化公司立刻切断污染源并对污染源和沿江水质实施每两小时一次的加密监测。

2. 迅速开展调水冲污工作。从3月3日至3月28日，四川省共从岷江调水5500万方入沱江冲污，截至3月27日，沱江水质污染消除，沿江的简阳、资中、内江等市、县已先后全部恢复从沱江抽取饮用水。

3. 加强沿江污染企业清理整治。为减少沱江污染排放总量，尽快消除沱江污染影响，3月4日，四川省在沱江沿江流域紧急开展污染企业的清理整治。省环保等相关部门出动千余人次拉网式检查清理了170余家污染企业，关停了50余家超标排放的污染企业，有效地减少了沱江的污染排放总量。

（二）全力维护受污染影响地区社会稳定

1. 确保群众基本生活用水。从3月4日起，在成都军区、公安消防武警部队的大力支持下，先后调集了军队、消防和成都、自贡等8个市的运水车110辆，运水官兵和工作人员430余人，支援内江运送群众生活用水，有效缓解了内江城区群众的基本生活用水需求。

2. 加强城市应急管理。在事故处置期间，四川省高度重视污染影响地区的城市管理工作，采取有力措施，确保了社会稳定。消防公安部门紧急开展了消防安全大检查，排查清理了重点部位；工商、物价等部门加强了市场监管，严厉打击哄抬物价等非法行为，维护了市场正常秩序；公安、武警等部门加强了戒备，做好了处理突发事件的预案；卫生部门派出专家组到内江等地，指导当地做好抗灾防疫的准备工作，防止重大疫病的发生和蔓延。

3. 把握宣传舆论导向。3月3日下午，省政府及时向新华社和《四川日报》通报了有关情况。宣传部门采取有力措施，正面引导了省内媒体的宣传报道，防止了媒体炒作。

二、事故的处理情况

沱江特大水污染事故发生后，省委、省政府领导高度重视事故的调查处理工作，成立了沱江污染事故责任和损失调查组，分别由省纪委、省监察厅、省公安厅和省经委、省环保局牵头，有关部门参加，有关市、县、乡镇配合，实事求是地开展污染事故和事故损失调查取证工作。国家环保总局按照曾培炎副总理的批示精神，也派出专人来川指导事故处理工作。3月15日，省环保局根据《中华人民共和国环境保护法》有关规定，对川化公司的环境违法行为依法作出罚款100万元的行政处罚决定。4月16日，省政府第32次常委会议作出了严格执行领导干部责任追究制和严肃追究经济责任的决定。4 月 30 日，省委、省政府对事故责任人和损失赔付问题作出了处理决定。

（一）3 月 15 日，省环保局根据《中华人民共和国环境保护法》有关规定，对川化公司的环境违法行为依法作出罚款 100 万元的行政处罚决定。

（二）严肃处理事故责任人

沱江特大水污染事故是一起因川化公司技改项目违规试生产、青白江区政府有关领导和区环保局等部门对环保工作领导和监管不力酿成的特大责任事故。省委、省政府对此次特大水污染事故有关责任人员作出了严肃处理。

1. 川化公司董事长赵彦博对此次事故负有领导责任，决定给予行政警告处分。

2. 川化公司总裁、川化公司董事长、法人代表谢木喜对事故发生负有重要领导责任，责令本人引咎辞去川化公司党委委员、副书记、董事、总裁，董事长职务。

3. 川化公司总经理李俭、川化公司副总经理吴贵鑫、川化公司环安处处长何立光和青白江区环保局副局长宋世英、青白江区环保监测站站长张明共 5 人涉嫌犯罪，已被移送司法机关依法处理。

4. 川化公司副总经理谷业康对事故发生负有领导责任，给予撤销川化公司副总经理、川化公司原总经理助理兼开发部部长、副总工程师职务处分；给予青白江区人民政府副区长郑兴华责令引咎辞去青白江区政府副区长处分，免去青白江区政府党组成员职务；区环境保护局局长赖建能对此事故负有重大领导责任，受到撤销区环保局党组书记、机关党支部书记和罢免区十五届人大代表、区环保局局长职务的处分；区环境监理所所长张山在事故中负有重要监管责任，受到撤销区环境监理所所长职务的处分，免去青白江区政协委员职务；区环保监测站副站长顾天奕作为技术负责人，负有重要管理责任，受到党内严重警告和行政降级处分。

（三）依法开展事故损失赔付工作

根据省经委会同省环保局、省国资委、省水利厅、省建设厅等部门组成的联合调查组认定，事故造成总的经济损失为21935万元。

根据《中华人民共和国环境保护法》中污染损失赔偿的有关规定，按照省委、省政府关于依法做好事故赔付工作，抓紧解决群众直接损失，切实维护人民群众根本利益和社会稳定的总体赔付要求，省政府已责成责任单位先行赔付沱江渔业损失1179.8万元，其中赔偿养殖户和渔民养鱼护鱼损失829.8万元，赔付天然鱼损失350万元。

律师专线

根据《中华人民共和国水污染防治法实施细则》第19条第1款“企业事业单位造成水污染事故时，必须立即采取措施，停止或者减少排污，并在事故发生后48小时内，向当地环境保护部门作出事故发生的时间、地点、类型和排放污染物的种类、数量、经济损失、人员受害及应急措施等情况的初步报告；事故查清后，应当向当地环境保护部门作出事故发生的原因、过程、危害、采取的措施、处理结果以及事故潜在危害或者间接危害、社会影响、遗留问题和防范措施等情况的书面报告，并附有关证明文件”的规定，同意依据《中华人民共和国水污染防治法实施细则》第43条第2项“对造成重大经济损失的，按照直接损失的30%计算罚款，但是最高不得超过100万元”的规定，给予该公司100万元的行政处罚。同时，司法机关正按相关程序对有关人员追究其刑事责任。

法律规范

中华人民共和国水污染防治法

（2008年2月28日第十届全国人民代表大会常务委员会第三十二次会议修订，自2008年6月1日起施行）

第六十六条　各级人民政府及其有关部门，可能发生水污染事故的企业事业单位，应当依照《中华人民共和国突发事件应对法》的规定，做好突发水污染事故的应急准备、应急处置和事后恢复等工作。

第六十七条　可能发生水污染事故的企业事业单位，应当制定有关水污染事故的应急方案，做好应急准备，并定期进行演练。

生产、储存危险化学品的企业事业单位，应当采取措施，防止在处理安全生产事故过程中产生的可能严重污染水体的消防废水、废液直接排入水体。

第六十八条　企业事业单位发生事故或者其他突发性事件，造成或者可能造成水污染事故的，应当立即启动本单位的应急方案，采取应急措施，并向事故发生地的县级以上地方人民政府或者环境保护主管部门报告。环境保护主管部门接到报告后，应当及时向本级人民政府报告，并抄送有关部门。

造成渔业污染事故或者渔业船舶造成水污染事故的，应当向事故发生地的渔业主管部门报告，接受调查处理。其他船舶造成水污染事故的，应当向事故发生地的海事管理机构报告，接受调查处理；给渔业造成损害的，海事管理机构应当通知渔业主管部门参与调查处理。

专家释惑

2004 年 3 月发生的川化公司污染事件，是新中国成立以来少有的特大污染事故，造成了近百万人饮水困难。党中央、国务院对此非常关注，社会舆论也非常关注，曾培炎副总理多次作出重要批示，并亲临事故现场召开现场会，慰问受灾群众。

四川省环保局对企业罚款 100 万元，是环保部门开出的最大的一张罚单，在社会上引起强烈反响。很多人认为 100 万元的罚款与企业造成的数亿元的经济损失相比显得微不足道。这种状况在新修订的《中华人民共和国水污染防治法》中得到扭转，水污染事故的罚款不再受 100 万元上限的限制。2008 年修订的《中华人民共和国水污染防治法》第 83 条规定，企业事业单位违反本法规定，造成水污染事故的，由县级以上人民政府环境保护主管部门依照本条第 2 款的规定处以罚款，责令限期采取治理措施，消除污染；不按要求采取治理措施或者不具备治理能力的，由环境保护主管部门指定有治理能力的单位代为治理，所需费用由违法者承担；对造成重大或者特大水污染事故的，可以报经有批准权的人民政府批准，责令关闭；对直接负责的主管人员和其他直接责任人员可以处上一年度从本单位取得的收入50%以下的罚款。对造成一般或者较大水污染事故的，按照水污染事故造成的直接损失的20%计算罚款；对造成重大或者特大水污染事故的，按照水污染事故造成的直接损失的30%计算罚款。造成渔业污染事故或者渔业船舶造成水污染事故的，由渔业主管部门进行处罚；其他船舶造成水污染事故的，由海事管理机构进行处罚。

4. 企业违法排污导致水污染事故

案例4　四川仁寿东方红纸业有限公司偷排高浓度造纸废水造成沱江资中段水污染事故

事情是这样的

2004年5月4日早晨，四川省环保局接到沱江资中文江段死鱼的情况报告后，按照张中伟省长、刘晓峰副省长的批示，省环保局立即组成事故调查组，带领省环境监察总队、污控处、科技处和省监测中心站等相关部门以及资阳、内江、眉山市及县、区环保部门以及仁寿、资中县政府和资中县水利部门参加，分三支队伍分别赶赴死鱼现场、沱江资中段及主要支流球溪河以及重要污染源进行了现场调查，同时部署沿江德阳、成都、资阳、内江、眉山市对辖区内主要污染源进行排查，并对饮用水水源进行监测，随时掌握水质的变化情况。经查明，此次水污染事故主要是位于球溪河上游的仁寿县东方红纸业有限公司违法偷排造纸废水，造成球溪河流域主要污染物COD严重超标，水体中溶解氧急剧下降所致。

仁寿县东方红纸业有限公司于2004年2月27日经眉山市经贸委、眉山市环保局批准，从2月28日至3月28日开始重新调试污染治理设施，但该公司在调试期间违反环保法律法规有关规定，擅自停运环保设施，偷排、超标排放造纸废水。据仁寿县环境监测站5月4日的监测结果表明，该公司总排放口1#样COD浓度达到854mg/L（国家标准450mg/L），2#样COD浓度达到868mg/L，氧化塘排放口3#样COD浓度达到1979mg/L（超标3.4倍），导致沱江支流的球溪河受到严重污染。2004年4月23日至5月2日，仁寿县出现两次强降雨过程，降雨量达105.5毫米，地表径流将大量沉积在河道中的污染物集中冲排到下游，形成较大污染水团，致使河水COD指标严重超标，溶解氧急剧下降（据内江市资中县环境监测站5月3日对死鱼区域水质监测报告表明，COD为36mg/L，溶解氧为1.2mg/L），使鱼类缺氧窒息死亡。5月11日，四川省渔政船检港监管理处组织专家对这次水污染事故对沱江球溪河渔业损失进行评估，直接损失达896756.41元。

事故发生后，省、市、县各级政府及环保部门迅速采取以下措施：

（一）立刻关闭肇事企业制浆系统，彻底切断污染源。责令仁寿县政府对东方红纸业有限公司实行停产、停电，依法关闭该企业制浆蒸煮系统。

（二）加强沿江污染企业清理整治。为减少沱江污染排放总量，尽快消除沱江污染影响，要求沿江重点排污企业限产限排，严查重处超标排污企业。

（三）省渔政部门组织专家对死鱼现场及时进行调查，核准损失情况。

事故责任处理情况：

（一）责令仁寿县政府对东方红纸业有限公司实行停产、停电；依法关闭该企业制浆蒸煮系统；东方红纸业有限公司依法赔偿污染事故的直接经济损失。市环保局对该公司处以15万元罚款。

（二）该公司法人代表张文艺由仁寿县委责成其所在党组织给予其留党察看1年的处分。

（三）责令仁寿县人民政府向眉山市人民政府写出深刻检讨。

（四）对仁寿县委常委、县政府分管工业的副县长李九安、县政府分管环保工作的副县长谢六一，分别给予行政警告处分；给予仁寿县环保局局长王二小行政记过处分，并免去环保局局长职务；给予仁寿县计经局局长杨杰行政记过处分；对仁寿县环境监察大队大队长左尚松、仁寿县计经局驻厂监督员周建忠分别给予行政记大过处分；由于仁寿县环保局驻厂监督员刘巍系事业单位聘用人员，责令仁寿县环保局作出相应处理。

律师专线

由于本案发生于2004年，《水污染防治法》尚未进行修订，所以根据修订前的《中华人民共和国水污染防治法》第28条“排污单位发生事故或者其他突然性事件，排放污染物超过正常排放量，造成或者可能造成水污染事故的，必须立即采取应急措施，通报可能受到水污染危害和损害的单位，并向当地环境保护部门报告”的规定，依据《中华人民共和国水污染防治法》第53条第1款“违反本法规定，造成水污染事故的排污单位，由事故发生地的县级以上地方人民政府环境保护部门根据所造成的危害和损失处以罚款”及《中华人民共和国水污染防治法实施细则》第43条第1款“对造成水污染事故的企业事业单位，按照直接损失的20%计算罚款，但是最高不得超过20万元”的规定，四川省眉山市环境保护局对仁寿县东方红纸业有限公司作出了罚款15万元决定。

法律规范

中华人民共和国水污染防治法

（2008年2月28日第十届全国人民代表大会常务委员会第三十二次会议修订，自2008年6月1日起施行）

第六十六条　各级人民政府及其有关部门，可能发生水污染事故的企业事业单位，应当依照《中华人民共和国突发事件应对法》的规定，做好突发水污染事故的应急准备、应急处置和事后恢复等工作。

第六十七条　可能发生水污染事故的企业事业单位，应当制定有关水污染事故的应急方案，做好应急准备，并定期进行演练。

生产、储存危险化学品的企业事业单位，应当采取措施，防止在处理安全生产事故过程中产生的可能严重污染水体的消防废水、废液直接排入水体。

第六十八条 企业事业单位发生事故或者其他突发性事件，造成或者可能造成水污染事故的，应当立即启动本单位的应急方案，采取应急措施，并向事故发生地的县级以上地方人民政府或者环境保护主管部门报告。环境保护主管部门接到报告后，应当及时向本级人民政府报告，并抄送有关部门。

造成渔业污染事故或者渔业船舶造成水污染事故的，应当向事故发生地的渔业主管部门报告，接受调查处理。其他船舶造成水污染事故的，应当向事故发生地的海事管理机构报告，接受调查处理；给渔业造成损害的，海事管理机构应当通知渔业主管部门参与调查处理。

专家释惑

仁寿县东方红纸业有限公司对沱江造成的第二次污染离2004年3月沱江第一次污染事故仅隔两个月，这说明一些企业，包括个别地方政府部门环保意识还比较淡薄。

新修订的《中华人民共和国水污染防治法》规定，水污染事故的罚款不再受20万元和100万元上限的限制。2008年修订的《中华人民共和国水污染防治法》第83条规定，企业事业单位违反本法规定，造成水污染事故的，由县级以上人民政府环境保护主管部门依照本条第2款的规定处以罚款，责令限期采取治理措施，消除污染；不按要求采取治理措施或者不具备治理能力的，由环境保护主管部门指定有治理能力的单位代为治理，所需费用由违法者承担；对造成重大或者特大水污染事故的，可以报经有批准权的人民政府批准，责令关闭；对直接负责的主管人员和其他直接责任人员可以处上一年度从本单位取得的收入50%以下的罚款。对造成一般或者较大水污染事故的，按照水污染事故造成的直接损失的20%计算罚款；对造成重大或者特大水污染事故的，按照水污染事故造成的直接损失的30%计算罚款。造成渔业污染事故或者渔业船舶造成水污染事故的，由渔业主管部门进行处罚；其他船舶造成水污染事故的，由海事管理机构进行处罚。

5. 跨界污染事故的成功处置

案例5 冀晋两省成功处置大沙河煤焦油污染事件

事情是这样的

2006年6月12日下午5时30分左右，一辆装载煤焦油的运输罐车在行至108国道繁峙县神堂堡乡大寨口村附近发生侧翻，造成约30吨煤焦油进入河道，引发了环境污染事件。此次事件直接影响到繁峙县神堂堡乡2000多人和河北省阜平县城3万多人饮用水安全。如果控制不好，对未来白洋淀补水造成影响，也会影响未来南水北调中线工程和2008年北京奥运会备用水源的安全。

6月13日早7时许，山西省繁峙县环保局得到消息后，立即赶到事故现场，将有关情况向县政府和忻州市环保局报告，并采取有效措施对路面及河道内未进入水体的煤焦油进行封堵；紧急调用施工机械对进入河道内的煤焦油实施筑坝拦截，对水体中煤焦油实施吸附处理；及时将事故情况和可能对下游造成的污染通报了河北省阜平县政府，并通知沿岸村民严禁人畜饮用浅层地下水和利用河道内的水浇灌。

河北省接到事件通报后，立即启动环境应急预案，成立现场救援指挥部。开展应急监测工作，采取有效措施，拦截、处理进入河北省境内的污水。

两省环境监测中心站，保定市、忻州市环境监测站从6月13日开始，对事发地到阜平县城9个监测点位进行了连续监测，根据监测数据，及时提出了事故处置建议。保定市环境监测站还将部分监测仪器运至现场，有效提高了监测速度。

环保总局接报后立即派出工作组连夜赶赴现场，协调、指导两省应急工作；召开两省协调会议，提议并建立了两省沟通联络与信息通报的协调机制；提出了“截”、“疏”、“治”、“停”的应急处置方针。同时，组织有关专家对事故现场的环境质量变化情况进行调查、勘验和评估，提出了污染防控和处置建议。

环保总局周生贤局长高度关注，每天听取前方工作组汇报，召开党组会议，研究分析污染防控局势，明确了“污染防控责任在地方政府；我局前方工作组及有关专家积极协助、指导当地政府做好各项工作；各级环保部门要加强水质监测；及时发布有关污染防控工作进展的信息，保持社会稳定”污染防控工作四点原则，为两省团结协作、联合治污打下了坚实基础。

两地政府和环保等部门根据环保总局工作组和专家组的意见，主要采取以下措施：一是采用稻草等吸附河面油污。二是要求大沙河沿岸排水企业立即停产。三是筑坝固坝。为实现就地治污，减轻对下游造成的影响，两省共动用了工程车辆 200 多台，修建了 113 道拦截坝和围堰。四是实施清污分流工程。为减轻上游来水对坝体的压力，在事故发生地上游构筑两道清水拦截坝，铺设管道约 15 公里，将上游清水通过管道直接汇入青羊河。五是抽取重度污染水。两地分别从保定和忻州、太原等地紧急抽调 40 多辆消防车和 30 多辆洒水车抽运被拦截在坝内的重度污染水，累计清运污水 28000 多立方米。六是采用活性炭吸附处理轻度污染水。对坝内拦截的轻度污染水采用活性炭逐级处理。在事故应急处置中共建设活性炭处理系统 5 座，累计投放活性炭 900 多吨。七是清理河道底泥。为最大限度地减轻事故对环境造成的影响，加快污染处置进程，对污染河道底泥和事故发生地路基残留污染物进行全面清理。事故处置中对事发地路基反复清理十多次，清理河道 10 公里，累计清运被污染底泥约 50000 吨。八是利用土壤吸附处置轻度污染水。按照专家意见，山西省对达到农灌标准的河水，利用灌木林地和荒地进行土地净化处理，通过土壤的自然降解进一步分解污染物。九是建设危险废物存放场。为提高污水拉运效率，妥善处置清理出的污染底泥，河北、山西分别选定了危险废物存放场，经筑坝和采取防渗措施后，于 2006 年 6 月 21 日正式启用，累计存放污水 28000 余吨，污染底泥约 50000 吨。

两省政府及时组织新闻发布，消除群众恐惧心理，稳定了社会。两省还建立了信息通报制度，实行每日两次信息通报，紧急情况及时通报，密切了两地的关系，使属地为主的管理更加清晰，应急行动更加协同。

根据事故现场的环境质量状况、监测数据和专家评估意见，两省现场指挥部于2006年6月29日分别作出应急终止决定。为确保安全，两省环保部门继续进行跟踪监测。同时，进一步研究高浓度污水、污泥暂存池的后续处理问题，以及大沙河流域生态恢复问题。

律师专线

此次事故是交通原因引发的环境污染事故，结合本案例提出以下监管思路供大家参考：一是建立化学危险品交易运输申报制度。企业在经营活动中，必须在化学危险品交易运输前24小时向当地县级以上环保部门申报交易物品类型、数量、运输车辆类型、行驶路线等环境监管资料，以便环保部门对运输车辆进行实时监管。二是在化学危险品运输车辆上安装GPS系统，规定车辆行驶路线、行驶状态，杜绝超速行驶、超时驾驶等行为，防止和减少运输事故，并在发生紧急情况时及时展开救援。三是在工业企业污染物排放申报登记的基础上，配合环境预警应急系统的建设，开展化学危险品生产、仓储和销售企业的专项调查，摸清辖区内所有化学危险品经营企业经营有毒有害危险品的类别、生产工艺、原材料与产品的来往渠道、企业规模、场地范围等环境监管要素，帮助企业制定环境管理制度和事故应急预案。

法律规范

中华人民共和国水污染防治法

（2008年2月28日第十届全国人民代表大会常务委员会第三十二次会议修订，自2008年6月1日起施行）

第六十六条　各级人民政府及其有关部门，可能发生水污染事故的企业事业单位，应当依照《中华人民共和国突发事件应对法》的规定，做好突发水污染事故的应急准备、应急处置和事后恢复等工作。

第六十七条　可能发生水污染事故的企业事业单位，应当制定有关水污染事故的应急方案，做好应急准备，并定期进行演练。

生产、储存危险化学品的企业事业单位，应当采取措施，防止在处理安全生产事故过程中产生的可能严重污染水体的消防废水、废液直接排入水体。

第六十八条　企业事业单位发生事故或者其他突发性事件，造成或者可能造成水污染事故的，应当立即启动本单位的应急方案，采取应急措施，并向事故发生地的县级以上地方人民政府或者环境保护主管部门报告。环境保护主管部门接到报告后，应当及时向本级人民政府报告，并抄送有关部门。

造成渔业污染事故或者渔业船舶造成水污染事故的，应当向事故发生地的渔业主管部门报告，接受调查处理。其他船舶造成水污染事故的，应当向事故发生地的海事管理机构报告，接受调查处理；给渔业造成损害的，海事管理机构应当通知渔业主管部门参与调查处理。

专家释惑

本次事故污染物总量大、毒性强，如不及时处置可能造成的后果特别严重，极大地考验了环保部门对环境突发性事件的应急能力。回顾本次事故的应急处理过程，有以下几点启示：

1. 领导重视，为污染防控工作提供了组织保障。

事发后，温家宝总理、曾培炎副总理作出了重要批示。两省政府高度重视，河北省省委书记白克明作出批示，要求省环保局与保定市政府迅速采取有效措施做好清污工作和注意维护社会秩序。河北省副省长宋恩华赶赴第一线指导污染防控。保定市市长、副市长均在现场指挥。山西省省长于幼军就事故处置也作出批示，要求拦住污水、有关企业停产和加强两地沟通等。牛仁亮副省长亲赴事发现场布置抢险防控。山西方面也成立了由忻州市政府和山西省环保局有关领导担纲的抢险指挥部。

环保总局周生贤局长、张力军副局长第一时间作出重要批示。总局党组召开专题会议，认真研究分析污染防控局势，向国务院作出工作报告，并提出污染防控工作四点意见。此次煤焦油污染事件的成功处置，是在党中央、国务院的正确领导和亲切关怀下，冀晋两省政府的高度重视和全力推动下，在国家环保总局的大力支持和各方面专家技术人员的悉心指导下，在地方各级党委、政府和有关部门的共同努力和辛勤工作下完成的。

2. 团结协作，形成合力，是取得污染防控工作胜利的重要前提。

属地为主是应急管理的重要原则之一，而跨流域、跨行政区域又是环境应急管理的特点。协调处理好上下游关系，对于妥善处理跨界环境事件，将污染损失降到最低至关重要。总局前方工作组及时组织召开两省污染防控协调会，提议建立了两省联动机制和信息通报机制。河北、山西相互配合，形成了一方有难八方支援、上游有难下游支援的团结协作、合力治污良好氛围。

3. 环保部门制订的突发性环境污染事故应急预案和平时进行的各种环境污染事故处置演习，为本次事故的环境应急处理提供了坚实的理论和实践经验，使应急处理工作有明确的工作思路。

4. 科学技术为制订和成功实施联合控制措施提供了坚实基础。国家环保总局组建了专家组，经实地考察，分析监测数据，反复计算和核定，准确预测污染转化趋势。环境专家在此次事件处置过程中，很好地发挥了咨询和指导作用。平时注重专家库的建立和完善，在应急处置的关键环节中将发挥决定性作用。

5. 近年来，交通事故引发的环境污染事故越来越多，监管难度很大，环保部门不能在第一时间得到事故信息，往往贻误最佳处置时机。

第二章　大气污染案例

内容提要

近年来，因大气污染导致人身损害或农作物损失的案件日益增加，处理这类案件需要明确承担环境侵权民事责任的“无过错责任”原则。而环保部门处理这类纠纷具有一定的优势，体现了处理环境侵权民事赔偿案的科学性和专业性。

6. 煤炭开发经营需注重大气污染防治

案例6　陈辉、陈景才等人告某地方煤炭开发经营公司案

事情是这样的

被告某地方煤炭开发经营公司在坨里镇坨里村设立运销站，进行出口煤炭筛选加工及运输业务。原告陈辉、陈景才等人住宅与被告办公区相邻。原告代表人陈景才诉称：被告从1988年建站到1991年扩建，再到1999年改变道路走向，从没有进行过环境影响评价，也没有建设过任何防污措施。1991年该公司运销站扩建，其扩建的站区离旁边的居民住宅只有五六米的距离，该站在无任何防治污染设备及防治污染措施的情况下，筛选设备经常昼夜工作，且每日早、中、晚三次运煤，尤其是晚上，经常有70吨以上的重型煤车通过。常年如此，对周围的住户造成噪声、粉尘污染。自1991年以来，当地空气中煤尘污染严重，居民几乎日夜不能开窗户，甚至还要用多层塑料布封挡窗户。近年来，当地居民的身体免疫力下降，呼吸道疾病增加，癌症患者发病率远远高于其

他地方，当地居民的正常生活和身心健康受到严重影响。附近居民曾多次找到该区环保局反映被告单位的电动筛选设备噪声扰民及粉尘严重等情况，要求制止运销站的污染行为。该区环保局前去调查处理，制定了整改措施，并报市环保局备案。2000 年 3 月 16 日，该区环保局对被告发出限期治理通知书。但是，污染状况并没有改变。被告严重违反了我国《环境保护法》《大气污染防治法》《环境噪声污染防治法》的规定，因此，被告应当承担污染损害的赔偿责任。被告方辩称：原告所受的环境噪声、煤尘污染不是他们造成的，坨里地区空气质量不好是历史形成的，居民受污染与他们没有直接的关系，而且该地区是北方煤炭转运站，每天都有大量的煤炭出入坨里火车站，并且此地还有几家水泥厂和水泥储存库、建材仓库，因而污染责任应由多家负责。

该区法院通过调查了解到，该环保局曾经根据居民的举报，前去坨里镇坨里村调查处理，制定了整改措施，并报市环保局备案。2000 年 3 月 16 日，该区环保局对被告发出限期治理通知书，提出进一步整改要求：第一，坚持每日两次向煤堆和路面洒水；第二，厂界北侧围墙加高 1 米 ~2 米；第三，对运输车辆要加盖棚布，减少扬尘。以上措施要求在当年 3 月底完成。被告按规定整改完毕。同时，法院依法委托市环保监测中心，于 2001 年 3 月 23 日对煤炭开发经营公司进行无组织排放监测。监测结果：4 个采样点无组织排放颗粒浓度每立方米均小于 1 毫克，根据《大气污染物综合排放标准》，无组织排放颗粒物监控浓度限值为每立方米 5 毫克。由于厂界北侧邻近马路，路面扬尘较大，对北厂界的监测点有一定影响，但监测结果表明被告煤厂及周边环境，污染程度未超过国家标准。

本案审理过程中，被告考虑双方的邻里关系，自愿给付陈辉等 27 人每人补偿金 1200 元。该区法院认为：被告在经营中运输、加工原煤产生扬尘和噪声，对周围的环境造成一定的影响，经有关部门监测，影响程度未超过国家规定的标准，原告要求赔偿经济损失于法无据，不予支持。被告自愿给付原告经济补偿，法院准许。据此作出如下判决：被告某地方煤炭开发经营公司于本判决生效之日起10日内，给付原告陈辉等人经济补偿金各1200元；驳回原告的诉讼请求；案件受理费921元，由原告负担。

律师专线

明确大气污染的范围是进行防治的关键。按照国际标准化组织（ISO）的定义，“大气污染通常是指由于人类活动或自然过程引起某些物质进入大气中，呈现出足够的浓度，达到足够的时间，并因此危害了人体的舒适、健康和福利或环境的现象”。我国《大气污染防治法》对大气污染界定为燃煤产生的大气污染、机动车船排放污染、废气、扬尘和恶臭污染。

法律规范

中华人民共和国大气污染防治法

（2000年4月29日第九届全国人民代表大会常务委员会第十五次会议修订通过，自2000年9月1日起施行）

第七条　国务院环境保护行政主管部门根据国家大气环境质量标准和国家经济、技术条件制定国家大气污染物排放标准。

省、自治区、直辖市人民政府对国家大气污染物排放标准中未作规定的项目，可以制定地方排放标准；对国家大气污染物排放标准中已作规定的项目，可以制定严于国家排放标准的地方排放标准。地方排放标准须报国务院环境保护行政主管部门备案。

省、自治区、直辖市人民政府制定机动车船大气污染物地方排放标准严于国家排放标准的，须报经国务院批准。

凡是向已有地方排放标准的区域排放大气污染物的，应当执行地方排放标准。

第十四条　国家实行按照向大气排放污染物的种类和数量征收排污费的制度，根据加强大气污染防治的要求和国家的经济、技术条件合理制定排污费的征收标准。

征收排污费必须遵守国家规定的标准，具体办法和实施步骤由国务院规定。

征收的排污费一律上缴财政，按照国务院的规定用于大气污染防治，不得挪作他用，并由审计机关依法实施审计监督。

专家释惑

1. 明确大气污染物排放标准

大气污染物排放标准，是指为了实现大气环境质量标准，根据国家不同时期的经济技术条件，对排入大气环境中的污染物质浓度或数量所作出的限量规定。大气污染物排放标准分为两级，即国家大气污染物排放标准和地方大气污染物排放标准。大气污染物排放标准是环境标准体系的重要组成部分。《大气污染防治法》对大气污染物排放标准作了以下规定：

第一，国家大气污染物排放标准由国务院环境保护行政主管部门制定。制定国家大气污染物排放标准的依据有两个：一个是国家大气环境质量标准；另一个是国家的经济、技术条件。第二，地方大气污染物排放标准由省、自治区、直辖市人民政府制定。地方大气污染物排放标准又分为两类：一类是国家大气污染物排放标准中未作规定的项目；另一类是国家大气污染物排放标准中已作规定的项目。对于国家大气污染物排放标准中已作规定项目的地方排放标准，法律对其制定有两方面的要求：一方面，此地方标准必须是严于国家标准的；另一方面，省、自治区、直辖市人民政府制定机动车船大气污染物地方排放标准严于国家排放标准的，须报经国务院批准。此外，地方排放标准必须报国务院环境保护行政主管部门备案。由于地方大气污染物排放标准中有严于国家大气污染物排放标准的项目，因此，《大气污染防治法》对大气污染物排放的国家标准和地方标准的适用原则作出了规定，即：凡是向有地方大气污染物排放标准的区域排放大气污染物的，应当执行地方排放标准。

2. 贯彻循环经济的指导思想

循环经济是我们开创生态文明发展道路的最佳发展模式。循环经济，是指在生产、流通和消费等过程中进行的减量化、再利用、资源化活动的总称。所谓减量化，是指在生产、流通和消费等过程中减少资源消耗和废物产生。所谓再利用，是指将废物直接作为产品或者经修复、翻新、再制造后继续作为产品使用，或者将废物的全部或者部分作为其他产品的部件予以使用。所谓资源化，是指直接将废物作为原料进行利用或者对废物进行再生利用。循环经济倡导的是一种与环境和谐的经济发展模式。它要求把经济活动组织成一个“资源——产品——再生资源”的反馈式流程，其特征是低开采、高利用、低排放，走出一条“科技含量高、经济效益好、资源消耗低、环境污染少”的可持续发展之路。

3. 坚持大气污染物排放总量控制制度

包括区域总量控制和点源总量控制。区域总量控制由政府负责，并以点源总量控制使排污者排放污染物不超过总量控制指标。同时可通过总量控制指标调剂与交易，调动单位治理污染的积极性。而总量控制制度要在各相关单行法中得到合理与有效的实施，首先必须在《环境保护法》的修订中填补相关的指导思想，甚至可以考虑借鉴《土地管理法》中关于耕地保护的总量动态平衡制度，来为总量控制的总体制度设计提供思路。

目前，我国大气污染物总量控制分为两个层次和类型。一种是国家、省及区域层次上的大气污染物总量控制，主要是根据国家制定的大气环境总体目标，编制大气污染总量控制计划，将污染物排放指标分解下达，逐级实施总量控制计划，编制年度计划，实行年度检查、考核，即“目标总量控制”，目前我国实施的总量控制主要属于这种类型。另一种是污染控制区域或城市的大气污染物总量控制，主要是通过环境功能区划、污染源调查和评价，计算允许排放总量，进行总量指标分配，制定总量控制优化方案和分期实施方案，建立实施方案的监督管理体系，即“容量总量控制”。容量总量控制目前只在个别有条件的地区实施。

《大气污染防治法》综合考虑了我国大气污染防治工作的需要、企业的承受能力及实施成本等各种因素，认为在全国全面推行总量控制尚不具备条件，作出了按区域实施总量控制的规定。根据第15条第1款的规定，实施总量控制的区域由国务院和省级人民政府划定，而且可划定的区域限于两类区域，即“尚未达到规定的大气环境质量标准的区域和国务院批准划定的酸雨控制区、二氧化硫污染控制区”。

4. 大气污染物排污许可证制度

排污许可证制度，指凡是需要向环境排放各种污染物的单位或个人，都必须事先向环境保护部门办理申领排污许可证手续，经环境保护部门批准获得排污许可证后方能向环境排放污染物的制度。目前我国的排污许可证制度是以改善环境质量为目标，以污染物总量控制为基础，规定排污单位许可排放什么污染物、许可污染物排放量、许可污染物排放去向等的一项法律制度，是对排污者排污实施许可的一项环境管理手段。

实施大气污染物排放总量控制制度必须要有与之配套的大气污染物排污许可证制度。总量控制管理的“量”，必须要通过许可证这个载体体现出来。只有通过排污许可证，才能把控制单个排污者的排污量与控制排污总量挂起钩来。环境保护行政主管部门通过排污许可证，对排污者排放污染物的种类、数量、浓度、时限、排放方式等作出规定，对排污者的行为加以控制；同时，通过对排污许可证的监督，及时掌握污染变化的动态状况，制定切实可行的污染控制对策，以改善超标区域的环境质量，防止未超标区域的环境质量下降。对持证的排污者来说，必须按许可证的要求依法排污，自行报告排污状况，接受环境保护行政主管部门的监督。

《大气污染防治法》第 15 条第 2、3 款对实施大气总量控制区内的地方人民政府如何实施总量控制和许可证管理提出了原则要求。由于大气污染物排放量指标的分配、核定及许可证的核发直接关系到排污单位切身的经济利益，因此，第 15 条第 2 款规定有关地方人民政府在核定排污量、核发排放许可证时，必须符合两个要求：1. 必须依照国务院规定的条件和程序；2. 按照公开、公平、公正的原则。同时，第 15 条第 3 款规定了企业事业单位的义务，即“必须按照核定的主要大气污染物排放总量和许可证规定的排放条件排放污染物”。

为贯彻实施总量控制和许可证管理制度，应做好以下几项基础工作：1. 认真执行排污申报登记制度，这是实施总量控制和许可证管理的前提和基础。要采取措施，保证申报数据的科学性和有效性。2. 建立、健全大气环境监测网络，完善和规范大气环境监测技术和手段，加强在线监测。3. 做好大气排污口的规范化工作。4. 抓紧起草配套的相关法规及技术文件。目前，国家环境保护总局正在抓紧起草排污总量控制管理和许可证管理办法，争取尽早上报国务院审议通过，为实施这两项制度提供具体、可操作性强的法规依据。

5. 坚持清洁生产和节能减排制度

清洁生产的思想最早起源于 20 世纪 70 年代在欧洲发达工业国家开展的“无废和低废技术”工业环境污染预防活动。按照联合国环境规划署的定义，清洁生产是指将综合预防的环境战略，持续地应用于生产过程和产品中，以便减少对人类和环境的风险；对生产过程而言，清洁生产包括节约原材料与能源，尽可能不用有毒原材料并在全部排放物和废物离开生产过程以前就减少它们的数量和毒性；对产品而言，则是根据生命周期分析，使得从原材料取得至产品最终处置过程中，竭尽可能将对环境的影响减至最低；为实现清洁生产则必须有专门技术、改进工艺流程或改变企业管理。清洁生产揭示了减轻环境影响的战略思想已经发生了质的变化，即从生产全过程出发，在“源头”减少污染的产生。

节能减排指的是减少能源浪费和降低废气排放。我国“十一五”规划纲要提出，“十一五”期间单位国内生产总值能耗降低20%左右、主要污染物排放总量减少10%。这是贯彻落实科学发展观、构建社会主义和谐社会的重大举措；是建设资源节约型、环境友好型社会的必然选择；是推进经济结构调整，转变增长方式的必由之路；是维护中华民族长远利益的必然要求。

7. 共同致害的两个企业如何承担责任？

案例7　冶炼厂烟气污染致农作物损害案

事情是这样的

2006年5月上旬，A市环境监察机构收到市郊区某村的一份举报，反映其附近某化工厂和某冶炼厂高空排放的烟气污染，造成该村8000多亩农作物、花卉苗木出现不同程度的枯黄、死亡或减产，共计损失13万多元，要求致害单位给予赔偿。

市环保部门接到举报后立即成立专案组，经调查查明，某化工厂生产硫酸，其制酸尾气的主要有害气体为二氧化硫和硫酸雾，通过一座高度为85米的烟囱排放；某冶炼厂从事铜冶炼，冶炼尾气的主要有害气体也是二氧化硫和硫酸雾，通过一座高度为112米的烟囱排放；两工厂经烟囱排放的二氧化硫和硫酸雾都符合国家《大气污染物综合排放标准》规定的要求；该地当时的气象条件较差，风速小，常有逆温现象，大气污染物难以扩散，是造成本次污染事故的主要原因。另外，两工厂一墙之隔，其排放二氧化硫和硫酸雾的烟囱相距也不过200多米，对农作物、花卉苗木的危害有叠加作用。

经市农业、林业等部门实地核算，造成经济损失5.8万元，市环保部门根据两工厂排放的二氧化硫和硫酸雾的总量，确定了两厂共同承担赔偿损失的责任，并按35:65的比例分摊，当事人双方签订了赔偿协议。

律师专线

这起环境侵权民事赔偿案有以下特点：

1. 体现了承担环境侵权民事责任“无过错责任”原则

我国《民法通则》第124条、《环境保护法》第41条明确了环境污染民事责任“无过错责任”原则，《大气污染防治法》第62条也作出了明确规定。因此，本案中，尽管两工厂无环境违法行为，大气污染物的排放也符合国家标准，但造成了环境污染危害，仍然要承担赔偿责任。环境污染是现代工业的产物，虽然排污者没有过错，但给他人造成损害，且这种损害范围广，后果严重，妨碍经济发展，危害人体健康。在环境污染民事案件中，受害人囿于科学知识和检测手段的限制，很难有能力证明致害人有无过错。实行“无过错责任”原则，有利于保护受害人的合法权益，推动排污者积极治理污染。

但是，法律也规定了“无过错责任”的免责条件。综合相关法律规定，不承担环境侵权民事责任的几种情况是：第一，不可抗力发生后，并经及时采取合理措施，仍不能避免环境污染损害发生的。如自然灾害，地震、火山爆发、台风、泥石流等。第二，重大社会原因，如战争行为、特殊的军事行动等。

本案中，特殊的气象条件是造成环境污染损失的主要原因，但并非不可抗力。这是因为，每天的气象状况当地的气象台都要预报，且每年的这个季节，容易产生风速小、逆温现象的天气，如果两工厂提前采取限产、减排等措施，是完全可以避免环境污染损害发生的。所谓“合理措施”，一般指生产操作规程规定的应急处理方法。如果没有特别规定，应根据人们的认知水平和科学常识来判断措施的合理性。

2. 体现了环境侵权民事赔偿行政处理途径灵活、快捷的特点

《环境保护法》规定，我国环境侵权民事赔偿的解决有两种途径：行政处理和司法审判，后者是最终的解决途径，因为如果当事人对行政处理的决定不服，仍可寻求司法处理。可事实上，大量的环境侵权民事赔偿案都是在环保部门的调解下解决的，A市每年这类案件近百起，提起民事诉讼的仅1~2件。这

是因为，相对于司法审判，行政处理有以下特点：第一，处理方式灵活。环保部门对环境侵权民事赔偿案的处理，只是以第三者的身份居中调解，所作出的处理决定没有强制力，因此，在处理方式、方法上较为灵活。第二，处理程序简洁。环境侵权民事赔偿案的司法审理，必须遵循严格的民事诉讼程序，实行一审、终审制，而行政处理则简洁得多。第三，处理成本较低。本案中，由于环保部门对两厂的生产排污情况熟悉，占有大量的环境监测数据、统计资料，所以，省去了许多调查取证费用，又不收案件受理费，降低了处理成本。第四，处理时限较短。环保部门拥有大量的专业人才和专门的处理机构，保证了案件及时、公正处理。本案从报告到签订赔偿协议仅 21 天，为受害人补种作物、减轻损失赢得了农时。

法律规范

中华人民共和国环境保护法

（1989 年 12 月 26 日第七届全国人民代表大会常务委员会第十一次会议通过，1989 年 12 月 26 日中华人民共和国主席令第 22 号公布，自公布之日起施行）

第二十四条　产生环境污染和其他公害的单位，必须把环境保护工作纳入计划，建立环境保护责任制度；采取有效措施，防治在生产建设或者其他活动中产生的废气、废水、废渣、粉尘、恶臭气体、放射性物质以及噪声、振动、电磁波辐射等对环境的污染和危害。

第二十五条　新建工业企业和现有工业企业的技术改造，应当采用资源利用率高、污染物排放量少的设备和工艺，采用经济合理的废弃物综合利用技术和污染物处理技术。

中华人民共和国大气污染防治法

（2000 年 4 月 29 日第九届全国人民代表大会常务委员会第十五次会议修订通过，自 2000 年 9 月 1 日起施行）

第十二条　向大气排放污染物的单位，必须按照国务院环境保护行政主管部门的规定向所在地的环境保护行政主管部门申报拥有的污染物排放设施、处理设施和在正常作业条件下排放污染物的种类、数量、浓度，并提供防治大气污染方面的有关技术资料。

前款规定的排污单位排放大气污染物的种类、数量、浓度有重大改变的，应当及时申报；其大气污染物处理设施必须保持正常使用，拆除或者闲置大气污染物处理设施的，必须事先报经所在地的县级以上地方人民政府环境保护行政主管部门批准。

第四十六条　违反本法规定，有下列行为之一的，环境保护行政主管部门或者本法第四条第二款规定的监督管理部门可以根据不同情节，责令停止违法行为，限期改正，给予警告或者处以五万元以下罚款：

（一）拒报或者谎报国务院环境保护行政主管部门规定的有关污染物排放申报事项的；

（二）拒绝环境保护行政主管部门或者其他监督管理部门现场检查或者在被检查时弄虚作假的；

（三）排污单位不正常使用大气污染物处理设施，或者未经环境保护行政主管部门批准，擅自拆除、闲置大气污染物处理设施的；

（四）未采取防燃、防尘措施，在人口集中地区存放煤炭、煤矸石、煤渣、煤灰、砂石、灰土等物料的。

专家释惑

本案中环保部门的处理体现了处理环境侵权民事赔偿案的科学性和专业性。

由于环保法是一门涉及面广，融自然科学和社会科学于一体的综合性法律，造成环境侵权损害的原因复杂多变，损害的发生具有隐蔽性、滞后性、积累性、反复性的特点，所以，我国环境侵权民事赔偿诉讼实行较长的诉讼时效（3 年，比一般民事诉讼长 1～2 年）和举证责任倒置（即被告负举证责任）。但在本案中，由于致害人为两个独立的法人单位，他们对对方的生产排污状况不清楚，所以举证困难。市环保部门在这种情况下主动作为，为民解愁，深入现场勘察，掌握第一手资料后，运用环保科学知识，拿出了确凿的证据，本着公正、公平的原则，确定了两厂应分担的责任比例，使当事人达成了赔偿协议，从而化解了环境污染引起的纠纷。环保部门这种主动服务、科学举证的做法，受到各方的称赞。

一是科学推定两厂的排污行为与农作物受损的因果关系，明确承担赔偿责任的主体。鉴于环境污染案件中，危害环境行为与损害事实之间的因果关系的复杂性和特殊性，一些环境立法比较完善的国家，主张以推定的因果关系来代替直接的因果关系。这一主张也被我国环境侵权民事案件的行政处理和司法审判实践所接受。本案的因果关系是这样推定的：两厂所排放的大气污染物都不超过国家允许的排放标准，但因两厂紧邻，烟囱间距仅超过两烟囱高度之和（197 米）30 米，依据计算烟气落点浓度的高斯模式，计算出在地面轴线上 1600 米 ~2200 米二氧化硫最大落地浓度。如果两者叠加远超过保护农作物的大气污染物最高允许浓度，对二氧化硫敏感农作物生长季的日平均浓度的限值，即使是二氧化硫的抗性作物，在二氧化硫任何一次的浓度超过 0.8mg/m^3 的环境中，也会受到伤害。况且，两厂排放硫酸雾，其危害是二氧化硫的 10 倍。所以，该村在两厂主导风向下方的 1000 米 ~2200 米区域的农作物损害与两厂排放的二氧化硫和酸雾行为之间的因果关系成立。

二是合理分清两厂赔偿责任，确定适当的分摊比例。在明确两厂作为共同的赔偿主体之后，分清各自责任的大小成为本案的另一关键。由于环保部门对两厂的烟气监测是每季一次，最近一次的监测距案发时已有一个多月，如果以这次监测结果计算出两厂二氧化硫和酸雾排放净量的比值，作为分摊赔偿金的比例，显然不准确。因此，环保部门调出了两厂近一个月的生产台账、报表等原始记录，计算出原料中硫的总量，减去产品硫酸中的硫量，再减去因工艺水平所致的无组织排放的硫量，即为通过烟囱高空排放的硫量。两者的比值 35:65 即为分摊赔偿金的比例。

三是准确核定环境污染的实际损失，签订赔偿协议。环境污染损害赔偿不同于国家赔偿，实行全额赔偿原则，直接损失、间接损失，既得利益、可得利益均要进行赔偿。具体到本案，既要赔偿受损农作物的生产成本，又要赔偿案发时生产农作物的利润，还要赔偿农作物从案发时到成熟期这一将来时期的预期可得利润。在环境污染赔偿案中，国家确立了保护受害者的立法思想，一些受害人借此夸大污染危害，虚报污染损失，致使案件处理更加扑朔迷离。为了核准本案的实际损失，市环保部门邀请农业、林业部门有关技术人员参与调查，逐项评估，重新核定损失，消除了 7 万多元虚报损失，从而保护了企业合法利益。

8．一桩因煤尘污染引发的血案

案例 8　煤尘污染致村民和稻田损害案

事情是这样的

某省某煤矿位于某县化溪乡化溪村附近。煤矿的煤仓建成后，煤经过振动筛，造成煤尘污染；运煤汽车也卷起滚滚黑尘，给附近群众的生产和生活环境带来了极大的污染危害。堆煤坪附近的稻田，亩产只有一二百斤，大面积的稻谷被厚厚的煤尘覆盖，碾出的米、糠也夹杂着黑色。另外，矿区未经处理的生产、生活废水，流入或渗入当地水井里，使井水浑浊发臭。据卫生部门化验，细菌数超标 360 倍，大肠菌超标 793 倍。

对此，当地村民曾先后 14 次以书面或口头形式向该矿领导以及其他有关单位反映，要求治理污染并赔偿损失。但是，该矿领导竟漠然置之，甚至说："煤尘我们解决不了，你们也没有办法。"某县环保局对这个"县团级"企业也不敢采取强制措施。

2000 年 5 月，化溪村的村民们先后两次将煤矿的铁门锁上，力图阻止矿里运煤。前一次，经县、区、乡领导做工作，村民们把锁打开了。

后一次，煤矿干脆将铁锁砸开，强行运煤。2000年11月1日，8位村民肩挑一担被煤灰污染的稻谷，手举请愿书，走在通向煤矿的路上，发出哀号："我们决不无理取闹，只求你们讲点良心，用被污染了的稻谷换一点干净的白米，让我们活下去!"突然，几百名矿工从煤矿旁一涌而出，冲向这8位请愿而来的村民。

8位村民中除1人逃脱外，其余均被打伤。乡党委书记谢某某在劝阻工人打人时被一石块击中脑后，昏倒在血泊中。乡长闵某某也未能免于毒打。年过六旬的村民蔡某某被打伤后，其恨难咽，服毒而亡。村民潘某某目睹亲人遭打惨状，跳水寻死，幸被路人救起。

这次流血事件发生后，所在地区行署和该县有关部门曾组成联合调查组进行调查。最终的处理结果是：由煤矿承担受伤村民医药费并赔偿化溪村生产损失共3000多元。化溪村村民对此处理十分不满，但也无可奈何。

律师专线

因生产过程排污所产生的各种矛盾屡见不鲜，但该事件是一起严重忽视人民群众的环境权益、违反环境保护法的恶性事件。

环境问题是现代化大生产带来的必然而又有害的后果，人们要享受科技带来的益处，就必须进行环境保护。早在1982年（更早可溯至1978年）我国《宪法》就明确规定："国家保护和改善生活环境和生态环境，防治污染和其他公害。"《环境保护法》明确规定保护和改善生活环境与生态环境，防治污染和其他公害，保障人体健康，促进社会主义现代化建设的发展。

上述这个煤矿从事能源生产，对国民经济建设和人民生活是必须的。由于技术条件的限制和生产性质的关系，产生一定程度的污染本来在所难免。但污染严重到如此程度，煤尘、废水污染如此严重，则有违环境立法的宗旨了。更为恶劣的是，虽然当地村民曾先后14次以多种形式反映情况，但污染者对其严重污染破坏环境的行为不予改正，并大言不惭地宣称"煤尘我们解决不了，你们也没有办法"。果真是这样吗？非也。我国环境保护法庄严地赋予了公民在环境方面的权利，《环境保护法》规定"公民对污染破坏环境的单位和个人，有权监督、检举和控告”。同时对污染者施加了无可推卸的责任，“已经对环境造成污染和其他公害的单位，应当按照‘谁污染谁治理’的原则，制订规划，积极治理，或者报请主管部门批准转产、搬迁”。在庄严的法律面前，该煤矿为何如此漠视法律的规定？究其原因就是环境执法不力，该县环境保护局对这个“县团级”企业不敢采取强制措施。这个“不敢”背后也许有诸多的因素。但是，无论是什么在背后起作用，最终都应服从国家强制力的法律。根据《环境保护法》的规定，地方各级环境保护机构的主要职责之一，就是检查督促所辖地区内各部门、各单位执行国家保护环境的方针、政策和法律。作为县人民政府环境保护机构的某县环境保护局当然也负有这一职责；同时，各部门、各单位理所当然地包括该煤矿在内，而不管他是县团级还是其他什么更高的级别。我国《宪法》庄严地宣布“任何个人和单位没有超越宪法和法律的特权”，该煤矿的所作所为不能不认为是对我国环境法制的践踏。

正是在这种背景下，悲剧发生了。由冲突到流血，损失是严重的，教训是惨痛的。村民们只是为了求得最起码的生存条件，使环境有最低限度的改善，就惨遭毒打，结果是稍稍赔偿了事。这是不公正的，也是不合法的，并不能根本解决问题。根据《环境保护法》的规定，除赔偿损失外，还可以作出行政处罚。

法律规范

中华人民共和国环境保护法

（1989年12月26日第七届全国人民代表大会常务委员会第十一次会议通过，1989年12月26日中华人民共和国主席令第22号公布，自公布之日起施行）

第十三条　建设污染环境的项目，必须遵守国家有关建设项目环境保护管理的规定。

建设项目的环境影响报告书，必须对建设项目产生的污染和对环境的影响作出评价，规定防治措施，经项目主管部门预审并依照规定的程序报环境保护行政主管部门批准。环境影响报告书经批准后，计划部门方可批准建设项目设计任务书。

第二十九条　对造成环境严重污染的企业事业单位，限期治理。

中央或者省、自治区、直辖市人民政府直接管辖的企业事业单位的限期治理，由省、自治区、直辖市人民政府决定。市、县或者市、县以下人民政府管辖的企业事业单位的限期治理，由市、县人民政府决定。被限期治理的企业事业单位必须如期完成治理任务。

中华人民共和国大气污染防治法

（2000 年 4 月 29 日第九届全国人民代表大会常务委员会第十五次会议修订通过，自 2000 年 9 月 1 日起施行）

第十二条　向大气排放污染物的单位，必须按照国务院环境保护行政主管部门的规定向所在地的环境保护行政主管部门申报拥有的污染物排放设施、处理设施和在正常作业条件下排放污染物的种类、数量、浓度，并提供防治大气污染方面的有关技术资料。

前款规定的排污单位排放大气污染物的种类、数量、浓度有重大改变的，应当及时申报；其大气污染物处理设施必须保持正常使用，拆除或者闲置大气污染物处理设施的，必须事先报经所在地的县级以上地方人民政府环境保护行政主管部门批准。

第十三条　向大气排放污染物的，其污染物排放浓度不得超过国家和地方规定的排放标准。

第四十六条　违反本法规定，有下列行为之一的，环境保护行政主管部门或者本法第四条第二款规定的监督管理部门可以根据不同情节，责令停止违法行为，限期改正，给予警告或者处以五万元以下罚款：

（一）拒报或者谎报国务院环境保护行政主管部门规定的有关污染物排放申报事项的；

（二）拒绝环境保护行政主管部门或者其他监督管理部门现场检查或者在被检查时弄虚作假的；

（三）排污单位不正常使用大气污染物处理设施，或者未经环境保护行政主管部门批准，擅自拆除、闲置大气污染物处理设施的；

（四）未采取防燃、防尘措施，在人口集中地区存放煤炭、煤矸石、煤渣、煤灰、砂石、灰土等物料的。

专家释惑

大气污染，是指大气因某种物质的介入，而导致其化学、物理、生物或者放射性等方面特征的改变，从而影响大气的有效利用，危害人体健康或财产，以及破坏自然生态系统、造成大气质量恶化的现象。一般而言，环境污染防治立法中所称的大气污染只是指由人为因素所引起的大气污染，而自然界自身变化过程中所发生的大气污染则不属于法律控制的对象。

1987 年 9 月 5 日，我国制定颁布了《大气污染防治法》，该法对防治大气污染的一般原则、监督管理、防治烟尘污染、防治废气和粉尘及恶臭污染、法律责任等方面作出了规定。到 20 世纪 90 年代，为了适应中国社会主义市场经济体制的要求，我国对《大气污染防治法》作了修改，经修改的《大气污染防治法》于 1995 年 8 月 29 日由全国人大常委会通过并开始施行。在形式上，主要的修改是将法律条文由原来的 41 条增至 50 条；在内容上，主要的修改是：增加了对企业实行清洁生产工艺规定；国家对落后工艺和设备实行淘汰制度；强化规定了防治燃煤污染大气的控制对策和措施。2000 年立法机关对《大气污染防治法》再次进行修订，修订的要点在于：集中力量抓重点城市的大气污染防治，加强机动车污染防治，加大城市扬尘的控制力度，禁止超过排放标准排放污染物，实行大气污染物排放的总量控制和许可证制度，建立排污收费制度，强化法律责任。

9. 淘汰落后的设备应该被取缔关停

案例 9　被淘汰土锅炉污染浴室案

事情是这样的

王某与朱某是邻居关系，王某住在朱某家的西侧。2002 年 1 月，朱某在家中建了浴室，其烟囱紧靠王某的东山墙，由于其使用了质量技术监督管理部门所禁止使用的土锅炉，加之煤炭的质量较差，煤灰经常飘落到左邻右舍。特别是王某家中，经常落下一层黑黑的煤灰，只要朱某家使用浴室，王某家中的衣服、被子就不能晾晒，门窗也不能打开，影响了王某及其家人的正常生活，为此双方经常发生纠纷。2002 年 3 月，经当地派出所调解，王某和朱某达成了调解协议。协议载明：朱某每年赔偿王某损失费 600 元，分别于每年 6 月底和 12 月底各给付 300 元。协议签订后，由于朱某未按协议履行，王某遂于 2003 年 6 月向法院提起诉讼，要求停止侵害、排除妨碍，并要求朱某按协议的约定赔偿损失费 900 元。朱某则认为协议是在被逼无奈的情况下签订的，因为如果当时不签协议就会影响浴室的使用，故拒绝履行协议。

律师专线

我们认为该案应作如下处理：对王某要求停止侵害、排除妨碍的诉讼请求依法不予支持。对王某要求赔偿损失的诉讼请求依法应予支持，即朱某应按约定赔偿王某的损失 900 元。理由是：朱某对王某所造成的侵害和妨碍是事实，但侵害和妨碍的根源是朱某所使用的锅炉和煤炭，而锅炉的管理部门是质量技术监督局，煤炭燃烧后的排放标准则是由环境保护局制定和管理的。因此，王某应到当地质量技术监督局和环境保护局举报，由质量技术监督局和环境保护局作出处罚决定，限期拆换锅炉并要求朱某按国家规定的标准排放煤烟。因此，王某提出的停止侵害、排除妨碍的诉讼请求不属人民法院的管辖范围，依法应予驳回。

《民法通则》第 124 条规定："违反国家保护环境防止污染的规定，污染环境造成他人损害，应当依法承担民事责任。"本案中虽然朱某家排放的煤烟未经有关部门鉴定，但从其给王某家生活带来的影响，可以认为朱某家所排放的煤尘已经污染了环境，并损害了他人。而王某和朱某都是具有完全民事行为能力的人，并且该协议是在当地派出所的主持下签订的，朱某对自己的行为应承担完全责任，朱某所称是在被逼无奈的情况下签订协议应不予采信，且王某和朱某所签订的协议不具备法律规定的无效情形，因此，王某和朱某签订的协议应认定为有效协议，故应判决朱某按协议的约定赔偿王某损失费 900 元。

法律规范

中华人民共和国环境保护法

（1989年12月26日第七届全国人民代表大会常务委员会第十一次会议通过，1989年12月26日中华人民共和国主席令第22号公布，自公布之日起施行）

第十三条　建设污染环境的项目，必须遵守国家有关建设项目环境保护管理的规定。

建设项目的环境影响报告书，必须对建设项目产生的污染和对环境的影响作出评价，规定防治措施，经项目主管部门预审并依照规定的程序报环境保护行政主管部门批准。环境影响报告书经批准后，计划部门方可批准建设项目设计任务书。

第二十九条　对造成环境严重污染的企业事业单位，限期治理。

中央或者省、自治区、直辖市人民政府直接管辖的企业事业单位的限期治理，由省、自治区、直辖市人民政府决定。市、县或者市、县以下人民政府管辖的企业事业单位的限期治理，由市、县人民政府决定。被限期治理的企业事业单位必须如期完成治理任务。

中华人民共和国大气污染防治法

（2000年4月29日第九届全国人民代表大会常务委员会第十五次会议修订通过，自2000年9月1日起施行）

第十二条　向大气排放污染物的单位，必须按照国务院环境保护行政主管部门的规定向所在地的环境保护行政主管部门申报拥有的污染物排放设施、处理设施和在正常作业条件下排放污染物的种类、数量、浓度，并提供防治大气污染方面的有关技术资料。

前款规定的排污单位排放大气污染物的种类、数量、浓度有重大改变的，应当及时申报；其大气污染物处理设施必须保持正常使用，拆除或者闲置大气污染物处理设施的，必须事先报经所在地的县级以上地方人民政府环境保护行政主管部门批准。

第十三条　向大气排放污染物的，其污染物排放浓度不得超过国家和地方规定的排放标准。

第十九条　企业应当优先采用能源利用效率高、污染物排放量少的清洁生产工艺，减少大气污染物的产生。

国家对严重污染大气环境的落后生产工艺和严重污染大气环境的落后设备实行淘汰制度。

国务院经济综合主管部门会同国务院有关部门公布限期禁止采用的严重污染大气环境的工艺名录和限期禁止生产、禁止销售、禁止进口、禁止使用的严重污染大气环境的设备名录。

生产者、销售者、进口者或者使用者必须在国务院经济综合主管部门会同国务院有关部门规定的期限内分别停止生产、销售、进口或者使用列入前款规定的名录中的设备。生产工艺的采用者必须在国务院经济综合主管部门会同国务院有关部门规定的期限内停止采用列入前款规定的名录中的工艺。

依照前两款规定被淘汰的设备，不得转让给他人使用。

第四十六条　违反本法规定，有下列行为之一的，环境保护行政主管部门或者本法第四条第二款规定的监督管理部门可以根据不同情节，责令停止违法行为，限期改正，给予警告或者处以五万元以下罚款：

（一）拒报或者谎报国务院环境保护行政主管部门规定的有关污染物排放申报事项的；

（二）拒绝环境保护行政主管部门或者其他监督管理部门现场检查或者在被检查时弄虚作假的；

（三）排污单位不正常使用大气污染物处理设施，或者未经环境保护行政主管部门批准，擅自拆除、闲置大气污染物处理设施的；

（四）未采取防燃、防尘措施，在人口集中地区存放煤炭、煤矸石、煤渣、煤灰、砂石、灰土等物料的。

第四十九条　违反本法第十九条规定，生产、销售、进口或者使用禁止生产、销售、进口、使用的设备，或者采用禁止采用的工艺的，由县级以上人民政府经济综合主管部门责令改正；情节严重的，由县级以上人民政府经济综合主管部门提出意见，报请同级人民政府按照国务院规定的权限责令停业、关闭。

将淘汰的设备转让给他人使用的，由转让者所在地县级以上地方人民政府环境保护行政主管部门或者其他依法行使监督管理权的部门没收转让者的违法所得，并处违法所得两倍以下罚款。

专家释惑

年产5000吨以下的造纸厂、年产牛皮3万张以下的制革厂、年产500吨以下的染料厂、采用“坑式”和“萍乡式”、“天地罐”和“敞开式”等落后方式炼焦、炼油硫的企业，以及土法炼砷、炼汞、炼铅锌、炼油、选金和农药、电镀、漂染以及生产石棉制品、放射性制品等企业，均属关闭、取缔对象。以上这些企业，我们称为“十五小”企业，因为它们生产过程中产生的废气、废水、废渣，如果处理，成本太高；如果不处理，污染太大，而且还消耗大量的资源。关闭、取缔这些企业后，调整生产结构，对企业、社会都有好处。

国家实施淘汰落后生产工艺、能力和产品的制度。各地环保部门对检查中发现的使用淘汰落后生产工艺的排污企业均应提请当地政府进行关停取缔，震慑违法排污企业，打击环境违法行为。从2003年到2009年，国家连续开展了整治违法排污企业，保障群众健康的环保专项行动，各级环保部门对群众反映的各类城市噪声、城市大气污染及使用淘汰落后工艺的重污染行业企业进行了全面排查。对存在排放超标、违反环保法律、法规和国家产业政策的企业，视情况给予责令纠正、行政处罚、限期整改、限期治理、停产整治、关停取缔等处罚，对典型违法案件实行公开挂牌督办。

10. 恶臭污染应当制止

案例10 北京市高安屯垃圾处理场恶臭案

事情是这样的

北京市高安屯垃圾处理场恶臭扰民，社区论坛为此开设“臭味专区”，在社会上引起了广泛关注。随着我国环境污染投诉范围的不断加大，受理范围逐渐从废水、废气、废渣、噪声投诉扩展到恶臭、油烟、放射性以及光污染，针对恶臭污染所带来的一系列影响以及治理措施应该引起足够的重视。

1. 恶臭阴魂不散、不请自来，居民忧心健康苦不堪言："几乎每天都要闻到臭味，现在我的鼻子闻东西都不灵了。"

"一到夏天都不敢开窗睡，天气凉快一些，睡觉时开着窗子，没想到半夜就被臭气熏醒。关窗也不是，开窗也不是，整个房间到处都弥漫着呛人的臭气，连躲都没处躲，让人喘不过气来，最后只能是关门然后整晚开着空调……"住在高安屯垃圾处理场附近的一位业主在网络上留下了这样无奈的文字。

"万象新天"、"天赐良园"、"柏林爱乐"、"非中心"、"德国楼尚"……高安屯垃圾处理场周边2～4公里内建有大密度的生活社区，属于北京市规划中的大型居住区，距边界不足两公里即为通州区卫星城，长住居民达数几十万人。居住在这里的居民一年四季都被恶臭折磨着，不敢轻易开窗，半夜时常被恶臭熏醒，阴天闷热时气味更加难以忍受，出门在外不能长久停留，要随身携带口罩……这是居住在高安屯垃圾处理场附近居民生活的真实写照。

"几乎每天都要闻到臭味，现在我的鼻子闻东西都不灵了，我查过相关资料，恶臭污染对人体的健康是会造成很大危害的。"住在"万象新天"的陈先生告诉记者。

黄小姐也是"万象新天"的业主，她无奈地告诉记者："我咨询过相关专业环保人士，我们这个小区的恶臭程度已经达到了4级。一般晚上的臭味会更大，这个时间段的气压低再加上没有什么风，气味就更容易在我们生活的四周弥漫。我家里还有6个月大的孩子，真的很担心孩子的身体健康……"

面对长期以来的恶臭污染，有些人开始行动起来。近日，在"万象新天"小区业主论坛里专门开设了"臭味专区"，一些热心的业主开始向全体业主招募"臭味志愿者"。网名为"铜豌豆"的业主发帖开始召集"臭味志愿者"，汇集资料和业主意见，帮助业主掌握更多"臭味真相"，汇总后递交相关部门以求解决居民的恶臭生活处境。

"铜豌豆"告诉记者："每天在恶臭中生活，深知恶臭给生活环境带来的恶劣影响，不仅人的身体健康会受到很大伤害，长期生活在这样恶劣的环境中，会使人烦躁不安，对人的精神健康也会有极大损害。环保部门的同志说，垃圾场直接影响的是半径3.5公里的区域，即使没有臭气，垃圾场排放的各种气体也会对人体造成影响……"

2. 恶臭不断、压力不减，垃圾场在无奈中前行：进场前的垃圾得不到有效的处理、减量与分类，进场后的垃圾处理起来就不免产生臭味。高安屯垃圾场建于2002年，位于北京市朝阳区东南角，垃圾场内有一条长1350米、均宽60米、均高20米的"垃圾大坝"。每天早上6时开始，平均每10分钟就会有一辆满载垃圾的卡车从朝阳区的各个垃圾收集站赶往这里。每天700多辆垃圾车，将整个朝阳区近3000吨的生活垃圾运往这里。

在记者前往高安屯垃圾处理场实地采访的途中，一辆辆满载垃圾的运输卡车间歇而过，臭气便随之而来。垃圾车驶过的路面上，还不时留下垃圾的渗沥液，恶臭让人难以忍受。距离垃圾场越近，臭气便越来越明显，到了垃圾处理场，一股一股的恶臭扑面而至，随即鼻子难以负荷，头开始隐隐作痛起来。

据了解，高安屯的臭气主要有四个来源。一是垃圾大坝，20米高的大坝里全是裸露的垃圾。二是垃圾卫生填埋场散发的填埋气（俗称沼气）。垃圾经过填埋后会发酵产生沼气，从填埋场漏排的沼气挥发到空气中，便有了刺鼻的臭味。垃圾填埋场有100多个沼气井，而挥发处理的单体点燃气远远消化不了空气中的填埋气。三是垃圾堆的渗沥液。垃圾运输从开始就没有进行渗沥液的挤压，运输中便遗洒在道路两旁，这也是造成臭气的主要来源。四是陈腐垃圾的倒运和捡拾垃圾者在场内的随意翻拣使臭气不断产生，在微风情况下，向下风扩散，在无风且气压低的情况下，低空聚集，长久不散，影响范围及深度比有风天气时更大。

律师专线

人们不只对垃圾站恶臭污染的投诉增多，对于工农业生产过程中恶臭排放的投诉也在不断增多。化工厂、化肥厂、农药厂、造纸厂、涂漆厂、橡胶厂、制革厂等排放的恶臭物质中含有硫化物、烃类、醛类、酮类、苯类、萘类、胺类以及焦油、沥青蒸气、氨和各种有机溶剂等。另外，畜牧业在生产过程中也产生相当一部分恶臭。集约化式的养殖场往往只注重了当前的利益，忽视了给环境和畜禽本身带来的污染。长期接触恶臭环境，若臭气量较大，且长期高浓度存在，对人体会构成极大的健康隐患。恶臭污染已经严重影响了工农业的正常发展、影响了人们的正常生活，必须加紧恶臭污染的治理工作。

法律规范

中华人民共和国大气污染防治法

（2000 年 4 月 29 日第九届全国人民代表大会常务委员会第十五次会议修订通过，自 2000 年 9 月 1 日起施行）

第四十条　向大气排放恶臭气体的排污单位，必须采取措施防止周围居民区受到污染。

第四十一条　在人口集中地区和其他依法需要特殊保护的区域内，禁止焚烧沥青、油毡、橡胶、塑料、皮革、垃圾以及其他产生有毒有害烟尘和恶臭气体的物质。

禁止在人口集中地区、机场周围、交通干线附近以及当地人民政府划定的区域露天焚烧秸秆、落叶等产生烟尘污染的物质。

除前两款外，城市人民政府还可以根据实际情况，采取防治烟尘污染的其他措施。

第四十二条　运输、装卸、贮存能够散发有毒有害气体或者粉尘物质的，必须采取密闭措施或者其他防护措施。

第五十七条　违反本法第四十一条第一款规定，在人口集中地区和其他依法需要特殊保护的区域内，焚烧沥青、油毡、橡胶、塑料、皮革、垃圾以及其他产生有毒有害烟尘和恶臭气体的物质的，由所在地县级以上地方人民政府环境保护行政主管部门责令停止违法行为，处二万元以下罚款。

专家释惑

近几年，随着人们生活水平的提高和环境保护意识的增强，恶臭污染作为一种扰民和危害人体健康的污染已成为公众身边比较突出的环境问题。在一些发达国家，人们对环境投诉中恶臭的投诉比例越来越高，在美国占全部空气污染投诉的50%以上，日本2004年对恶臭污染的投诉达到19657件，澳大利亚投诉的比例高达91.3%。我国随着经济的高速发展，城市化进程的不断加快，由于城市规划、工业结构和工业布局不尽合理，造成了城市功能区划分不明显，引发的恶臭污染事件日益增多，人们对恶臭污染的投诉也越来越多。

1. 恶臭污染概述

恶臭是指大气、水体、废弃物等物质中含有的、能够引起人体厌恶或不愉快的气味挥发性物质，通过空气介质，作用于人的嗅觉而被感知的一种污染，是世界公认的七大公害之一。凭人的嗅觉即可感知的恶臭物质就有四千多种，其中对人的健康危害较大的有硫醇类、氨、硫化氢等十余种。恶臭危害并影响人体的呼吸系统、血液系统、消化系统、内分泌系统和神经系统等。高浓度的恶臭能使人中毒，严重时还会导致人当即死亡。因此，恶臭污染必须予以防治。

我国的恶臭污染有以下特征：一是复杂性。目前我国各种恶臭污染源同时并存，构成恶臭污染源的既有化工厂、石化企业、橡胶厂、喷漆涂料厂、制药厂、畜禽养殖场等点源，又有排污河、污水处理厂、垃圾填埋场等线源、面源、散发源，且不同的污染源排放的恶臭污染物各不相同，给环境管理部门对恶臭污染的判断与控制带来了很大的难度。二是严峻性。城市化进程的不断加快，打破了原有的城市规划和工业布局，在旧工业区周边新建了为数众多的居民区、高档公寓、别墅等，而工厂排放的恶臭气体会大大降低这些新建居住区居民的生活环境质量，直接导致了工厂与居民的矛盾激化，造成投诉数量呈逐年递增之势。

常见的恶臭污染治理方法主要有：燃烧法、吸附法、淋洗法、生物法几大类，每一大类又分成若干具体的方法，如燃烧法包括直接燃烧法、蓄热燃烧法、催化燃烧法，近年来又出现了臭氧氧化、等离子体电离等新型的脱臭方法。不同的脱臭方法适用于不同的恶臭物质和臭气浓度，需要根据实际情况具体分析选择。而且，由于恶臭污染的复杂性，往往需要将几种方法组合起来进行多级处理。

根据《大气污染防治法》的规定，向大气排放恶臭气体的排污单位，必须采取措施防止周围居民区受到污染。在人口集中的地区和其他依法需要特殊保护的区域内，禁止焚烧沥青、油毡、橡胶、塑料、皮革、垃圾以及其他可能产生恶臭气体的物质。

2. 明确恶臭污染物排放标准

关于排放恶臭污染物执行排放标准值的有关问题，国家环境保护总局经研究，曾作出解释：（1）恶臭污染物排放控制应执行《恶臭污染物排放标准》（GB14554—1993）。《大气污染物综合排放标准》（GB16297—1996）中确定污染物最高允许排放速率的方法不适用于执行《恶臭污染物排放标准》的情况。（2）在执行《恶臭污染物排放标准》时，如企业排气筒高度超过标准中所列排气筒最高高度，执行标准中排气筒最高高度对应的污染物排放量。

3. 坚持恶臭污染监测制度

监测是指运用物理、化学、生物等科学技术手段，对反映空气状况的各种信息、现象进行监测、测定的活动。它是执行空气质量保护法律、法规、标准和进行空气质量监督管理的重要技术手段和依据。各国一般都建立了自己的饮用水源监测制度。针对近两年在特定气象条件下出现的恶臭污染，南京市环保部门采取了更加积极有效的措施，控制和消除恶臭污染影响，在城市主导风向上新增设3个环境硫化氢自动监测点，对城北地区重点污染源的高空排放通道设置在线监测，形成立体的监控网络。有关企业完成了7项涉及硫化氢废气的治理设施，硫化氢排放总量削减70%以上，再加上临时限产等管理措施，全年恶臭污染发生频率明显下降，市民投诉由上年1927件降到944件，日投诉达20次的天数由27天降至8天，下降了70%，恶臭污染发生持续时间明显缩短、强度减弱，恶臭污染影响由上年平均持续10小时降到平均约2小时。

4. 完善法律责任制度

《环境保护法》第36条规定，建设项目的大气污染防治设施没有建成或者没有达到国家有关建设项目环境保护管理的规定的要求，投入生产或使用的，由审批该项目的环境影响报告书的环境保护部门责令停止生产或使用，可以并处罚款。

《大气污染防治法》对恶臭排放进行了规定，并规定了责令停止违法行为、限期改正和罚款等处罚方法。但从我国目前的实际情况来看，恶臭污染物的治理现状却不容乐观。环境监察人员在对恶臭污染的执法中常常遇到法律规定不具体、操作性差、难落实等难题。此外，行政处罚的额度低，也影响了恶臭执法的力度。同时，由于对恶臭的监督管理和治理研究相对滞后，受恶臭污染居民的问题没办法及时解决，矛盾常常被激化。因此，应当完善关于恶臭防治的法律责任规定，对于污染者起到震慑的作用。

5. 加大资金、技术投入

污染治理资金不足、资金不到位也是制约恶臭污染治理的重要因素。如北京高安屯垃圾处理场仅对垃圾实施除臭，每小时就要喷洒含有植物或生物除臭药剂的处理液约1吨，工人和电子喷雾间隔作业连续24小时，一天就要喷洒约24吨。而1吨普通的植物浓缩除臭药剂就要1万~2万元，采用生物浓缩除臭药剂就高达3.5万元。仅就这一点，对垃圾处理场来说就是一笔庞大的支出。工人除每日在堆体上喷洒除臭药剂外，还利用雾化装置进行空气除臭，目前喷洒时间为24小时。此外，“单体点燃”、“雨污分流”等新科技也将运用在垃圾填埋场中。

6. 坚持垃圾的分类回收和集中处置制度

依据德国、日本等国经验，垃圾处理的对策顺序应该是减量化、资源化、无害化。应当加大对生活垃圾产生过程的管理力度，同时政府还要努力提高公众环保意识，加大宣传教育力度。有关分析表明：提高垃圾分类程度，能够有效提高垃圾资源化率。减少垃圾产生量也是很必要的，采取垃圾源头消减的方法，应依据垃圾成分和所占比重，及城市的具体情况来设计。主要包括：净菜进城、限制消费性包装、循环利用包装物、建立完善废品回收系统、鼓励生产环节节省资源和循环利用资源、明确企业和政府责任、垃圾计量收费（对垃圾排放大户实施惩罚性收费），对电池、灯管和包装等生产企业征收处理费等。

同时，整合对垃圾分类回收产业的管理，改变过去多头管理、多头收费、多头责任的局面，给予独立的预算和编制，整合信息，加强部门间协调，保证不缺位、不错位。加大对垃圾分类回收行业的管理和引导。深入全面调查了解该行业信息，把握行业从业人员数量、组成、分布及行为特点等信息，及时给予关注与关怀。然后通过确认正式身份，政府补贴加价、提供便利回收条件等方式逐步规范从业人员行为，引导从业人员提高对资源的利用效率。

第三章　光污染案例

内容提要

光污染是指现代城市建筑和夜间照明产生的溢散光、反射光和眩光等对人、动物、植物造成干扰或负面影响的现象。国家法律没有明确规定光污染，但事实上光污染却对我们的生活产生了极大的影响，在实践中如何对光污染所致损害进行处理成了我们必须解决的问题。

11. 光污染应如何界定，光污染所导致的损害应如何处理？

案例 11　陆耀东诉永达公司光污染损害赔偿纠纷

事情是这样的

陆耀东（原告）因与上海永达中宝汽车销售服务有限公司（以下简称永达公司——被告）发生环境污染损害赔偿纠纷，向上海市浦东新区人民法院提起诉讼。

原告诉称：原告在被告经营场所隔壁的小区居住。被告经营场所东面展厅的围墙边，安装着三盏双头照明路灯，每晚7时至次日晨5时开启。这些路灯散射的强烈灯光，直入原告居室，使原告难以安睡，为此出现了失眠、烦躁不安等症状，工作效率低下。被告设置的这些路灯，严重干扰了居民的休息，已经违反了从2004年9月1日起上海市开始实施的《城市环境装饰照明规范》的规定，构成光污染侵害。请求判令被告停止和排除对原告的光污染侵害，拆除该路灯，公开向原告道歉，并向原告赔偿损失1000元。审理中，原告将请求赔偿损失的金额变更为1元。

原告陆耀东提交了以下证据：上海市安居房、平价房配售合同一份，用以证明陆耀东的居室与永达公司的经营场所相邻（证据1）；2004年8月30日晚间拍摄的涉案路灯开启状态以及陆耀东居室外墙的照片2张，用以证明涉案路灯开启后的亮度以及陆耀东居室外墙受照射的程度（证据2）；在陆耀东居室内拍摄的涉案路灯开启后灯光射入情况的录像片段，用以证明在夜间目视情况下，射入居室的涉案路灯灯光非常刺眼（证据3）；"人民网"、"北方网"上关于光污染的报道2篇，用以证明光污染会对人体健康造成负面影响（证据4）；《城市环境装饰照明规范》文本，用以证明涉案路灯的灯光对陆耀东居室的照射已达到该规范所指的"障害光"和"光污染"标准（证据5）。

被告辩称：涉案路灯是被告为自己的经营场所外部环境提供照明安装的，是经营所需的必要装置，而且是安装在被告自己的经营场所上，原告无权干涉。该路灯的功率每盏仅为120瓦，不会造成光污染，不可能侵害原告，更不会对原告造成什么实际的损害结果。该路灯不仅为被告自己的经营场所外部环境提供了照明，事实上也为隔壁小区居民的夜间行走提供了方便。即便如此，为搞好企业与临近居民的关系，被告在得知原告起诉后，已经切断了涉案路灯的电源，并保证今后不再使用，故不同意原告的诉讼请求。

被告未提交证据，对原告提交的证据，被告质证认为：对证据1无异议；证据2、3不能证明涉案灯光已构成光污染，也不能证明该灯光妨害了原告；证据4与涉案灯光无直接关系；对证据5的真实性无异议，但无法证明涉案灯光的亮度已达到该规范规定的"障害光"、"光污染"标准。

经质证，上海市浦东新区人民法院确认以下事实：

原告陆耀东的居室西侧与被告永达公司经营场所的东侧相邻，中间间隔一条宽15米左右的公共通道。永达公司为给该经营场所东面展厅的外部环境照明，在展厅围墙边安装了三盏双头照明路灯，每晚7时至次日晨5时开启。这些位于陆耀东居室西南一侧的路灯，高度与陆耀东居室的阳台持平，最近处离陆耀东居室20米左右，其间没有任何物件遮挡。这些路灯开启后，灯光除能照亮永达公司的经营场所外，还能散射到陆耀东居室及周围住宅的外墙上，并通过窗户对居室内造成明显影响。在陆耀东居室的阳台上，目视夜间开启后的路灯灯光，亮度达到刺眼的程度。陆耀东为此于2004年9月1日提起诉讼后，永达公司已于同年9月3日暂停使用涉案路灯。

另查明，《城市环境装饰照明规范》由上海市质量技术监督局于2004年6月29日发布，2004年9月1日在上海市范围内实施。在该规范中，"外溢光/杂散光"的定义是："照明装置发出的光中落在目标区域或边界以外的部分"；"障害光"的定义是："外溢光/杂散光的数量或方向足以引起人们烦躁、不舒适、注意力不集中或降低对于一些重要信息（如交通信号）的感知能力，甚至对于动、植物亦会产生不良的影响时，即称之为障害光"；"光污染"的定义是："由外溢光/杂散光的不利影响造成的不良照明环境，狭义地讲，即为障害光的消极影响"。

上海市浦东新区人民法院认为依据《中华人民共和国环境保护法》第2条、第6条，《中华人民共和国民法通则》第124条与《上海市城市环境装饰照明规范》的规定，于2004年11月1日判决：

一、被告永达公司应停止使用其经营场所东面展厅围墙边的三盏双头照明路灯，排除对原告陆耀东造成的光污染侵害。

二、原告陆耀东的其余诉讼请求，不予支持。

一审宣判后，双方当事人均未提出上诉。

律师专线

本案的判决开创了光污染损害获得支持的先河。本案争议的焦点是：在自己的权益范围内安装为自己提供照明的路灯，能否构成环境污染中的光污染？光源是否构成障碍光？灯光照射是否对原告睡眠有直接影响？被告永达公司安装的路灯，是否影响了原告陆耀东的权利，造成了实际损失？被告应否为此承担责任？承担什么责任？《上海市城市环境装饰照明规范》是否有法律约束力？

首先必须认定是否构成光污染。依据《中华人民共和国环境保护法》（以下简称《环境保护法》）第2条规定："本法所称环境，是指影响人类生存和发展的各种天然的和经过人工改造的自然因素的总体，包括大气、水、海洋、土地、矿藏、森林、草原、野生生物、自然遗迹、人文遗迹、自然保护区、风景名胜区、城市和乡村等。"第6条规定："一切单位和个人都有保护环境的义务，并有权对污染和破坏环境的单位和个人进行检举和控告。"环境既然是影响人类生存和发展的各种天然的和经过人工改造的自然因素的总体，路灯灯光显然被包含于环境定义中。永达公司在自己的经营场所设置路灯，为自己的经营场所外部环境提供照明，本无过错。但由于永达公司的经营场所与周边居民小区距离甚近，中间无任何物件遮挡，永达公司路灯的外溢光、杂散光能射入周边居民的居室内，数量足以改变居室内人们夜间休息时通常习惯的暗光环境，且超出了一般公众普遍可忍受的范围，影响了人们的正常休息。因此，永达公司设置的路灯，其外溢光、杂散光确实达到了《城市环境装饰照明规范》所指的障害光程度，已构成由强光引起的光污染，遭受污染的居民有权进行控告。

永达公司的涉案路灯用于其经营场所的正常环境照明，是经营所需的必要装置。经查，涉案路灯不属于车站、机场、公路等公共场所为公众提供服务而必须设置的照明、装饰用灯，只是永达公司为自己公司的经营便利而设置的路灯。永达公司完全有条件以其他形式为自己经营场所的外部环境提供照明，或者通过采取遮挡等必要的措施来避免自己设置的路灯侵害他人合法权益。永达公司没有采取最合适的方式来行使自己的权利，给他人权利的行使造成了不良影响，应当为此承担法律责任。

被告永达公司涉案灯光是否对原告陆耀东造成实际的损害结果，是其是否承担法律责任的决定性因素。环境污染对人体健康造成的实际损害结果，不仅包括那些症状明显并可用计量方法反映的损害结果，还包括那些症状不明显且暂时无法用计量方法反映的损害结果。光污染对人体健康可能造成的损害，目前已逐渐为公众普遍认识。夜间，人们通常习惯于在暗光环境下休息。永达公司设置的路灯，其射入周边居民居室内的外溢光、杂散光，数量足以改变人们夜间休息时通常习惯的暗光环境，且超出一般公众普遍可忍受的范围，光污染程度较为明显。在此情况下，陆耀东诉称涉案灯光使其难以安睡，为此出现了失眠、烦躁不安等症状，这就是涉案灯光对陆耀东的实际损害。陆耀东诉称的这些实际损害，符合日常生活经验法则，是对其本人的一种实际损害。另外，根据《最高人民法院关于民事诉讼证据的若干规定》第 91 条的规定，陆耀东无需举证证明，应推定属实。永达公司否认光污染对陆耀东造成了实际损害，应当举证反驳。永达公司不能举出涉案灯光对陆耀东身体健康没有产生危害的证据，可以以此推定永达公司对陆耀东造成了实际损害，其应当承担责任。

《民法通则》第 124 条规定："违反国家保护环境防止污染的规定，污染环境造成他人损害的，应当依法承担民事责任。"《环境保护法》第 41 条第 1 款规定："造成环境污染危害的，有责任排除危害，并对直接受到损害的单位或者个人赔偿损失。"被告永达公司开启的涉案路灯灯光，已对原告陆耀东的正常居住环境和健康生活造成了损害，构成环境污染。永达公司不能举证证明该侵害行为具有合理的免责事由，故应承担排除危害的法律责任。永达公司已于诉讼期间实际停止了开启涉案路灯，并承诺今后不再使用，于法无悖，应予支持。因永达公司的侵权行为没有给陆耀东造成不良的社会影响，故对陆耀东关于永达公司公开赔礼道歉的诉讼请求，不予支持。尽管陆耀东只主张永达公司赔偿其损失 1 元，但因陆耀东不能举证证明光污染对其造成的实际损失数额，故对该项诉讼请求亦不予支持。

但此案的判决依据是上海市的《城市环境装饰照明规范》，这个规范的等级很低，其由上海市容局和照明学会起草，质量技术监督局批准，是否能作为法律意义上的地方性法规予以普遍适用还值得商榷；其次是作为一种行业技术性规范，其法律约束力也是值得探讨的。

法律规范

中华人民共和国环境保护法

（1989 年 12 月 26 日第七届全国人民代表大会常务委员会第十一次会议通过，1989 年 12 月 26 日中华人民共和国主席令第 22 号公布，自公布之日起施

行）

第二条　本法所称环境，是指影响人类生存和发展的各种天然的和经过人工改造的自然因素的总体，包括大气、水、海洋、土地、矿藏、森林、草原、野生生物、自然遗迹、人文遗迹、自然保护区、风景名胜区、城市和乡村等。

第六条　一切单位和个人都有保护环境的义务，并有权对污染和破坏环境的单位和个人进行检举和控告。

第四十一条　造成环境污染危害的，有责任排除危害，并对直接受到损害的单位或者个人赔偿损失。

中华人民共和国民法通则

（1986 年 4 月 12 日第六届全国人民代表大会第四次会议通过，1986 年 4 月 12 日中华人民共和国主席令第 37 号公布，自 1987 年 1 月 1 日起施行）

第一百二十四条　违反国家保护环境防止污染的规定，污染环境造成他人损害的，应当依法承担民事责任。

最高人民法院关于民事诉讼证据的若干规定

（2001 年 12 月 21 日最高人民法院公布，自 2002 年 4 月 1 日起施行）

第四条　……（三）因环境污染引起的损害赔偿诉讼，由加害人就法律规定的免责事由及其行为与损害结果之间不存在因果关系承担举证责任……

第九条　下列事实，当事人无需举证证明：

（一）众所周知的事实；

（二）自然规律及定理；

（三）根据法律规定或者已知事实和日常生活经验法则，能推定出的另一事实；

（四）已为人民法院发生法律效力的裁判所确认的事实；

（五）已为仲裁机构的生效裁决所确认的事实；

（六）已为有效公证文书所证明的事实。

前款（一）、（三）、（四）、（五）、（六）项，当事人有相反证据足以推翻的除外。

专家释惑

1. 光污染的界定与种类

光污染泛指影响自然环境，对人类正常生活、工作、休息和娱乐带来不利影响，损害人们观察物体的能力，引起人体不舒适和损害人体健康的各种光。从波长 10nm～1mm 的光辐射，即紫外辐射、可见光和红外辐射，在不同的条件下都可能成为光污染源。2004 年 9 月 1 日起实施的上海市关于灯光污染的地方标准《城市环境装饰照明规范》将“光污染”定义为“由外溢光/杂散光的不利影响造成的不良照明环境。狭义地讲，即为障害光的消极影响”；“外溢光/杂散光”定义为“照明装置发出的光中落在目标区域或边界以外的部分”；“外溢光/杂散光的数量或方向足以引起人们烦躁、不舒适、注意力不集中或降低对于一些重要信息（如交通信号）的感知能力，甚至对于动、植物亦会产生不良的影响时，即称之为障害光”。

国际上一般将光污染分成三类，即白亮污染、人工白昼和彩光污染。

（1）白亮污染

当太阳光照射强烈时，城市里建筑物的玻璃幕墙、釉面砖墙、磨光大理石和各种涂料等装饰反射光线，明晃白亮、炫眼夺目。专家研究发现，长时间在白色光亮污染环境下工作和生活的人，视网膜和虹膜都会受到不同程度的损害，视力急剧下降，白内障的发病率高达 45%。还会使人头昏心烦，甚至发生失眠、食欲下降、情绪低落、身体乏力等类似神经衰弱的症状。

夏天，玻璃幕墙强烈的反射光进入附近居民楼房内，增加了室内温度，影响了正常的生活。有些玻璃幕墙是半圆形的，反射光汇聚还容易引起火灾。烈日下驾车行驶的司机会出其不意地遭到玻璃幕墙反射光的突然袭击，眼睛受到强烈刺激，很容易诱发车祸。

(2) 人工白昼

夜幕降临后，商场、酒店上的广告灯、霓虹灯闪烁夺目，令人眼花缭乱。有些强光束甚至直冲云霄，使得夜晚如同白天一样，即所谓人工白昼。在这样的“不夜城”里，夜晚难以入睡，扰乱人体正常的生物钟，导致白天工作效率低下。人工白昼还会伤害鸟类和昆虫，强光可能破坏昆虫在夜间的正常繁殖过程。

(3) 彩光污染

舞厅、夜总会安装的黑光灯、旋转灯、荧光灯以及闪烁的彩色光源构成了彩光污染。据测定，黑光灯所产生的紫外线强度大大高于太阳光中的紫外线，且对人体有害影响持续时间长。人如果长期接受这种照射，可诱发流鼻血、脱牙、白内障，甚至导致白血病和其他癌变。彩色光源让人眼花缭乱，不仅对眼睛不利，而且干扰人的大脑中枢神经，使人感到头晕目眩，出现恶心呕吐、失眠等症状。科学家最新研究表明，彩光污染不仅有损人的生理功能，还会影响心理健康。

2. 加强光污染的法律规定

我国《民法通则》第 83 条规定：“不动产的相邻各方，应当按照有利生产、方便生活、团结互助、公平合理的精神，正确处理截水、排水、通行、通风、采光等方面的相邻关系。给相邻方造成妨碍或者损失的，应当停止侵害，排除妨碍，赔偿损失。”该条并未明确规定“光污染”的情形，不利于法官在司法实践中作出具体的判断。鉴于光污染造成的影响越来越大，应当对哪些情况会构成侵害相邻关系的侵权类型予以立法规定为宜。

《环境保护法》第 24 条规定：“产生环境污染和其他公害的单位，必须把环境保护工作纳入计划，建立环境保护责任制度；采取有效措施，防治在生产或者其他活动中产生的废气、废水、废渣、粉尘、恶臭气体、放射性物质以及噪声、振动、电磁波辐射等对环境的污染和危害。”该条对“光污染”是否是一种环境污染也未作出明文规定。有一些地方法规和标准对光污染这种环境污染类型已作了明确的规定。《山东省环境保护条例》第19条第1款规定：“城市人民政府应当制定本区域环境综合整治目标和措施，加强对废水、废气、粉尘、固体废物、噪声、辐射、光污染、热污染、建材等污染的防治。……”《珠海市环境保护条例》第32条规定：“产生废气、废水、废渣、噪声、粉尘、恶臭气体、放射性物质以及振动、电磁波辐射、光污染等对环境有污染和危害的企业、事业单位和个体工商户，必须建立环境保护责任制，采取有效措施，防治环境污染。”《厦门市建筑外墙装饰管理暂行规定》第14条规定：“对周围环境会产生光照污染的玻璃幕墙或金属幕墙，应采用低辐射等镀膜或非抛光金属板，不得采用镜面玻璃或金属板等材料。”2004年9月1日起实施的上海市关于灯光污染的地方标准《城市环境装饰照明规范》也对“光污染”进行具体的界定。2007年10月1日起施行的《物权法》中，第89条和第90条对光污染有所提及。第89条规定，建造建筑物，不得违反国家有关工程建设标准，妨碍相邻建筑物的通风、采光和日照；第90条也规定，不动产权利人不得违反国家规定弃置固体废物，排放大气污染物、水污染物、噪声、光、电磁波辐射等有害物质。

但是由于地方法规和标准法律效力等级较低，规定的内容不够全面等问题存在，《物权法》也没有界定光污染，不利于司法实践中对于受害人的保护。国外的规定给我们以启示，如瑞典《环境保护法》详细列举了众多造成环境污染的情形，其中就有光污染。该法第1条规定：“本法适用于以可能造成大气污染、噪声、振动、光污染或其他类似方式干扰周围环境的方式对土地、建筑物或设施的使用，但暂时性干扰除外。”这种对光污染造成环境污染的情形在立法中作了明确规定，是国民环境素质提高的一种体现。

3. 坚持预防为主的原则

由于与其他环境污染相比，光污染很难通过分解、转化和稀释等方式消除或减轻，我国的光污染防治应当坚持预防为主的原则。在开始规划设计城市建设时就应注意防止光污染，也就是从源头防治光污染。强调城市夜景照明要严格按照照明标准设计，设计时要合理选择光源、灯具和布灯方案，尽量使用光束发散角小的灯具，并在灯具上采取加遮光罩或隔片的措施；在闹市区、居民密集区、交通要道等处不宜设计玻璃幕墙，或采取高层部分使用的方法解决光污染问题；不要在高层建筑上大面积使用隐框玻璃幕墙；使用无白光污染的幕墙玻璃。通过规范房地产商的行为，使其尽到注意的义务，防止光污染的产生。

4. 加强光污染的环境影响评价

环境影响评价制度，是实现经济建设、城乡建设和环境建设同步发展的主要法律手段。建设项目要进行环境影响评价，科学地分析开发建设活动可能产生的环境问题，并提出防治措施。通过环境影响评价，可以为建设项目合理选址提供依据，防止由于布局不合理给环境带来难以消除的损害；通过环境影响评价，可以调查清楚周围环境的现状，预测建设项目对环境影响的范围、程度和趋势，提出有针对性的环境保护措施；环境影响评价还可以为建设项目的环境管理提供科学依据。据了解，目前在国家环境影响评价的有关法规里，对于建设项目可能会对周围环境带来影响的各项指标中，并没有对光污染的明确规定。作为一种新生的污染源，光线到底会产生多严重的危害性，也没有具体的数字指标。所以，如果将光污染加到对建设项目的实际环评中，由于缺乏标准和技术支持，环保部门现在还无法操作，不利于预防原则的贯彻以及光污染的控制。因此，应当在立法中增加对光污染的评判标准和技术支持，使得相关工作能够有法可依。

5. 实行举证责任倒置的原则

所谓举证责任倒置，是指基于法律规定，将通常情形下本应由提出主张的一方当事人（一般是原告）就某种事由负担举证责任，而由他方当事人（一般是被告）就某种事实存在或不存在承担举证责任，如果该方当事人不能就此举证证明，则推定原告的事实主张成立的一种举证责任分配制度。在一般证据规则中，“谁主张，谁举证”是举证责任分配的一般原则，而举证责任的倒置则是这一原则的例外。由于对是否存在光污染在取证上存在极大难度，因此，在该类诉讼中应采用民事侵权和赔偿的举证责任倒置，实行无过错责任原则，即光污染侵害者侵害行为不论其原先是否存在过错，由受害方举证存在光污染侵权事实以及所遭受的损失，只要侵害方不能证明这种光污染事实是自然形成的，或是污染行为与损害事实之间不存在因果关系，或者这种污染行为很轻微，就应当承担停止侵权并赔偿的责任。

第四章　室内环境污染案例

内容提要

室内环境污染是近年来新出现的一种污染形式，危害极大，投诉率逐年上升，已引起公众和环保部门的高度重视。在居室环境的优化与人民生命健康权的保护中，我们最重要的就是要做好预防，应坚持预防为主，防治结合的原则。另一方面我们也积极呼唤此类法律法规的出台，以真正做到有法可依。受害人可以采取自力救济、请求行业调解、申请环保部门进行行政处理和向人民法院起诉等方式解决纠纷。

12. 汽车室内空气污染竟致人死亡

案例 12　北京李发君诉某汽车销售商、生产商人身伤害赔偿案

事情是这样的

原告：李发君、李照辰（李发君之女）、于金英（李发君之岳母）

被告一：北京北方新兴长安铃木汽车销售服务有限责任公司

被告二：重庆长安铃木汽车有限公司

2002 年 8 月 5 日，朱继荣从铃木销售公司以 49800 元购买重庆铃木汽车公司生产的长安奥拓 SC7081B 小轿车一辆。此后，朱继荣驾驶该车上下班，往返于其居住的北京市西城区与石景山区的工作单位之间。2002 年 10 月 1 日，朱继荣出现牙龈出血，皮肤散布出血点的症状。

2002年10月11日以“再生障碍性贫血”入住北京大学人民医院。2003年3月25日，经医治无效病逝。2003年7月20日，朱继荣的丈夫李发君偶然得知苯中毒可以导致重症再生障碍性贫血，遂于第二日将其购买的奥拓车送至中国室内装饰协会环境检测中心，委托该中心对车内苯含量进行检测，检测结果为每立方米0.18mg，超过《室内空气质量标准》规定的每立方米0.11mg的含量。李发君认为正是所购奥拓车存在苯含量超标的质量瑕疵导致其妻子患上重症再生障碍性贫血死亡，在与铃木销售公司协商无果的情况下，于2003年11月18日将北京铃木销售公司、重庆长安铃木汽车有限公司诉至丰台区人民法院，要求两被告就其产品瑕疵引发人身伤害一事，赔偿医疗费、护理费、丧葬费等相关费用，同时要求退还购车款，各项共计701116.36元。

审理中，两被告认为其生产、销售的奥拓车符合国家现有的各项标准，原告所说的车内空气质量问题，我国并无相关标准的规定。另外，导致再生障碍性贫血的原因很多，原告并没有证据证明朱继荣患病的原因是苯中毒所致，所以，朱继荣的死亡原因与其没有因果关系。

法院认定，原告不能提供患病的直接原因，未尽到举证义务；同时原告不能证明购车时车内苯浓度的含量，而且，国家对此问题没有相关规定。2004年4月2日，作出驳回原告诉讼请求的判决。4月19日，李发君将上诉状递交市中级人民法院。

律师专线

本案是一起新型的环境污染案件，一审法院判决在适用法律方面存在问题。据了解，中国装饰协会室内环境监测中心2006年对200辆汽车进行随机抽检后发现，90%的汽车都存在车内空气质量问题，而罪魁祸首就是汽车内的配饰件。汽车内饰的危害主要是包括甲醛、苯在内的挥发性的有机物。近年来有关汽车空气污染问题的投诉在上升，还有很多消费者专门打电话咨询，当新车甲醛浓度超标，损害身体健康时，应该怎么办？由于目前国家还没有一个专门的车内空气质量标准，所以消费者遇到这种情况时自身维权难度很大，接到投诉的消协和质监部门也只能参考其他标准。在目前情况下，消费者只能忍气吞声吗？

我们认为，如果市民的健康和安全受到损害的话，即便目前法律上没有给出标准，消费者也可以参照相关室内质量标准检测，拿到超标的证据，向经销商或生产商提出赔偿。

法律规范

中华人民共和国民法通则

（1986 年 4 月 12 日第六届全国人民代表大会第四次会议通过，1986 年 4 月 12 日中华人民共和国主席令第 37 号公布，自 1987 年 1 月 1 日起施行）

第一百零六条　公民、法人违反合同或者不履行其他义务的，应当承担民事责任。

公民、法人由于过错侵害国家的、集体的财产，侵害他人财产、人身的，应当承担民事责任。

没有过错，但法律规定应当承担民事责任的，应当承担民事责任。

第一百二十四条　违反国家保护环境防止污染的规定，污染环境造成他人损害的，应当依法承担民事责任。

专家释惑

目前，虽然室内污染已引起各级政府及有关部门的重视，制定了有关室内空气相关标准，但专门针对汽车内部空气环境的污染控制标准尚未出台，对于室内（含汽车）空气污染违法行为及相应的罚则等有关法律问题尚不明确，监督管理的行政主管部门也没有法律给予明确。

因此，国家应尽快制定《室内空气污染防治法》，规定《室内空气污染防治法》的适用范围，包括房屋的建筑材料，装修的材料、油漆、涂料、石材，家具等材质生产与销售；房屋的建筑施工单位、房屋开发商、房屋的装修单位、家具加工制作商；车辆生产及装饰。

此外，还要明确室内（含汽车）空气污染监督管理的行政主管部门，并从法律上明确空气污染监督管理行政主管部门的权、责。明确属于室内（含汽车）空气污染违法行为及相应的罚则等有关法律问题。明确室内（含汽车）环境质量评价、工程质量验收、环境监测资质单位认证、监测报告的合法性和监测质量的管理。

注意

在车内环境中，有害气体苯主要来自于装修用胶、合成橡胶、人造皮、合成消毒剂和稀释油漆。重度中毒者可出现兴奋、呕吐、肺气肿、皮肤起红斑、点状出血，持续则可因呼吸麻痹而导致神志丧失和死亡。甲醛则主要来自于车椅座套、坐垫和车顶内衬等装饰布上的阻燃剂，甲醛有促癌致癌作用。

目前治理车内空气污染，改善车内空气环境主要有以下几种方法：

1. 空气清新剂清新

车用空气清新剂又称“环境香水”，是目前净化车内空气环境，提高空气质量最常见的方法，由于携带方便，使用简单以及价格便宜，空气清新剂成为不少司机朋友净化车内空气的首选。不过喷空气清新剂其实是一个治标不治本的方法，为业内人士所诟病。

2. 活性炭吸附过滤

活性炭是一种非常优良的吸附剂，它具有物理吸附和化学吸附的双重特性，可以有选择地吸附空气中的各种物质，以达到消毒除臭等目的。活性炭在吸附饱和后要更换，约3个月更换1次。

3. 臭氧消毒

借用臭氧是最近兴起的杀菌方法。最大好处是不会残存任何有害物质，不会对汽车造成第二次污染。臭氧消毒法操作起来较简单，将一根连接着汽车专用消毒机的胶管伸入车厢内，打开汽车专用消毒机和车内空调，利用空调的空气循环，将汽车专用消毒机产生的高浓度臭氧送到车内的每个角落，只需几分钟就可以了，消灭病菌比较彻底。美中不足的是，消毒后车厢里会留有一点臭氧味，但只要将车窗打开一会儿，臭氧会自动分解成无色无味气体挥发掉。如果车主经常使用车辆，采用此方法1个月消毒1次即可。

4. 车载氧吧

汽车氧吧的功能就是增加空气中负离子含量，空气负离子有“空气维生素”之称。负离子有抑制细菌、病毒生长，清除空气异味，清洁空气的作用。目前市面上可以看到做成各种艺术造型的汽车用负离子发生器，即汽车氧吧。但此法并非万能，增加负离子可以让司机头脑清醒，但无助于消除空气中原有的污染物质。

5. 光触媒消毒

光触媒是一种利用光的能量进行反应的触媒，在一般状态下是绝缘体，经吸收能量后表面电子受激发而流动，从而变成导体的一种特殊的物质。有不少品牌是采用半导体二氧化钛作为触媒，在空气中发生光催化氧化作用，产生活性物质，达到净化空气、抗菌防霉的目的。据介绍，光催化氧化作用并不消耗光触媒材料本身，因此此法有“一劳永逸”之说。光触媒消毒方法得到了中国科协工程学会的认可。

6. 使用车内空气净化器

目前市场上比较知名的品牌有沃讯、奥德奥等，空气净化器可杀灭和清除宠物异味、烟味、汗味、臭味、纤维、浮游霉菌、病毒、浮游细菌、螨虫、花粉、灰尘、皮屑、甲苯、二甲苯、总挥发性有机物(TVOC)、苯、甲醛、汽车尾气中的一氧化碳和二氧化碳及氮氧化物等。

7. 使用活性炭净化空气

活性炭作为天然空气净化器，具备净化容易、无污染的自然特征。活性炭可以吸附空气中的甲醛、甲苯、二甲苯及氨气等车内空气污染的主要元凶，以达到防腐、防潮、除臭、防霉、杀菌消毒的目的。车友可以购买一小袋放在车内，或者买一个内含活性炭的抱枕、头枕等。

13. 家具污染是女儿发病元凶

案例13　苏州家具甲醛污染第一案：一审买家告倒销售商

事情是这样的

由于怀疑自己新买回家的一套家具甲醛超标，并由此导致女儿反复生病，消费者张震明无奈把苏州市金海马家具有限公司告上法庭，要求退货，并进行索赔。法院一审判决“金海马”接受退货，退还家具款，还需承担张震明女儿的医药费。据悉，这是江苏消费者状告销售商家具甲醛超标的第一案。

1. 家具疑似甲醛超标

2004年3月8日，市民张震明搬进了装修一新的馨泓花园新家。然而，入住不久，他发现自己一进房间眼睛就会流泪。他的女儿也反复出现感冒、咳嗽、打喷嚏等症状，而且久治不愈。家中的种种异常现象让张震明开始怀疑室内的空气质量是否出了问题。然而，新家采用的是环保装修，木地板也全是免漆地板。渐渐地，他把怀疑对象锁定在从“金海马”买回的一套售价31550元的“吉盛伟邦”家具上。

为了彻底查明事实真相，2004年7月22日，他委托权威检测机构苏州市苏环室内环境检测有限公司对其室内8个不同地方的甲醛、苯、TVOC含量进行检测。检测结果让他大吃一惊：“室内空气中甲醛浓度全部超过国家标准，不合格；室内空气中TVOC浓度全部超过国家标准，不合格。”副卧室的甲醛含量超出国家标准7倍以上。

2. 消费者走上维权路

有了权威的检测报告，张震明心里有了底。他马上找到“吉盛伟邦”进行交涉并要求退货。经销商提出，当初买家具时，其附送张震明的床垫可能有问题。但是，当经销商为其免费更换床垫过后，张震明的女儿还是反复生病。

为了再次证明是家具出了问题，2004年8月20日，张震明再次委托苏州市苏环室内环境检测有限公司对其室内甲醛含量进行检测。检测结论证实：室内甲醛全部超标。

满怀信心的张震明又去找“吉盛伟邦”讨说法，岂料对方给他出具了由吉林省有关部门开出的“家具为合格产品”的检验报告。交涉一下子陷入了僵局。

2004年9月14日，不甘心的张震明第3次请苏州市苏环室内环境检测有限公司对其室内甲醛含量进行检测。这次，他留了个心眼。他把书房里的新家具全部搬走，而副卧室里的新家具保持原样。检测结论为：“书房基本达标，副卧室还是甲醛超标7倍。”但是，经销商依然不接受这个检测结论。

3. 法院判决原告胜诉

由于家具发票上标明销货单位是“苏州市金海马家具有限公司”，为维护自身合法权益，张震明于2004年10月把销售商“金海马”告上法庭，打起环境污染损害赔偿官司。他要求退货，拿回家具款，赔偿女儿医药费，并索赔精神损害抚慰金3万元。官司整整打了18个月。

在法庭上，原被告双方都不承认对方出具的检测报告。应被告申请，法院委托权威机构进行检测。检测结论为：“有家具时，室内甲醛浓度明显超过无家具时室内甲醛浓度，其差值超过了有关国家标准。”

日前，法院作出一审判决：张震明退还家具；“金海马”退还张震明家具款31550元，并赔偿其女儿医药费480元。

4. 官司怎么打大有讲究

眼下，住房家具甲醛污染，已成为老百姓身边的“切肤之痛”。但是，在全国范围内，此类纠纷消费者很少告到法院，即便起诉，消费者也很少有胜诉的。这起案件之所以能一审打赢，诉讼技巧是关键。

律师专线

家具甲醛超标纠纷，一般消费者会以“家具质量纠纷”或是“人身损害赔偿”为由起诉，但是这两类诉讼的举证责任全部在消费者，要由消费者证明家具不合格，非常不利消费者，官司往往打不赢。而打“环境污染损害赔偿”官司，举证责任倒置在家具销售商身上，这就大大减轻了消费者的举证责任。再者，如果要打家具质量官司，就要消费者证明家具不合格，一般要作家具破坏性检测，这对消费者是极端苛刻的。而改打环境污染损害赔偿官司后，室内有家具和无家具时空气中甲醛的含量，再用减法一减，得出结论，这样就避免了破坏性检测的风险。

法律规范

中华人民共和国民法通则

（1986 年 4 月 12 日第六届全国人民代表大会第四次会议通过，1986 年 4 月 12 日中华人民共和国主席令第 37 号公布，自 1987 年 1 月 1 日起施行）

第一百零六条　公民、法人违反合同或者不履行其他义务的，应当承担民事责任。

公民、法人由于过错侵害国家的、集体的财产，侵害他人财产、人身的，应当承担民事责任。

没有过错，但法律规定应当承担民事责任的，应当承担民事责任。

第一百二十四条　违反国家保护环境防止污染的规定，污染环境造成他人损害的，应当依法承担民事责任。

专家释惑

由于相关法律法规无法跟上目前家居消费的爆发式增长，造成了部分投诉问题解决难点不断出现。如目前国家室内环境标准和部分产品标准的控制对象的差异，使得室内环境污染问题、家具污染问题等成为消费者投诉和解决的难题。

解决家具污染纠纷的关键是改变检测方法、修订检测标准。在检测方法上，可采用环境试验舱法对家具有害物质的释放进行浓度测试。美国等一些发达国家已经用环境试验舱法（气候箱法）取代了干燥器法，我国大型环境实验舱测试技术已经基本成熟，采用这一方法得出的结果会更加接近家具实际使用状况下的有害物质释放情况。同时，应尽快修订现行《木制家具中有害物质限量》标准，不仅要按标准对成品家具进行污染检测，而且要对油漆、胶粘剂等木制家具相关材料进行污染监测。应该将《室内装饰装修材料溶剂型木器涂料中有害物质限量》《室内空气质量标准》《木制家具中有害物质限量》《室内装饰装修材料——人造板及其制品中的甲醛释放限量》各标准相衔接呼应。

家具是否环保，应该以消费者能否入住以及是否能保护消费者人身安全为标准。曹毅委员认为，检测入住后居室内的室内环境是否存在污染，可依据卫生部在2002年颁布的《室内空气质量标准》(GB/T18883—2002)。该标准中对室内空气中的甲醛、苯、甲苯、二甲苯、TVOC等均作出了明确规定，是真正从保护人类居住安全和保护居住者健康角度出发的人性化标准，应该在现实中得到严格执行。

注意

中国消费者协会《2006年受理投诉统计报告》显示，质量、价格、销售合同纠纷成为家居消费投诉排行前三位，质量问题占总量的六成以上。2006年家具类投诉共15126件，其中家具的质量问题10547件，占总量的70%，营销合同603件，价格711件，占投诉前三位；装修材料类18291件，属于质量问题的12053件，占总量的66%；房屋装修类5643件，其中属于质量问题的3557件，占63%。家具污染室内环境已经成为继建筑污染、装修污染以后室内环境污染的新问题，成为导致室内环境污染的三大来源之一。

为此，我国已经制定了有关室内环境和家具污染的标准，但是由于家具污染室内环境问题涉及材料、工艺、后期处理和空间承载量等多方面，解决起来比较复杂。同时，随着新型材料的出现和家具行业的发展，各种布艺家具、铁艺家具、厨房家具、办公家具不断出现，家具污染室内环境问题仍将是需要全社会关注的突出问题。

根据我国目前反映普遍的家具污染问题，中国室内装饰协会室内环境监测工作委员会主任宋广生提出解决家具污染的方法，提醒广大消费者注意：

在购买摆设家具时要注意空间承载量。房间配置家具时要注意房间的空间承载量，合理搭配家具和室内各种装饰材料，特别是房间面积相对比较小的儿童房或者卧室里面，家具体积不要过大。室内装饰装修比较复杂或者采用复合材料较多的家庭，要注意防止由于家具和装修材料有害物质叠加造成室内环境有害物质超标。

在家具使用方面，要注意以下几点：

新买的家具不要急于使用，有条件最好让家具里的有害气体释放一段时间再用；新衣柜使用时尽量不要把内衣、睡衣和儿童的服装放在里面。因为甲醛是一种过敏源，当从纤维上游离到皮肤的甲醛量超过一定限度时，就会使人产生变态反应皮炎；在室内和家具内采取一些有效的净化措施及材料，可以降低家具释放出的有害气体对人体健康的危害；发现家具污染问题，要请教有关专业人员进行检测和处理，不要盲目地使用各种处理材料，防止造成家具表面的损害和二次污染。

14. 室内空气污染不容忽视

案例 14　都是氨气惹的祸

事情是这样的

北京的张先生花 130 万元巨款买了一套商品房，可入住没多久，全家人便搬了出来。他以每月一万多元的租金把房子租了出去，没想到，签好了三年租房合同的租房人入住没多久也退租了。这么一个验收等级为优良的高品质公寓为什么会出现“自己不愿住，租又租不出去”的现象呢？

原来，罪魁祸首是它！

1999 年，张先生花了 130 万元购买了“现代城”楼盘中 2 号楼 1804 号的一套商品房。由于买的是期房，经过几个月的漫长等待，年底一家人高兴地搬进了新居。可在新房子里没住几天，张先生全家都感到不仅咽喉不舒服，早晨起床后，眼睛也莫名其妙地肿痛。

起初，张先生觉得这是新房子，难免会有装修散发的怪味。可几十天过去了，异味不仅散不掉，而且越来越重。上眼药水、吃润喉片成了每天早晨一家人起床后的第一件事。无奈，张先生找到了“现代城”的客户服务中心。但令张先生意外的是，因为同样问题来找客户服务中心的还不止他们一家。

客户服务中心的工作人员先后向张先生作出了两种解释：一种是新房子都有味道，开窗放一放就好了；另一种解释是下水道、厕所的化粪池由于刚用，翻出来的气味。是住户家中的管道密封性都出了问题？还是另有原因呢？经过排查，2 号楼 10 层、18 层等多层住户家中并不存在管道密封不严、装修材料使用不当的问题。2000 年 4 月，检测部门确定了异味为室内氨气挥发所致。但令业主们气愤的是，“现代城”始终未将原因告知住户。

张先生：“我是到 7 月份才从报纸上知道这一结果的。”

氨是一种没有颜色、具有强烈刺激的化学性气体。根除方法是在装修以前进行封闭处理或吸附处理，但房间装修后要想根除气味，基本上没有特别有效的办法，一般只能采取开窗通风的办法等气体慢慢散去。氨的释放期一般不少于 3 年，那么长时间的摄入对人体究竟会有哪些危害？国家允许室内氨气存在的最高标准是多少呢？带着许多疑问，我们咨询了专家。

中国室内环境监测中心主任宋广生：“氨对人体的危害，现在没有确切的结论，但肯定对人的黏膜、呼吸系统有刺激。目前，由于国家没有室内空气中氨的标准，现在检测部门采用的标准，是空气中 0.2 毫克/立方米。”

孙女士：“我们家的浓度高得吓人，超过了标准的 54 倍。”

参照国家相关卫生标准，2 号楼多个住户家中的氨浓度均在每立方米几毫克至十几毫克之间，显然已经超过了标准的十几倍甚至几十倍。可对于一个验收等级为优良的高品质公寓，氨气到底出自哪里呢？

原来，能够挥发氨气的物质来自混凝土中添加的含有尿素的防冻剂。随着温度、湿度等外部环境因素的变化，这些含有尿素的防冻剂会还原成氨气，从墙体里缓慢释放。当时，2号楼的部分楼层施工时正值1998年冬季，为防止混凝土冻结，施工方——北京第三住宅建筑工程公司在使用的混凝土中，添加了一种标号为“FDY”的防冻剂。

北京第三住宅建筑工程公司副总经理赵学宪称：“低温下施工，必须在商品混凝土或一般混凝土中添加一些外加剂。当时的情况下使用这种东西就是合格的。”

而第二年，也就是1999年12月，北京市城乡建设委员会和规划委以“京建材1999［518］号通知”淘汰了12种建材。其中，这种含有尿素成分的“FDY”防冻剂，因“污染环境、长期散发异味”也在淘汰之列。规定要求从2000年3月1日起不准在住宅工程、建筑工程中使用。这样一来，盖楼时的合格产品等到业主入住时，却成了淘汰产品。

为了减少“氨气事件”带来的负面影响，“现代城”选购了上海一家公司生产的除氨空气净化器。但业主们对净化器的体积、噪音、品牌、功效均产生了质疑。

张先生说：“没厂家、没商标、没说明书，也不知道它的工作原理。事实证明，这个除氨机没有产生任何除氨效果，实际上相当于一个大的排风扇。”

孙女士说：“使用除氨机后，当时的指标下来了，但是2个小时以后再一测，指标又恢复了原样。”

由于除氨机未能有效降低住户家中有害气体氨的浓度，有的家干脆将除氨机放进了卫生间，有的则自家购买一台效果好的除氨机。巨款买来的商品房既不好住，租又租不出去，“现代城”又向业主们提出了退房方案，声明：如果业主对目前的解决方式仍不满意，可以在2000年8

月15日前将房子退回，“现代城”退还业主全部房款并将双倍支付银行利息。

张先生说：“这个我们更不能接受了。因为我买这个房子最主要的目的是投资。我买的是期房，那会儿房价便宜，8000多元一平方米，等到现在已经变成现房了，现房已经是1万多元一平方米了。他给我还按原来的价格退我的房子，那我无形中就损失了许多。”

因业主和开发商之间始终无法达成赔偿协议，2001年2月，张先生和10层的另一位住户孙女士，将“现代城”的开发商——北京中鸿天房地产开发公司告上法庭，要求开发商彻底解除室内氨气的存在，并分别赔偿医疗费、租房费、检测费等各种损失累计40余万元。

开发商委托代理人张京兵说：“从开发商的角度来讲，确实承认在所开发的物业之中存在氨气。我们并不知道（施工方）在施工过程中使用了含有尿素成分的防冻剂。”

开发商认为，其在向原告履行交房义务的时候，完全符合双方合同约定，自己没有违约行为，又怎么去承担氨气超标的责任呢？2001年3月，2号楼工程施工方——北京第三住宅建筑工程公司被法庭追加入案，成为这场污染官司的第三人。

建筑商委托代理人韩铁男说：“原告和开发商中鸿天公司之间是买卖合同关系，我们和中鸿天公司之间是一个建筑工程承包关系，我们和两个原告之间并没有合同关系。科技的不断进步、人们环保意识的增强和行业标准相对滞后，这样一对矛盾产生的后果，不应该由我们建筑商承担。”

2001年10月，这起沸沸扬扬的污染官司在经历两次开庭审理后又有了变化——为本案第三人施工方提供成品混凝土的中国建筑工程一局五公司搅拌站，也被法院追加入案，成了另一第三人。至此，“现代城”氨气污染官司已由原告、被告双方变为原告、被告以及两位第三人共四方当事人。

律师专线

本案涉及室内空气污染，但在案发当时，还没有出台有效的法律对这一类问题进行规范。

本案例是因为建筑过程中使用防冻剂导致房屋氨气超标所致，造成室内空气污染的直接责任人是建筑公司——施工方，即北京第三住宅建筑工程公司。但由于在此案中，“现代城”的开发商为北京中鸿天房地产开发公司，房屋买卖合同是房屋业主与开发商北京中鸿天房地产开发公司之间签订，因此，本案中对房屋室内环境质量不合格承担责任的应是房地产开发公司，而不是建筑公司。

造成房屋内氨气、甲醛等有害气体超标的罪魁祸首是因为在房屋建设过程中加入防冻剂所致，而这种防冻剂根据当时的法律规定是符合质量标准的。这就是说，它们并不是一个建筑法中的房屋买卖合同纠纷，而是一个因环境问题产生的环境侵权纠纷。在我国环境侵权纠纷中，无过错责任原则是其归责的主要依据。在本案中，依据环境损害无过错责任原则，只要房屋的业主因居室环境污染问题导致了损害（不仅仅只是身体健康遭到损害，在一定条件下也包括因环境问题诱发的精神损害）发生。同时经过查验，房屋里氨气、甲醛等有害气体超标，是导致房屋业主身体健康受伤害的主要原因。而氨过量是因施工方在建造过程中添加了一种标号为“FDY”的防冻剂，在损害与结果之间存在明显的因果联系，被害人就可以请求赔偿。但是否能够得到法律的支持还有一段路要走。对于这类案件，其难点就在于对室内污染我国还没有出台相应的法律法规，造成了这种现象无法可依的局面，这也是此案难以顺利解决的重要原因。笔者认为，根据这个案件的实际情况来看，受害人可以依据我国《民法通则》和《环境保护法》的相关规定来进行应诉。

法律规范

中华人民共和国民法通则

（1986 年 4 月 12 日第六届全国人民代表大会第四次会议通过，1986 年 4 月 12 日中华人民共和国主席令第 37 号公布，自 1987 年 1 月 1 日起施行）

第一百零六条　公民、法人违反合同或者不履行其他义务的，应当承担民事责任。

公民、法人由于过错侵害国家的、集体的财产，侵害他人财产、人身的，应当承担民事责任。

没有过错，但法律规定应当承担民事责任的，应当承担民事责任。

第一百二十四条　违反国家保护环境防止污染的规定，污染环境造成他人损害的，应当依法承担民事责任。

中华人民共和国环境保护法

（1989 年 12 月 26 日第七届全国人民代表大会常务委员会第十一次会议通过，1989 年 12 月 26 日中华人民共和国主席令第 22 号公布，自公布之日起施行）

第四十一条　造成环境污染危害的，有责任排除危害，并对直接受到损害的单位或者个人赔偿损失。

赔偿责任和赔偿金额的纠纷，可以根据当事人的请求，由环境保护行政主管部门或者其他依照法律规定行使环境监督管理权的部门处理；当事人对处理决定不服的，可以向人民法院起诉。当事人也可以直接向人民法院起诉。

……

中华人民共和国建筑法

（1997 年 11 月 1 日第八届全国人民代表大会常务委员会第二十八次会议通过，1997 年 11 月 1 日中华人民共和国主席令第 91 号公布，自 1998 年 3 月 1 日起施行）

第三条　建筑活动应当确保建筑工程质量和安全，符合国家的建筑工程安全标准。

第四条　国家扶持建筑业的发展，支持建筑科学技术研究，提高房屋建筑设计水平，鼓励节约能源和保护环境，提倡采用先进技术、先进设备、先进工艺、新型建筑材料和现代管理方式。

住宅室内装饰装修管理办法

（2002 年 2 月 26 日建设部第 53 次部常务会议讨论通过，自 2002 年 5 月 1 日起施行）

第二十八条　住宅室内装饰装修工程使用的材料和设备必须符合国家标准，

有质量检验合格证明和有中文标识的产品名称、规格、型号、生产厂厂名、厂址等。禁止使用国家明令淘汰的建筑装饰装修材料和设备。

第二十九条　装修人委托企业对住宅室内进行装饰装修的，装饰装修工程竣工后，空气质量应当符合国家有关标准。装修人可以委托有资格的检测单位对空气质量进行检测。检测不合格的，装饰装修企业应当返工，并由责任人承担相应损失。

专家释惑

这个案子涉及两个方面的问题，一是侵权责任的归责原则，二是法的适用。室内环境的优劣直接关系到我们的健康与生存，是我们每个人切身利益的所在和体现。但是很长时间以来，由于我们更多关注经济而忽视了健康与环境。随着经济水平和生活水平的不断提高，人们对自身健康的要求也日益增多。依据《环境保护法》的规定，本案应该适用无过错责任原则。无过错归责原则在实践中的应用，不仅有利于保护无辜受害者的合法权益，符合社会正义和人类共同利益，而且有利于督促和推动排污单位积极采取措施治理污染，防止环境污染事故的发生。但是根据我国《民法通则》的规定，尽管规定了无过错责任，但对其适用范围和限制都没有明确规定，这很不利于法律本身的实施。

建设部2002年出台的《住宅室内装饰装修管理办法》和《民用建筑工程室内环境污染控制规范》对建筑工程室内氡、甲醛、苯、氨、总挥发性有机化合物（TVOC）的含量指标的测定及管理已经进行了明确规定。这些法律规范的出台，一方面是对现实的回应，另一方面也为室内环境质量提供了法律保障，改变了以往法律空缺的状况。

提醒

室内氨的主要来源是：1. 在混凝土里添加高碱混凝土膨胀剂和含尿素的混凝土防冻剂等外加剂中含大量氨类物质，在一定条件下会释放。2. 室内装修材料中也可能含有氨。如家具涂饰时使用的添加剂和增白剂大部分都含有氨水。

尽管氨属于低毒类化合物，一般人对氨的嗅阈值为0.5~1.0G/m³。但当环境空气中氨达到一定浓度时，就有了强烈的刺激气味。氨是一种碱性物质，进入人体后可以吸收组织中的水分，溶解度高，对人体的上呼吸道有刺激和腐蚀作用，减弱人体对疾病的抵抗力。氨进入肺泡后易和血红蛋白结合破坏运氧功能。短期内吸入大量的氨可出现流泪、咽痛、声音嘶哑、咳嗽、头晕、恶心等症状，严重者会导致肺水肿或呼吸窘迫综合征，同时发生呼吸道刺激症状。

15. 家具甲醛超标致人损害纠纷案

案例15 怪病的来路

事情是这样的

唐振强是汕头市溪南镇人，2003年，26岁的他经历了自已既幸福又不幸的一年。幸福的是自己建立了温馨甜蜜的小家庭，不幸的是新婚后的第三个月，一直很健康的他开始生病了，刚开始觉得胸口有点闷，有时候还咳嗽，一直到3月份的时候突然感到胸痛。事实上，唐振强的不舒服不是一天两天了，自从婚后住进了新房子，他就一直觉得喉咙难受，不是咳嗽就是胸闷，这次的疼痛更是来得莫名其妙。

于是，唐振强只好到镇上的医院检查，检查结果是“气胸”。按照医生的解释，正常人的胸膜腔内不会有空气，而唐振强的肺里产生了病变，使空气进入了胸膜腔，肺部受到压缩形成气胸，唐振强才会觉得疼痛，这个诊断结果让唐振强感到吃惊。因为就在3个月前的婚前检查时，他的胸部透视还是健康的，怎么3个月后胸膜腔里就有空气了呢？

吃惊归吃惊，有病还得治。然而没想到他这个气胸并不好治，几天后症状越来越严重了。没办法，唐振强后来转院来到汕头大学医学院第二附属医院治疗。遵照医嘱，他开刀做了气胸手术，将进入胸膜腔的气体排干净。就这样，在医院休养了四五天，唐振强回到了自己的家中。可是到家还没一个月，唐振强再次感觉胸口疼痛难忍。无奈的他只好再次到附属医院看病，大夫说最好还是动手术。可是身体还未康复的唐振强已经不能再承受手术之苦了，于是他只好住院打针。

到了5月份，唐振强病情好转了，他又回到了家，然而6月中旬病又复发了，唐振强只好再次住院。前后不到两个月，唐家看病就花了1.7万多元。为什么一回家就发病呢？唐振强开始在家里找原因了。唐振强想到结婚时新房没有装修，添置的只是卧室里的一套家具，自从这套家具进了门，房间里就有种挥之不去的异味，这种异味一直让他觉得憋闷。

起初他觉得新家具都是如此，可是半年过去了，家具刺鼻的味道还是那么浓。在查阅相关资料后，唐振强得知自己家的异味很有可能是家具中的甲醛含量超标。2003年10月，他拿着家具中的一只抽屉来到汕头市质量检测中心检验，得出的结果吓了他一大跳：甲醛含量为每升1.9毫克，大大超过了国家标准。

按照我国对甲醛含量测试的强制性标准，空气的甲醛含量每升不得超过1.5毫克，而唐振强的家具买了近一年甲醛含量测试还超出将近1/3。唐振强家那套花1000多元买的家具，包括衣柜、梳妆台、床和床头柜，占满了他整个卧室。当初唐振强买家具的时候还觉得价廉物美，想不到他请回家的是个隐形杀手。

得到了汕头市质检中心的报告，唐振强找到了家具生产商深圳兴福家私厂，要求厂方对他的健康损害进行赔偿，结果遭到了厂家拒绝。于是2004年初，唐振强将兴福家私厂告上法庭。汕头市金平区法院受理了此案。法院认为，首先要弄清楚的是唐振强的病因和家具中甲醛超标是否有直接关系。

真正了解唐振强病因的应该是附属医院当时为他手术的医生。医生的说法是，唐振强的病属于自发性气胸，气胸一般是由于肺部感染或遗传导致，而唐振强家没有气胸病史，所以不能排除他的病是甲醛超标引起肺部病变。在这种情况下，经过法院的调解，兴福家私厂最终赔偿唐振强1.5万元。

唐振强的案子庭外和解了，但那家家具制造厂是不是还在继续做那些甲醛含量超标的家具呢？按照地址，我们找到了它的厂址——深圳宝安区西乡镇，但是发现这里已经是一片瓦砾。镇上的负责人介绍，这家厂子半年前就迁走了，不知去向。负责人说，这些私开的工厂并不是每家都有营业执照，他们作出的家具都卖给大型商场。

镇上的负责人的话让人深思，在这里的家具制造厂良莠不齐，他们的产品多是发往深圳、东莞和汕头，其中不乏给一些大型的家具超市供货的厂商。2004年10月底，记者走访了深圳、东莞、汕头这三个城市大小20个家具卖场。暗访中，不少卖家表示他们并不知道有说明书这回事。与此同时，我们也发现很多家具的卖场就弥漫着刺鼻的气味，当我们要求售货员解释的时候，得到的回答是，这里空气不流通，任何新家具都会有一股味道。

不过令人欣慰的是，也有部分销售商知道新的国家标准并且正在准备照办。在我们这次调查的20个家具卖场中，有16个销售商家不知道家具说明书是什么。那么消费者又知不知道自己购买家具时，多了一个标准可以参考呢？遗憾的是，在我们采访的近十位消费者中，没有人知道家具有了新标准，也没有人注意到家具还可能损害人的身体健康，不少人买家具时只考虑价位和外观。

唐振强告诉记者，他当初就是因为这样才吃了亏。家具看着很便宜，外观也很好看，他就没去想质量如何，导致自己先后住了三次院。在采访唐振强的时候得知，那套甲醛超标的家具还摆在他的卧室里，这个消息多少让我们有点吃惊。而唐振强的理由是，既然放了这么长时间，甲醛慢慢都散发干净了，如果再买一个新的，说不定甲醛释放量比这个还高。

律师专线

在本案中，深圳兴福家私厂拿出1.5万元钱给被害人，从法律性质上看，应当是一种对等性的经济损害赔偿，其基础在于给予受害者所受损失的经济性的对等性补偿，而不带有惩罚性。首先，依照《产品质量法》的规定，如果产品的销售者或者生产者，由于产品质量缺陷给消费者造成人身或者财产损害的，应当承担实际损失赔偿责任，包括医疗费、误工费以及发生的其他的实际损失。而按照《消费者权益保护法》第49条的规定，要求厂家或者销售者承担惩罚性的赔偿责任。

首先，销售者在销售商品时，应当出具符合法律规定的产品说明书，产品说明书是买卖合同的一个重要组成部分。而本案中，销售者与生产者都没有也无法出具产品说明书，这与《产品质量法》的规定不符，也没有让消费者享有充分的产品知情权。这可以说明销售者在销售商品过程中，有意不让消费者知晓或故意隐瞒商品的相关信息，双方在交易过程中的信息是不对等的。当然是否一定存在欺诈还要有证据支撑。

其次，本案中的家具是一种理所当然属于《中华人民共和国产品质量法》中所指的产品，其产品的生产、销售等必须满足法律规定的一些强制性要求，而本案中的生产厂家并没有按《消费品使用说明第6部分：家具》中的要求进行说明，也没能按照合格的产品进行生产，使用了一年后的家具，甲醛依然超标，这已经充分表明其所生产的产品是一种不合格产品，并且在本案中，因为不合格的产品给受害人造成了实际损失，所以生产厂家也应当承担相应的责任。只是在本案中，受害人主观上不愿深究销售者与生产者的责任，这种按照自愿原则所达成的一致性意见，也是与法律的精神不违背的。在倡导和谐社会的今天，每个人都应认真守法，并真心地为他人着想也是值得提倡的，但绝不能因此而让违法者逍遥法外。

法律规范

中华人民共和国产品质量法

（1993年2月22日第七届全国人民代表大会常务委员会第三十次会议通过，根据2000年7月8日第九届全国人民代表大会常务委员会第十六次会议修正）

第十三条　可能危及人体健康和人身、财产安全的工业产品，必须符合保障人体健康和人身、财产安全的国家标准、行业标准；未制定国家标准、行业标准的，必须符合保障人体健康和人身、财产安全的要求。

禁止生产、销售不符合保障人体健康和人身、财产安全的标准和要求的工业产品。具体管理办法由国务院规定。

第二十六条　生产者应当对其生产的产品质量负责。

产品质量应当符合下列要求：

（一）不存在危及人身、财产安全的不合理的危险，有保障人体健康和人身、财产安全的国家标准、行业标准的，应当符合该标准；

……

第四十三条　因产品存在缺陷造成人身、他人财产损害的，受害人可以向产品的生产者要求赔偿，也可以向产品的销售者要求赔偿。属于产品的生产者的责任，产品的销售者赔偿的，产品的销售者有权向产品的生产者追偿。属于产品的销售者的责任，产品的生产者赔偿的，产品的生产者有权向产品的销售者追偿。

第四十四条　因产品存在缺陷造成受害人人身伤害的，侵害人应当赔偿医疗费、治疗期间的护理费、因误工减少的收入等费用；造成残疾的，还应当支付残疾者生活自助具费、生活补助费、残疾赔偿金以及由其扶养的人所必需的生活费等费用；造成受害人死亡的，并应当支付丧葬费、死亡赔偿金以及由死者生前扶养的人所必需的生活费等费用。

中华人民共和国消费者权益保护法

（1993 年 10 月 31 日第八届全国人民代表大会常务委员会第四次会议通过，1993 年 10 月 31 日中华人民共和国主席令第 11 号公布，自 1994 年 1 月 1 日起施行）

第八条　消费者享有知悉其购买、使用的商品或者接受的服务的真实情况的权利。

消费者有权根据商品或者服务的不同情况，要求经营者提供商品的价格、产地、生产者、用途、性能、规格、等级、主要成份、生产日期、有效期限、检验合格证明、使用方法说明书、售后服务，或者服务的内容、规格、费用等有关情况。

第三十五条　消费者在购买、使用商品时，其合法权益受到损害的，可以向销售者要求赔偿。销售者赔偿后，属于生产者的责任或者属于向销售者提供商品的其他销售者的责任的，销售者有权向生产者或者其他销售者追偿。

消费者或者其他受害人因商品缺陷造成人身、财产损害的，可以向销售者要求赔偿，也可以向生产者要求赔偿。属于生产者责任的，销售者赔偿后，有权向生产者追偿。属于销售者责任的，生产者赔偿后，有权向销售者追偿。

第四十条　经营者提供商品或者服务有下列情形之一的，除本法另有规定外，应当依照《中华人民共和国产品质量法》和其他有关法律、法规的规定，承担民事责任：

（一）商品存在缺陷的；

……

（九）法律、法规规定的其他损害消费者权益的情形。

第四十九条　经营者提供商品或者服务有欺诈行为的，应当按照消费者的要求增加赔偿其受到的损失，增加赔偿的金额为消费者购买商品的价款或者接受服务的费用的一倍。

第五十条　经营者有下列情形之一，《中华人民共和国产品质量法》和其他有关法律、法规对处罚机关和处罚方式有规定的，依照法律、法规的规定执行；法律、法规未作规定的，由工商行政管理部门责令改正，可以根据情节单处或者并处警告、没收违法所得、处以违法所得一倍以上五倍以下的罚款，没有违法所得的，处以一万元以下的罚款；情节严重的，责令停业整顿、吊销营业执照：

（一）生产、销售的商品不符合保障人身、财产安全要求的……

专家释惑

为什么说兴福家私厂最终给付唐振强 1.5 万元是一种经济性的赔偿而不是惩罚性的赔偿。首先我们要明确双方当事人之间是一种民事赔偿关系。所谓民事赔偿，是指平等主体间因为过失或故意行为给对方造成的损失给予的赔偿。在本案中，唐振强看病就花了 1.7

万多元，而对方仅仅给付 1.5 万元，还不足以弥补受害人的实际损失，因此，并没有惩罚性。尽管，现代人也正在关注环境保护与身体健康，但很少有人会意识到不符合强制性环境标准要求的产品是不合格的产品。首先，消费者在购物的时候，一定要让商家出具有关产品符合国家强制性标准的检测报告，为了保险起见，还可以在购货发票上或者在合同上注明所购买的家具或者其他的产品当中，有关环保标准的具体的情况，作为日后索赔的重要书面证据。其次，国家质量监督检验检疫总局与中国国家标准化管理委员会推出了一个国家的强制性标准《消费品使用说明第 6 部分：家具》，家具的生产厂商和销售者在向消费者销售家具的时候，必须提供有关产品的用材主要技术参数和性能，还要出具有关的说明书。第三，消费者在购买商品时，要有充分的法律意识，要学会运用自己的知情权。

16. 家中自来水因装修所产生的怪味导致产下畸形死婴，能否获得赔偿？

案例 16　首例因装修造成自来水污染引发胎儿死亡案宣判

事情是这样的

2004 年 1 月，新婚的小杨的妻子比预产期提前三个月，在常州市妇产医院早产，生下了一个畸形死婴。经医院对死婴进行解剖后发现，死婴患有红细胞增多症。

该院专家认为，小杨和妻子不存在血型不合，所以极有可能是环境污染，最大的可能就是孕妇接触过苯，如果孕妇孕期接触了苯，会引起胎儿早产、死胎等情况。经过排查，夫妻俩最终将疑点放到了家中装修以后有气味的自来水上。新婚入住新装修的新房后，夫妻俩在饮用自家的自来水时发现水中有股怪味。此后，小杨多次对自家的自来水进行了取样，送到当地卫生、环保检测中心进行检测。发现自来水中含有浓度比较高的氯苯、二甲苯、乙苯，还有苯、苯系物。

是谁造成了水污染？经过当地卫生、环保和装饰装修专家检查判断，排除了自来水供水污染的原因。原因是给小杨家装修的装潢公司违反国家《住宅装饰装修工程施工规范》关于“嵌入墙体、地面的管道应进行防腐处理并用水泥砂浆保护，其厚度应符合下列要求：嵌入地面的管道不小于10mm”的要求，直接在水管上进行地面防水施工，致使水管与防水涂料直接接触，并且使用的是早在2001年7月建设部即公告予以淘汰的焦油型防水涂料氯丁胶，导致氯丁胶里含的有毒溶剂穿透管材渗透到自来水里，造成自来水污染。

江苏省常州市中级人民法院经审理，对我国第一例由于装修造成的自来水污染引发的胎儿死亡案件作出终审判决，裁定装潢公司赔偿消费者小杨夫妇11万元。

律师专线

这是我国第一例由装修造成的自来水污染所导致的胎儿死亡案件。此案具体的责任人应当是装潢公司，其在装潢的过程中存在明显过错——没有按照国家规定的施工工艺和材料进行施工，而公然使用国家已经淘汰的防水涂料，这是导致本案受害人生出畸形死婴的最重要因素。首先，装潢公司的装修工序不合法，其行为违反了《住宅装饰装修工程施工规范》关于“嵌入墙体、地面的管道应进行防腐处理并用水泥砂浆保护，其厚度应符合下列要求：嵌入地面的管道不小于10mm”的要求，直接在水管上进行地面防水施工，致使水管与防水涂料直接接触，造成管道中的自来水与防水涂料直接接触。第二，装潢公司使用了国家明令禁止的防水涂料，也违反了法律的强制性规定。第三，装潢公司没有对室内空气进行检测，违反了我国《住宅室内装饰装修管理办法》的相关规定。第四，在本案中，胎儿死亡的重要原因极有可能是环境污染，最大的可能就是孕妇接触过苯，而检测结论恰好证明了小杨家的自来水中含有浓度比较高的氯苯、二甲苯、乙苯、苯、苯系物，这些物质恰好又是由于装潢公司的生产工序及装修行为所造成的，因此法院判决装潢公司赔偿小杨夫妇11万元是正确的。

法律规范

中华人民共和国民法通则

（1986 年 4 月 12 日第六届全国人民代表大会第四次会议通过，1986 年 4 月 12 日中华人民共和国主席令第 37 号公布，自 1987 年 1 月 1 日起施行）

第一百零六条 ……没有过错，但法律规定应当承担民事责任的，应当承担民事责任。

第一百二十四条 违反国家保护环境防止污染的规定，污染环境造成他人损害的，应当依法承担民事责任。

中华人民共和国环境保护法

（1989 年 12 月 26 日第七届全国人民代表大会常务委员会第十一次会议通过，1989 年 12 月 26 日中华人民共和国主席令第 22 号公布，自公布之日起施行）

第四十一条 造成环境污染危害的，有责任排除危害，并对直接受到损害的单位或者个人赔偿损失。

赔偿责任和赔偿金额的纠纷，可以根据当事人的请求，由环境保护行政主管部门或者其他依照法律规定行使环境监督管理权的部门处理；当事人对处理决定不服的，可以向人民法院起诉。当事人也可以直接向人民法院起诉。

……

中华人民共和国建筑法

（1997 年 11 月 1 日第八届全国人民代表大会常务委员会第二十八次会议通过，1997 年 11 月 1 日中华人民共和国主席令第 91 号公布，自 1998 年 3 月 1 日起施行）

第三条 建筑活动应当确保建筑工程质量和安全，符合国家的建筑工程安全标准。

第四条 国家扶持建筑业的发展，支持建筑科学技术研究，提高房屋建筑设计水平，鼓励节约能源和保护环境，提倡采用先进技术、先进设备、先进工艺、新型建筑材料和现代管理方式。

住宅室内装饰装修管理办法

（2002年2月26日建设部第53次部常务会议讨论通过，自2002年5月1日起施行）

第二十八条　住宅室内装饰装修工程使用的材料和设备必须符合国家标准，有质量检验合格证明和有中文标识的产品名称、规格、型号、生产厂厂名、厂址等。禁止使用国家明令淘汰的建筑装饰装修材料和设备。

第二十九条　装修人委托企业对住宅室内进行装饰装修的，装饰装修工程竣工后，空气质量应当符合国家有关标准。装修人可以委托有资格的检测单位对空气质量进行检测。检测不合格的，装饰装修企业应当返工，并由责任人承担相应损失。

专家释惑

此案最关键的是装饰公司在施工工艺和材料上的错误，最终导致了孕妇健康伤害和胎儿死亡的悲剧。《生活饮用水水质卫生规范》规定：生活饮用水中不得含有病原微生物，水中所含化学物质及放射性物质不得危害人体健康。接触下列物质：化学物质，如苯、有机汞、农药、有些药物等；生物物质，如病毒、弓形体等；物理物质，如放射线、同位素等有害物质，均可致胎儿畸形，严重者会危及或影响孕妇的生命、健康，胎儿的正常发育。

家庭装修中水管改造是比较普遍的装修项目，如果忽视水管建材的选择，饮用水管道主要会出现三种污染情况：一是饮用水管道的重金属铅污染。含铅盐的PVC塑料给水管在使用过程中，重金属铅会从管道中析出，直接造成饮用水的污染。二是饮用水管道的生物污染，主要是由于管材氧渗透和透光使管内的水介质滋生细菌。水的洁净程度并不完全取决于管道对水质无污染，还要看所用管道能不能抵御外界空气中氧气向管壁内渗透。长期的氧渗透易使管道内滋生细菌、水垢、青苔，从而污染水质，给消费者的身体健康带来危害。白色管道容易出现此类问题。三是饮用水管道的化学性污染，主要来自于管道接触材料的渗透。在装修中的防水材料是与管道接触最多的材料，另外装修中的胶粘剂、溶剂型油漆等如果与饮用水管道直接接触，也会造成饮用水的化学性污染。

第五章 噪声污染案例

内容提要

环境噪声是一种令人感觉不愉快的声音，环境噪声污染在近年来高居投诉首位。而低频噪声、装修噪声、震动等都是新出现的形式，危害极大，值得研究和引起注意。由于此类案件涉及较多的专业技术性问题，对污染如何消除、措施是否得当、效果是否明显持久等需要进行充分的调查，并遵循经济、合理、公平的原则，妥善处理。

17. 低频噪声杀死初生婴儿

案例17 低频噪声致婴儿死亡案

事情是这样的

36岁的马良夫妇结婚8年后，终于在北京一个非常有名的高档社区买下了一套价值100多万元的豪宅，也迎来了自己的宝宝。对于马良和他的太太，这是多么大的喜讯。可是谁也没有想到，马良的孩子出生后不仅心脏残缺，而且大脑和肺都有毛病，医生检测发现他没有听力，宝宝在9天后就夭折了。

对于这起悲剧，马良认为是他家楼下水泵房的噪声长期刺激造成的。他在刚搬进新居、妻子怀孕前半年曾经就这个问题和开发商交涉过，并在2005年5月8日把开发商告上了法庭。2005年12月31日法院一审判决噪声污染存在，二审又判赔1.68万元，但马良认为近三年过去了，开发商仍没有解决问题，为此马良坚决要讨个说法。2006年12

月 13 日二审结束后，12 月 19 日，马良就申诉到了北京市人民检察院第二分院。究竟是不是这种被专业人士定义为低频噪声的声音杀死了婴儿，目前还没有最终定论，但马良希望能够让更多的人了解低频噪声的危害。

36 岁的马良和同龄的妻子一直计划着要个宝宝，但是结婚 8 年，因为工作和住房的原因，他们一直没有要孩子。他说："我们一直在计划，等买了好点的房子后再要孩子，这样等孩子出生时，就可以让他有个好的生活环境。"夫妻俩在职场打拼几年之后，终于在富贵园花了一百多万买了套自己喜欢的房子，同时也开始计划着要孩子。

2004 年 6 月，他们欢天喜地地搬进了新居。可是还没有来得及享受乔迁之喜，夫妻俩就被楼下昼夜不停的水泵噪声吵得难以入睡。白天上班感受不到，一下班走进家门，就会被这种声音所包围，两人为此烦躁不安。"那声音特别沉、特别重，像一种冲击波的声音，半夜声音更大，真的受不了。"

马良开始找开发商协调解决这个问题，希望开发商能对泵房进行改造，或者将其移走，但多次交涉都没有结果。在此期间一些同样受到干扰的邻居也和开发商交涉，但是都没有得到回复。为了显得正式些，马良还几次以书面的形式向开发商递交了投诉信。"你找他们一次，他们也不说什么，也不解决，找多了就烦了，不搭理你了。"马良说。

2005 年 4 月，马良委托北京市劳保所声与震动控制产品检测中心对家里的噪声进行了检测，检测结果表明，家里的普通噪声高达 43.3 分贝，125 赫兹的低频噪声高达 59 分贝。而《国家城市噪声标准规定》，室内夜间噪声不得超过 35 分贝。

在多次协商未果的情况下，马良将当时名为"京都房地产开发有限公司"的开发商告上了法庭，要求赔偿精神损害 11 万元，承担噪声检测费 3000 元，将泵房进行改造，移出楼外或永久性停用。

2005 年 5 月 19 日，马良带着马上就要临产的妻子到协和医院做产前的最后检查，检查结果让他们大吃一惊，孩子被查出完全性心内膜缺失（双向分流），动脉导管未闭（左向分流；右房右室增大）。面对这样的结果，十月怀胎一朝分娩的喜悦一下子落空了，马良夫妇感觉心像掉进了冰窖一样冷。

5月21日，马良的妻子剖腹产下了一个男婴。孩子出生后，首先发现大脑有问题，然后发现心脏畸形缺失，还没有听力，出生第二天就被送进了婴儿重症监护室。

马良一直珍藏着一段录像资料，虽然很短，但他说，这是他和妻子一生都割舍不下的情结，也是相随一生的痛。在这段录像里，静静的室内暗黄色的灯光下，还在襁褓中的宝宝看上去非常可爱，可是眼神却直直的，嘴唇也是青紫的。马良告诉记者，这是在孩子出生的当天，他用摄像机拍下来的。马良说："孩子的心脏上有个两毫米宽的洞，尤其是没有听力，这个结果太残酷了，我一直就认为是这个噪声造成的。虽然产前我们就一直在查噪声对孩子影响方面的资料，知道它对孩子会有影响，也一直很担心，但是没有想到这么严重。孩子送进监护室后，医生就告诉我说孩子必须马上做手术。一般来说，刚生下来的孩子太小了，没办法做手术，但看孩子的情形必须马上做，他们医院做不了，让我联系一下其他的医院，看看有没有办法。我当时把北京所有的大医院都跑遍了，专家们都说没有办法。第八天的时候，我告诉我爱人孩子保不住了，我爱人听后大哭了一场，对我说，'你把孩子接回家吧，让我再和他呆几天，出生后我只看了他一眼，我很想他。'我想想也是，就把孩子接回了家。"说到这里马良伤心地低下了头，"我妻子也属于大龄产妇了，我们要个孩子不容易，那些天她终日以泪洗面。"孩子出生的第九天就病危了。5月30日，孩子在送往医院抢救的途中死亡。

马良说，在怀孕前和怀孕期间医生给他们夫妻都做了详细的检查，他们身体都很健康，孩子怎么一出生就患上了多种严重的疾病，协和医院的医生也说不清楚。马良开始查阅很多的书籍，想想自己的生活环境，除了在妻子怀孕前就开始折腾的噪声问题外应该再无其他。2005年12月31日，崇文区法院一审作出判决，承认楼下泵房的噪声对马良家的影响及噪声超标问题属实，判令开发商对水泵噪声污染进行处理，以达到国家规定的标准，赔偿马良噪声损害费2000元。

而此时马良妻子已经怀孕5个月了。"我觉得法院没有考虑这个问题的严重性，那时我爱人怀孕5个月了，如果考虑到对她的影响，就不应该这样判。我打这个官司不是为了钱，但水泵噪声超标在丰台的案子业主就获赔了10万元。同样的官司怎么差别这样大？而且法院判决后，开发商只简单地做了隔音处理，根本没有效果，然后就不管了，噪声的污染继续存在，我不服！"

2006年1月，对崇文区法院判决不服的马良向市第二中级人民法院提起了上诉。2006年8月，马良又将孩子的死以刑事案件单独起诉到了法院，但法院说孩子的死不能作为直接证据，所以不予考虑。2006年12月，市第二中级人民法院对马良在当年1月提起的上诉作出了判决，判决京都房地产开发有限责任公司赔偿马良噪声损害费1.68万元，驳回其他上诉。

律师专线

目前低频噪声源主要有四大类：电梯、变压器、中央空调（包括冷却塔）及交通噪声。低频噪声对生理的直接影响没有高频噪声那么明显，但近来国内从事低频噪声研究的专家指出，低频噪声会引起头疼、失眠等神经官能症。目前国内声环境质量标准及其监测方式主要针对高频噪声检测，低频噪声由于分贝数并不高，市民被低频噪声折磨后常常投诉无门。早在上世纪90年代，低频噪声开始影响人们的生活。随着城市道路、桥梁和各种大楼的建成，特别是在一些住宅小区内，那些本来属于楼外设施的变压器房、水泵房纷纷被移入居民楼内，使用时产生的震动就形成了低频噪声。一位从事噪声检测工作的专家指出：其实水泵产生噪声的问题根本不难解决，完全是开发商不作为的原因，每台水泵按广州的标准2万元就可以改造好了，比他输官司付出的还要少，这个问题主要是安装单位没有按照国家标准安装，导致结构传声，使低频出现了异常，只要将基础重做，做减震安装，将与建筑物如墙体相连的地方用弹性管道连接就解决了。

法律规范

中华人民共和国环境保护法

（1989年12月26日第七届全国人民代表大会常务委员会第十一次会议通过，1989年12月26日中华人民共和国主席令第22号公布，自公布之日起施行）

第一条　为保护和改善生活环境与生态环境，防治污染和其他公害，保障人体健康，促进社会主义现代化建设的发展，制定本法。

第十三条　建设污染环境项目，必须遵守国家有关建设项目环境保护管理的规定。

建设项目的环境影响报告书，必须对建设项目产生的污染和对环境的影响作出评价，规定防治措施，经项目主管部门预审并依照规定的程序报环境保护行政主管部门批准。环境影响报告书经批准后，计划部门方可批准建设项目设计任务书。

第二十六条　建设项目中防治污染的设施，必须与主体工程同时设计、同时施工、同时投产使用。防治污染的设施必须经原审批环境影响报告书的环境保护行政主管部门验收合格后，该建设项目方可投入生产或者使用。

防治污染的设施不得擅自拆除或者闲置，确有必要拆除或者闲置的，必须征得所在地的环境保护行政主管部门的同意。

中华人民共和国环境噪声污染防治法

（1996年10月29日第八届全国人民代表大会常务委员会第二十二次会议通过，1996年10月29日中华人民共和国主席令第77号公布，自1997年3月1日起施行）

第二条　本法所称环境噪声，是指在工业生产、建筑施工、交通运输和社会生活中所产生的干扰周围生活环境的声音。

第十四条　建设项目的环境噪声污染防治设施必须与主体工程同时设计、同时施工、同时投产使用。

建设项目在投入生产或者使用之前，其环境噪声污染防治设施必须经原审批环境影响报告书的环境保护行政主管部门验收；达不到国家规定要求的，该建设项目不得投入生产或者使用。

第六十一条　受到环境噪声污染危害的单位和个人，有权要求加害人排除危害；造成损失的，依法赔偿损失。

赔偿责任和赔偿金额的纠纷，可以根据当事人的请求，由环境保护行政主管部门或者其他环境噪声污染防治工作的监督管理部门、机构调解处理；调解不成的，当事人可以向人民法院起诉。当事人也可以直接向人民法院起诉。

专家释惑

环境噪声是一种令人感觉不愉快的声音，但它属于所有接收者所不需要的或使人们的心理或生理机能产生不愉快的声音，所以，也将噪声称为感觉性公害。无论是否成为污染现象，都会对人类的正常生活、生产活动以及动物的健康或生存造成影响。《环境噪声污染防治法》所称环境噪声，是指在工业生产、建筑施工、交通运输和社会生活中所产生的干扰周围生活环境的声音。由于环境噪声对环境和他人干扰的程度有轻有重，并且在不同的区域干扰的对象和妨碍的程度也不一样，所以，在实践上存在着应当将何种程度的环境噪声作为环境污染防治行政的控制对象的问题。

18. 老教师领完噪声补偿费后告小区夜间施工扰民败诉

案例 18　李老师诉开发商噪声污染案

事情是这样的

中学退休教师李老师因不堪住所附近小区施工地夜间施工的噪声骚扰，将小区开发商北京泽丰房地产开发有限公司（以下简称泽丰公司）和承建单位鹏达建设集团有限公司（以下简称鹏达集团）告上法院，要求两被告公开赔礼道歉并按国家规定赔偿经济及精神损失 1 万元以上。

李老师的诉讼请求被法院终审驳回。

2007年3月，李老师向法院起诉称，因被告施工扰民，其先后与区建委、市建委交涉无果。从2004年10月1日，泽丰公司、鹏达集团承建的海淀区颐慧佳园B区12幢楼先后开工，工地与李老师家有一墙之隔，噪声极大，吵得人无法休息。30多名退休老人多次找施工方交涉，但仍无法改变情况。出于无奈，李老师于2005年8月17日被迫从居住地搬走。

法院经审理查明，2005年1月11日，泽丰公司取得了《建筑工程施工许可证》，在北京市海淀区善家坟地区对东翠路住宅小区B区2、3、4号住宅进行建设，施工单位为鹏达集团。2005年7月15日，北京市海淀区建委建筑行业管理处给泽丰公司和鹏达集团发放了颐慧佳园B区1号—11号楼的《夜间施工许可证》，批准夜间施工的时间为2005年7月15日至2005年9月29日。2005年8月29日，北京市盲人学校与泽丰公司签订委托书，泽丰公司委托北京市盲人学校代办颐慧佳园B区工程扰民费的发放及有关手续，并将扰民费17280元交付给北京市盲人学校。之后，北京市盲人学校分别与其学校宿舍的住户签订《夜间施工扰民补偿协议》，并按每户每月60元的标准向各住户发放了6个月的施工扰民费360元。李老师家的邻居刘某代收了上述施工扰民费，李老师的妻子王某在《夜间施工扰民补偿协议》上签字。

法院认为，根据《中华人民共和国环境噪声污染防治法》第30条规定：因特殊需要必须连续作业的，必须有县级以上人民政府或者其有关主管部门的证明。前款规定的夜间作业，必须公告附近居民。

《北京市建设工程施工现场管理办法》规定，因生产工艺上要求必须连续作业或者特殊需要，确需在22时至次日6时期间进行施工的，建设单位和施工单位应当在施工前到建设工程所在地的区、县建设委员会提出申请，经批准后方可进行夜间施工。建设单位应当委托环保监测机构测定夜间施工噪声影响范围，并会同建设工程所在地的街道办事处、居民委员会或者物业管理单位具体确定应当给予补偿的户数。建设单位应当与接受补偿的居民签订补偿协议。对违反该办法规定，未经批准或者超过批准期限进行夜间施工的，责令改正，处1万元以上3万元以下罚款。

《北京市人民政府关于维护施工秩序减少施工噪声扰民的通知》规定，建设单位对确定为夜间施工噪声扰民范围内的居民，根据居民受噪声污染的程度，按批准的超噪声标准值夜间施工工期，以每户每月30元至60元的标准给予补偿。建设单位应当在当地建设行政主管部门和街道办事处的组织下与接受补偿的居民签订补偿协议，补偿费由工程所在地的街道办事处组织发放。

泽丰公司作为颐慧佳园B区的建设单位，根据相关规定办理了《夜间施工许可证》。同时，泽丰公司委托北京市盲人学校向包括李老师家在内的附近居民给予了补偿，并签订了补偿协议书，故李老师要求泽丰公司和鹏达集团给付其补偿款，没有事实及法律依据。李老师要求泽丰公司和鹏达集团向其赔礼道歉，并按国家规定赔偿其1万元以上的诉讼请求，缺乏事实及法律依据。同时，根据相关规定，如李老师有证据证明泽丰公司和鹏达集团在未获批准的情况下擅自进行夜间施工或超过批准期限进行夜间施工，应当向有关主管部门举报，由有关主管部门按照规定责令改正及进行相关处理。据此，法院终审驳回了李老师的诉讼请求。

律师专线

这是一起环境噪声污染损害赔偿案件。《环境噪声污染防治法》规定，在城市市区范围内向周围生活环境排放建筑施工噪声的，应当符合国家规定的建筑施工场所环境噪声排放标准。在城市市区范围内，建筑施工过程中使用机械设备，可能产生环境噪声污染的，施工单位必须在工程开工15日前向工程所在地县级以上地方人民政府环境保护行政主管部门申报该工程的项目名称、施工场所和期限、可能产生的环境噪声值以及所采取的环境噪声污染防治措施的情况。在城市市区噪声敏感建筑物集中区域内，禁止夜间进行产生环境噪声污染的建筑施工作业，但抢修、抢险作业和因生产工艺上要求或者特殊需要必须连续作业的除外。因特殊需要必须连续作业的，必须有县级以上人民政府或者其有关主管部门的证明。前款规定的夜间作业，必须公告附近居民。

法律规范

中华人民共和国环境保护法

（1989年12月26日第七届全国人民代表大会常务委员会第十一次会议通过，1989年12月26日中华人民共和国主席令第22号公布，自公布之日起施行）

第四十一条　造成环境污染危害的，有责任排除危害，并对直接受到损害的单位或者个人赔偿损失。

中华人民共和国民法通则

（1986年4月12日第六届全国人民代表大会第四次会议通过，1986年4月12日中华人民共和国主席令第37号公布，自1987年1月1日起施行）

第一百二十四条　违反国家保护环境防止污染的规定，污染环境造成他人损害的，应当依法承担民事责任。

中华人民共和国环境噪声污染防治法

（1996年10月29日第八届全国人民代表大会常务委员会第二十二次会议通过，1996年10月29日中华人民共和国主席令第77号公布，自1997年3月1日起施行）

第十七条　对于在噪声敏感建筑物集中区域内造成严重环境噪声污染的企业事业单位，限期治理。

被限期治理的单位必须按期完成治理任务。限期治理由县级以上人民政府按照国务院规定的权限决定。

对小型企业事业单位的限期治理，可以由县级以上人民政府在国务院规定的权限内授权其环境保护行政主管部门决定。

第二十四条　在工业生产中因使用固定的设备造成环境噪声污染的工业企业，必须按照国务院环境保护行政主管部门的规定，向所在地的县级以上地方人民政府环境保护行政主管部门申报拥有的造成环境噪声污染的设备的种类、数量以及在正常作业条件下所发出的噪声值和防治环境噪声污染的设施情况，并提供防治噪声污染的技术资料。

第二十六条　国务院有关主管部门对可能产生环境噪声污染的工业设备，应当根据声环境保护的要求和国家的经济、技术条件，逐步在依法制定的产品的国家标准、行业标准中规定噪声限值。

第二十七条　本法所称建筑施工噪声，是指在建筑施工过程中产生的干扰周围生活环境的声音。

第二十八条　在城市市区范围内向周围生活环境排放建筑施工噪声的，应当符合国家规定的建筑施工场界环境噪声排放标准。

第二十九条　在城市市区范围内，建筑施工过程中使用机械设备，可能产生环境噪声污染的，施工单位必须在工程开工十五日以前向工程所在地县级以上地方人民政府环境保护行政主管部门申报该工程的项目名称、施工场所和期限、可能产生的环境噪声值以及所采取的环境噪声污染防治措施的情况。

第三十条　在城市市区噪声敏感建筑物集中区域内，禁止夜间进行产生环境噪声污染的建筑施工作业，但抢修、抢险作业和因生产工艺上要求或者特殊需要必须连续作业的除外。

因特殊需要必须连续作业的，必须有县级以上人民政府或者其有关主管部门的证明。

前款规定的夜间作业，必须公告附近居民。

专家释惑

近年来，随着城市建设速度的加快，尤其是取消福利性分房后，商品房建设更大范围地普遍展开，工地数量明显增加，工期普遍要求紧，建设施工单位盲目赶工期现象非常普遍。同时，通过近年来的大力宣传，市民维权意识和法制观念逐步增强，加上环保执法力度严重不足，处罚力度不能起到使违法施工单位心痛的作用，促使施工单位带有侥幸心理违法施工具有一定普遍性，导致夜间施工噪声污染对居民正常生活的影响逐年加剧、污染投诉逐年提高。以江苏省南京市为例，南京市环保局虽然早在2000年就成立了专门机构对建筑工地夜间施工进行集中管理，但由于现有环保执法力度和手段与成倍增长的建筑工地之间存在着较大反差，远远适应不了管理的需要，因夜间施工扰民引起的投诉量连续几年不断上升。据南京市环保 12369 举报热线受理投诉情况看，2000 年全年共受理施工噪声污染投诉 4900 件（次），以后每年以 20% 至 30% 的速度递增，至 2003 年全年达到 8940 件（次）。南京市实行夜间施工总量控制措施不失为一个有效的尝试。夜间施工总量控制是指各工地在施工前进行排污申报时，申报其在整个施工期间或在一个施工阶段需要进行的夜间施工作业总时间。环保部门则根据工地的规模、房屋结构、施工图纸、施工器械、周边居民等情况，听取建设施工单位的合理化建议，走访社区、居委会和当地派出所，到科研院所了解工程技术参数。通过审核及征询周边居民意见、建设施工单位承诺后，按施工阶段核定每个施工阶段夜间施工总时间。环保部门在《夜间施工总量申请表》上予以批复，并依此作为核准每次夜间施工的依据。建筑单位根据每个施工阶段的需要，提前两天以上到受理申请的环保部门申请夜间施工作业。环保部门工作人员按照“每个施工阶段累计核准的夜间施工作业时间，不得超过该阶段核定的总时间”的规定来控制。各施工阶段核定的夜间施工作业总量不得追加，也不得从下一阶段调剂。如果总量用完，环保部门将不再审批，发给《夜间施工不予许可决定书》。对符合要求的发给《夜间施工许可证》并督促施工单位提前 1 天以上在施工场地和附近居民区张贴告示。

从夜间施工审批情况看，南京市环保部门在 2003 年全年共核准夜间施工作业 16987 个，2004 年却减少了 1865 个，全年共核准夜间施工作业 15122 个，与 2003 年相比减少了 11%。

从建筑施工违法行为查处看，2000 年查处施工噪声环境违法行为198件，2001年查处551件，2002年查处965件，2003年查处1161件，2000年至2003年4年间案件数增长近5倍。但2004年案件数与2003年相比基本持平，违法施工行为得到有效遏制。

南京市夜间施工总量控制措施的尝试，改变了建设、施工单位以往只要符合条件就随意到环保部门要求申请夜间施工作业的现象，有效遏制了施工单位盲目赶工期、不科学安排施工作业的情况，探索出一条可行的解决噪声扰民问题的新路子，把大量可能产生的环境噪声污染纠纷与矛盾解决在了始发之时。而环保部门的这些举措，保证了居民的知情权和监督权，也极大地缓解了施工噪声污染扰民问题，既维护了市民的环境权益，又保证了施工单位的合法施工权，实现了保障城市建设与维护群众环境权益的“双赢”。

另外，通过地方立法控制噪声污染也是一种行之有效的措施。如2006年11月16日《沈阳市环境噪声污染防治条例》规定，居住区、医院、疗养院、学校、图书馆、幼儿园、老年公寓、机关、科研单位以及风景名胜区等重点保护区域，夜间（晚22时至次日6时）禁止进行产生噪音的建筑施工，此时间内如果施工单位产生了噪音，可由环境保护行政主管部门责令停止施工，并可以处2000元以上5万元以下罚款。

19. 难以忍受的噪声

案例19　河北省迁安市建昌营镇塘坊村双兴饮料厂噪声案

事情是这样的

居住在河北省迁安市建昌营镇塘坊村的何某自1995年开始在自家院内开办双兴饮料厂，后又有三人相继加入，合伙经营。因该厂使用农用三轮车和铁轱辘车运货，噪声较大，致使相邻居住的宋某之夫万某患上神经症。双方就噪声问题发生纠纷，但一直未能解决。2001年7月，万某自缢身亡。2001年8月7日，经迁安市环境监测站现场测试，双兴饮料厂装货车发出的噪声远远高于国家规定的乡村生活区域环境噪声标准和工业企业厂界噪声标准。2002 年 4 月，宋某与两个儿子将何某等四人告上迁安市人民法院，要求四被告停止噪声侵害，赔偿万某的医疗费和因其自杀身亡造成的各项经济损失 6.3 万元，并给付三原告精神抚慰金 5 万元。

迁安市人民法院经审理后认为，双兴饮料厂产生的噪声超标，构成对原告及万某生前的侵权，对万某为治疗神经症而支出的医疗费应予赔偿；万某的死亡与噪声干扰之间具有法律上的间接因果关系，可酌定由何某等四人赔偿原告因万某死亡所致经济损失的 30%。因此，法院判决四被告停止对原告的噪声侵害，赔偿原告 13495 元，并承担案件受理费及实际支出的费用，四被告互负连带责任。

双方当事人对一审判决不服，均向唐山市中级人民法院提起上诉。唐山市中级人民法院经审理后认为，有关医学资料表明，噪声可能导致神经症，双兴饮料厂在长达 6 年的时间内排放噪声超标，且何某等四人没有举出证据证明万某患神经症系其他原因所致；而万某生前曾多次与该饮料厂交涉噪声侵权问题却未能得到合理解决，还曾对村里人表示噪声污染难以忍受。因此，可推定其自缢有患神经症后不堪忍受噪声侵害的因素。而宋某等三人长期遭受噪声污染的侵害，精神上有一定的损失，尤其是万某患病直至死亡给三人造成了较大的精神痛苦，故对其要求精神抚慰金的诉讼请求应予以支持，于是在一审判决的基础上又判令何某等四人给付宋某等受害方精神抚慰金 2 万元，并互负连带责任。

律师专线

最高人民法院关于环境污染赔偿因果关系反证和举证责任倒置的规则，不仅直接适用于人民法院审理污染赔偿诉讼，而且对于环保部门依当事人的申请调解处理环境污染赔偿纠纷，以及调查取证和证据的审核、认定等工作，同样具有重要的指导价值。本案中，万某的家属提出有关医学资料证明噪声可能导致神经症，双兴饮料厂在长达 6 年的时间内排放噪声超标。万某之前并未得过类似的病，而是在饮料厂长年制造噪声后出现的病症，即证明了损害行为和损害事实的存在，初步完成了其证明责任。而何某等四人虽然否认该事实却没能举出证据证明万某患神经症系其他原因所致；而万某生前曾多次与该饮料厂交涉噪声侵权问题却未得到合理解决，他还曾对村里人表示噪声污染难以忍受。因此，可推定其自缢有患神经症后不堪忍受噪声侵害的因素。饮料厂要承担其举证不能的责任。法院较好地运用了这一规则，使得受害人得到了应有的赔偿，其所作的判决是正确的。

法律规范

中华人民共和国环境噪声污染防治法

（1996 年 10 月 29 日第八届全国人民代表大会常务委员会第二十次会议通过，1996 年 10 月 29 日中华人民共和国主席令第 77 号公布，自 1997 年 3 月 1 日起施行）

第二条　本法所称环境噪声，是指在工业生产、建筑施工、交通运输和社会生活中所产生的干扰周围生活环境的声音。

本法所称环境噪声污染，是指所产生的环境噪声超过国家规定的环境噪声排放标准，并干扰他人正常生活、工作和学习的现象。

第二十七条　本法所称建筑施工噪声，是指在建筑施工过程中产生的干扰周围生活环境的声音。

第二十八条　在城市市区范围内向周围生活环境排放建筑施工噪声的，应当符合国家规定的建筑施工场界环境噪声排放标准。

第二十九条　在城市市区范围内，建筑施工过程中使用机械设备，可能产生环境噪声污染的，施工单位必须在工程开工十五日以前向工程所在地县级以上地方人民政府环境保护行政主管部门申报该工程的项目名称、施工场所和期限、可能产生的环境噪声值以及所采取的环境噪声污染防治措施的情况。

第三十条　在城市市区噪声敏感建筑物集中区域内，禁止夜间进行产生环境噪声污染的建筑施工作业，但抢修、抢险作业和因生产工艺上要求或者特殊需要必须连续作业的除外。

因特殊需要必须连续作业的，必须有县级以上人民政府或者其有关主管部门的证明。

前款规定的夜间作业，必须公告附近居民。

专家释惑

1. 噪声污染的界定及其种类

从生理学观点来看，凡是干扰人们休息、学习和工作的声音，即不需要的声音，统称为噪声。当噪声对人及周围环境造成不良影响时，就形成噪声污染。噪声污染按其来源分为：

(1) 生活噪声污染

在商业经营活动中使用高音喇叭或其他音响器材发出噪声来招徕顾客，干扰周围生活环境；在街道、广场、公园等公共场所组织娱乐集会等活动时，使用家用电器、乐器及其他音响器材产生噪声干扰周围生活环境；在噪声敏感建筑物集中区域使用干扰周围生活环境的音响器材；在法定休息日、节假日全天及工作日规定时段(12时至14时、18时至次日8时)，在已竣工交付使用的居民住宅楼内进行产生噪声的装修施工等。

(2) 施工噪声污染

指在建筑施工过程中产生的干扰周围生活环境的声音。施工单位应当制定施工现场噪声污染防治管理制度并进行公告，把产生噪声的设备、设施布置在远离居住区的一侧；在中高考期间及其他特殊时段内，除抢修抢险外，禁止在噪声敏感建筑物集中区域内从事产生噪声的施工作业。噪声敏感区域内禁止夜间进行产生噪声的施工作业。如有特殊原因，确实需要在夜间进行施工作业的，必须取得工程所在地建设行政主管部门核发的准予夜间施工的批准文件。

(3) 交通噪声污染

对于新建、改建、扩建的高速路、主干路、城市高架路、铁路和城市轨道，经过已有的噪声敏感建筑物集中区域时，应当采取噪声污染防治措施。采取噪声污染防治措施所需的费用列入工程造价。

在已有的道路、铁路、城市轨道两侧建设噪声敏感建筑物的，建设单位应当采取必要的噪声污染防治措施。设置机动车停车场、候车站的，应当合理选择位置或者采取其他有效措施，减轻车辆产生的噪声对周围生活环境的影响；铁路机车在市区建成区内行驶时，应当按照有关规定限制鸣笛；有关部门在制订机场飞行程序时，应尽量避开噪声敏感建筑物集中区域。

(4) 娱乐业噪声污染

新建、改建、扩建可能产生噪声污染的建设项目，在申请环境影响评价审批前应征求所在区域居民、单位的意见。居民楼内不得设置可能产生噪声污染的餐饮和娱乐场所。销售新建居民住宅的，房地产开发企业应当明示所销售住宅的建筑隔声情况及所在地声环境状况。

2. 明确环境噪声标准

(1) 声环境质量标准

制定声环境质量标准的目的是保护人体健康，创造安静、适宜的生活、工作和学习环境。它是评价环境噪声是否符合环境保护要求的量化指标，也是制定高噪声活动或场所噪声排放（控制）标准和高噪声产品噪声辐射标准的法理基础和科学依据，其制定和实施来自环境噪声污染防治法律的授权。我国《城市区域环境噪声标准》(GB3096—93) 是国家环保部门发布的声环境质量标准，但适用范围仅限于城市，目前正在修订，乡村亦将纳入声环境质量标准。噪声级为 30～40 分贝是比较安静的正常环境；超过 50 分贝就会影响睡眠和休息，由于休息不足，疲劳不能消除，正常生理功能会受到一定的影响；70 分贝以上噪声会干扰谈话，造成心烦意乱，精神不集中，影响工作效率，甚至发生事故；长期工作或生活在 90 分贝以上的噪声环境中，会严重影响听力和导致其他疾病的发生。

(2) 噪声排放（控制）标准

《环境噪声污染防治法》明确规定了4类环境噪声源：工业企业、建筑施工、交通运输和社会生活。按照法律规定，针对这些高噪声的活动或场所，应制定环境噪声排放（控制）标准，以保护周围声环境，满足他人学习、工作和生活的要求（指周围有敏感点存在时）或为未来的土地利用留有余地（周围尚无噪声敏感点存在）。

(3) 噪声辐射标准

噪声辐射水平主要针对建筑和家庭用设备、工程机械、机动车辆、铁路机车、飞机等高噪声产品而规定。与声环境质量标准或噪声排放（控制）标准采用的等效连续A声级不同，它通常使用声功率级或声压级。从国家标准制定情况看，我国对机动车、铁路列车、拖拉机等一些类别的高噪声产品制定了噪声辐射标准。

3. 加强相关立法规定

我国《环境噪声污染防治法》将环境噪声污染界定为"产生的环境噪声超过国家规定的环境噪声排放标准并干扰他人正常的生活、工作和学习的现象"，采取的是污染排放标准。我国的环境噪声排放标准是根据当时经济和技术的可行性而定，不完全以人体的承受能力为限。噪声本身就是一种令人不愉快的声音，无论其是否超标，只要到达别人那里就是侵害。所以，应该采用声环境质量标准，而不是污染排放标准来监测生活环境包括室内环境是不是被污染了。长期的环境噪声即使不超标，损害也是严重的。世界卫生组织的调查结果显示，长期的低频噪声与偶发的高频噪声，其危害程度是相当的。因此，《环境噪声污染防治法》应予修订。对于噪声污染的问题，各地方出台一些地方性规定从各方面进行管理和治理。北京市已于2006年颁布了《北京市环境噪声污染防治办法》，针对城市特点进一步明确了各类噪声污染防治的要求和各有关部门的职责，并从以人为本的角度出发对一些问题做了具体的规定，如“居民住宅内不得设置可能产生噪声污染的餐饮和娱乐场所”；“在销售新建居民住宅内，房地产开发企业应当明示所销售的建筑隔声情况及所在地声环境状况”；“法定休息日、节假日全天及工作日12时至14时、18时至次日8时，禁止在已竣工交付使用的居民住宅内进行产生噪声的装修作业”等，同时起到了一定的作用。但是作为效力等级更高、范围更广的单行法《环境噪声污染防治法》也应与时俱进，发挥应有的作用。

4. 解决执法的难题

按照有关法规的规定，除了环保部门以外，公安、工商、文化、城管等部门也都有治理噪声的职责。但由于噪声污染防治工作投入人力、物力较多而效果不明显，因此，治理城市噪声不能单靠一两个部门和一两个执法队伍。噪声污染已经成了一个重要的城市问题，城市中的各种噪声污染无时无刻不在危害着人们的身心健康。政府的各职能部门对困扰市民的噪声问题要拿出切实有效的治理办法。同时，要发挥非官方的民间组织的协调组织作用，由社区所在的物业管理部门、居委会等社区相关组织共同管理，降低噪声对生活的污染。只有充分调动各职能部门和民间组织的力量，才能还市民一个安静的空间。

5. 建立噪声污染精神损害赔偿制度

环境噪声通过干扰人的听觉神经，导致心慌、心悸、失眠、神经衰弱，进而可能诱发心脏病等器质性病变，所以，环境噪声侵害后果即是对人的精神损害。也就是说，其侵害不是依附于财产或人身权利受害而产生的伴随性后果，它本身就是一种精神上的侵害。当这种侵害对人造成长期侵扰时，受害人就可以主张赔偿。

长期以来，我国没有关于精神损害赔偿制度的法律规定。2001

年《最高人民法院关于确定民事侵权精神损害赔偿责任若干问题的解释》是一个很大的突破。我国目前所确定的精神损害赔偿还是补偿性的，赔偿范围较窄、赔偿标准较低，尚不足以弥补当事人的损害，虽然有时会在认定的财产损害赔偿之上再科以一定的精神损害赔偿，客观上起到惩罚作用，但这部分损害赔偿还不能叫做惩罚性的精神损害赔偿。环境噪声给受害人造成的医疗费等经济损失可能比较小，但受害人的精神损害有时却非常大，所以认定相对高一点的精神损害赔偿是有必要的。针对本案，唐山市中级人民法院经审理后认为，可推定万某自缢有患神经症后不堪忍受噪声侵害的因素，宋某等三人长期遭受噪声污染的侵害，精神上有一定的损失，尤其是万某患病直至死亡给原告三人造成了较大的精神痛苦，故对其要求精神抚慰金的诉讼请求应予以支持，判令何某等四人给付宋某等受害方精神抚慰金 2 万元就是这一制度的极好体现。

20. 噪声不超标构成污染吗？能要求赔偿吗？

案例 20　建筑工地的噪声污染赔偿案

事情是这样的

天通花园小区的居民们不堪忍受建筑噪声，愤而向“12369”环保热线投诉。环保部门接到投诉后，进行了实地勘察和监测。经查明，该工程是由某建筑公司承建的。该建筑公司在开工前，未向该市环境保护行政主管部门进行申报。环保部门到工地查处时，发现工地正在夜间施工，对此该建筑公司负责人申辩：他们并未在夜间大规模施工，只是混凝土浇铸因工艺的特殊需要，开始之后就无法中止，即便是夜间也不能停工。但是该建筑公司并没有办理相关的夜间开工手续。经环保部门监测，该工地昼间噪声为 70 分贝，夜间噪声为 54 分贝，未超过国家规定的建筑施工噪声源的噪声排放标准。于是环保部门进行了调解，并对该建筑公司未依法进行申报和办理夜间开工手续作出处罚。但是，建筑工地的噪声污染并没有得到改善，广大居民依然处于噪声污染之中。在向律师事务所咨询以后，天通花园小区 27 户居民以相邻权受到侵害为由向人民法院提起诉讼，要求法院判令被告停止噪声污染，赔偿损失。法院受理后，经过法庭调查认定，某建筑公司排放的噪声尽管符合国家规定的建筑施工噪声源的噪声排放标准，但超过《城市区域环境噪声标准》中规定的区域标准限值，在事实上构成环境噪声污染，侵害了原告的相邻权。根据《民法通则》第 83 条的规定，判决被告采取措施，消除噪声污染，赔偿原告精神损失 200 元。

律师专线

本案是一起典型的关于建筑施工环境噪声污染案。建筑施工环境噪声污染是指在建筑施工过程中产生的干扰周围生活环境的声音。为了防治建筑施工环境噪声污染，我国的《环境噪声污染防治法》规定了两种法律措施：

（1）事先申报制度。这是根据建筑施工有一定期限的特点提出的。在城市市区范围内，建筑施工过程中使用的机械设备，可能产生环境噪声污染的，施工单位必须在工程开工 15 日前向县级以上环境行政主管部门申报。申报的内容包括该工程的项目名称、施工场所和期限、可能产生的环境噪声值以及所采取的环境噪声污染防治措施。《环境噪声污染防治法》第 29 条对此作了规定。

（2）禁止夜间施工制度。在城市市区噪声敏感建筑物集中区域内，禁止夜间进行产生环境噪声污染的建筑施工作业。“噪声敏感建筑物”是指医院、学校、机关、科研单位、住宅等需要保持安静的建筑物；“噪声敏感建筑物集中区域”是指医疗区、文教科研区和以机关或者居民住宅为主的区域。但以下三种情况除外：抢修、抢险作业；因生产工艺上的要求；因特殊需要必须连续作业，且持有县级以上人民政府或者有关主管部门的证明。在夜间作业，必须公告附近的居民。本案被告某建筑公司在开工前未依法向该市环保部门进行申报，在夜间施工时，也未向附近的居民进行公告，违反了上述规定，环保部门对其作出处罚是符合法律规定的。《环境噪声污染防治法》第 30 条对此作了规定。

本案在审理过程中争议的焦点是：被告某建筑公司是否构成环境噪声污染。依据《环境噪声污染防治法》第 2 条第 2 款的规定，该法所称的环境噪声污染是指所产生的环境噪声超过国家规定的环境噪声排放标准，并干扰他人正常生活、工作和学习的现象。该条规定了环境噪声污染的定义，也指明了构成环境噪声污染的两个必要条件：一是超过国家规定的环境噪声排放标准排放噪声。二是排放的噪声干扰他人正常的生活、工作和学习。环境噪声排放标准是指由国务院环境保护部门根据国家声环境质量标准和国家经济、技术条件，对噪声源向周围环境排放噪声所作的最高限值。目前我国的环境噪声排放标准主要有：《工业企业厂界噪声标准》《摩托车和轻便摩托车噪声限值》《建筑施工场界噪声限值》《铁路边界噪声限值及其测量方法》《机动车辆允许噪声标准》等。依据上述规定，本案被告施工时未超过《建筑施工场界噪声限值》中规定的噪声排放标准，不构成环境噪声污染。所以，环境保护部门不能对其进行罚款，也不能征收排污费，发生纠纷只能进行调解。但是，我国目前的声环境标准除了环境噪声排放标准外，还有声环境质量标准。声环境质量标准，是指由国务院环境保护部门依照法定的程序对各类不同的功能区域内环境噪声最高限值所作出的规定。它是制定环境噪声排放标准的依据，也是衡量一个区域是否存在环境噪声污染的尺度。目前我国的主要规定是《城市区域环境噪声标准》。根据《城市区域环境噪声标准》的规定，原告所在的天通花园小区属于以居住、文教机关为主的区域，其环境噪声质量标准为昼间 55 分贝、夜间 45 分贝，被告施工现场昼间噪声为 70 分贝，夜间噪声为 54 分贝，显然违反了《城市区域环境噪声标准》。因此，从本案的实际情况来看，判定被告没有造成环境噪声污染，显然不符合事实，也难以说服饱受噪声干扰之苦的居民。

由于现行《环境噪声污染防治法》关于“环境噪声污染”的定义不太准确，给该案的解决带来很大困难。为了保护这些居民的合法利益，法院依据《民法通则》中关于“不动产的相邻各方，应当按照有利生产、方便生活、团结互助、公平合理的精神，正确处理截水、排水、通行、通风、采光等方面的相邻关系。给相邻方造成妨碍或者损失的，应当停止侵害、排除妨碍、赔偿损失”的规定来处理该纠纷是正确的。因为这一规定虽然没有明确列出噪声对不动产相邻各方的影响，但其中的“等”字应理解为包括噪声、辐射及其他将来有可能出现的影响相邻各方的行为。

法律规范

中华人民共和国环境保护法

（1989 年 12 月 26 日第七届全国人民代表大会常务委员会第十一次会议通过，1989 年 12 月 26 日中华人民共和国主席令第 22 号公布，自公布之日起施行）

第四十一条　造成环境污染危害的，有责任排除危害，并对直接受到损害的单位或者个人赔偿损失。

中华人民共和国民法通则

（1986 年 4 月 12 日第六届全国人民代表大会第四次会议通过，1986 年 4 月 12 日中华人民共和国主席令第 37 号公布，自 1987 年 1 月 1 日起施行）

第一百二十四条　违反国家保护环境防止污染的规定，污染环境造成他人损害的，应当依法承担民事责任。

中华人民共和国环境噪声污染防治法

（1996 年 10 月 29 日第八届全国人民代表大会常务委员会第二十二次会议通过，1996 年 10 月 29 日中华人民共和国主席令第 77 号公布，自 1997 年 3 月 1 日起施行）

第十七条　对于在噪声敏感建筑物集中区域内造成严重环境噪声污染的企业事业单位，限期治理。

被限期治理的单位必须按期完成治理任务。限期治理由县级以上人民政府按照国务院规定的权限决定。

对小型企业事业单位的限期治理，可以由县级以上人民政府在国务院规定的权限内授权其环境保护行政主管部门决定。

第二十四条　在工业生产中因使用固定的设备造成环境噪声污染的工业企业，必须按照国务院环境保护行政主管部门的规定，向所在地的县级以上地方人民政府环境保护行政主管部门申报拥有的造成环境噪声污染的设备的种类、数量以及在正常作业条件下所发出的噪声值和防治环境噪声污染的设施情况，并提供防治噪声污染的技术资料。

第二十六条　国务院有关主管部门对可能产生环境噪声污染的工业设备，

应当根据声环境保护的要求和国家的经济、技术条件，逐步在依法制定的产品的国家标准、行业标准中规定噪声限值。

第二十七条　本法所称建筑施工噪声，是指在建筑施工过程中产生的干扰周围生活环境的声音。

第二十八条　在城市市区范围内向周围生活环境排放建筑施工噪声的，应当符合国家规定的建筑施工场界环境噪声排放标准。

第二十九条　在城市市区范围内，建筑施工过程中使用机械设备，可能产生环境噪声污染的，施工单位必须在工程开工十五日以前向工程所在地县级以上地方人民政府环境保护行政主管部门申报该工程的项目名称、施工场所和期限、可能产生的环境噪声值以及所采取的环境噪声污染防治措施的情况。

第三十条　在城市市区噪声敏感建筑物集中区域内，禁止夜间进行产生环境噪声污染的建筑施工作业，但抢修、抢险作业和因生产工艺上要求或者特殊需要必须连续作业的除外。

因特殊需要必须连续作业的，必须有县级以上人民政府或者其有关主管部门的证明。

前款规定的夜间作业，必须公告附近居民。

专家释惑

排污单位排放的噪声符合环境噪声排放标准，但确实又干扰了他人正常生活的情形在现实生活中经常出现。由于《环境噪声污染防治法》第2条在给“环境噪声污染”下定义时考虑不够周全，使得在具体执法中遇到不少困难。实际上，环境是否被污染，并不能以排污者的排污是否超过排放标准为根据，而应以污染物的排放是否使当地的环境质量劣于适用该地的环境质量标准为依据。实践中，以《民法通则》中有关相邻权的规定来处理此种情形的环境噪声污染案件，有利于保护受害者的权利，但也存在一些问题。如《民法通则》规定“不动产的相邻各方”适用于建筑施工单位与居民之间的关系，并不是十分准确。因此，最根本的解决方式是修改《环境噪声污染防治法》关于“环境噪声污染”的定义，完善有关噪声污染的规定。

21. 交通噪声污染如何要求赔偿?

案例 21　中国第一起交通噪声污染损害赔偿案

事情是这样的

原告：孙某

被告：某投资公司（第一被告）

某公路发展公司（第二被告）

1999 年 11 月，孙某起诉至一审法院称：1992 年 11 月，我家原居住地区拆迁，我与第一被告签订拆迁安置协议，被第一被告安置到现址居住。入住后发现该楼临近高速公路，噪声污染非常严重，日常生活和学习受到严重干扰，身心健康受到伤害。我多次要求第一被告解决，均无结果，故要求第一被告和第二被告限期采取减轻噪声污染的措施，将住房内噪声值降到标准值以下，同时赔偿入住 75 个月以来的噪声扰民补偿费 4500 元（每月 60 元）。

第一被告辩称：该小区建设时符合国家法律规定，原告现址小区的建设履行了当时的勘探、规划、设计、施工等法定手续，房屋竣工后，经过了建设工程质量验收，符合交付使用条件。高速路已通车，当时的设计已经考虑了高速公路的影响，并获得规划部门的批准，但有些情况的出现是规划设计时无法预见的，我公司对噪声污染后果不应承担民事责任。

第二被告辩称：高速公路第一、二期工程早在 1987 年即已建成通车，而原告现住址小区是 1994 年建成的，建路在前，建房在后，因此交通运输噪声污染责任不能归咎于我单位。而且，高速公路的设计、建造、管理均符合国家法律、法规、政策，现交通量亦远未突破设计的车流量，我方没有未尽管理义务而导致交通噪声加大的情形，对噪声污染的损害后果没有任何过错，而第一被告应当预见而未能预见可能给居民带来的噪声污染，亦未能采取有效措施防止噪声污染，故应由第一被告承担全部责任。

经法院审理查明，1992年，第一被告经有关部门批准，在原告原住所地区进行拆迁。1994年5月，原告按住宅拆迁安置补助协议的约定，入住第一被告开发建设的现住址，该住宅楼建设审批符合当时的规划要求。1997年11月3日22时，经某环境保护监测站对原告住宅进行三处测点的环境噪声监测，噪声值分别为78.4、77.3、69.2分贝。该地区属《城市区域环境噪声标准》中规定的4类区域，昼间环境噪声最高限值为70分贝，夜间环境噪声最高限值为55分贝。

噪声污染主要是由高速公路过往车辆所致，且由于客观原因，该地区环境噪声污染不可能彻底消除，解决住处的噪声污染问题，只能在建筑外窗采取隔声措施。

另查，第一被告承建的原告住宅小区的建设工程规划许可证的档案内无环保部门出具的有关材料，1992年该高速公路此地段无规划隔离带宽度的具体要求，该住宅楼建设审批符合当时的规划要求。

一审法院经审理后认为，环境是人类生存和发展的基本条件，原告及其家人自入住由第一被告建设的安置住房以来，正常的生活和学习受到来自高速公路噪声污染的严重干扰，造成噪声污染危害的单位有责任采取积极措施减轻、排除交通运输噪声污染的危害，并赔偿原告及其家人入住以来正常生活、学习所受噪声污染危害的损失。因此，第一被告在本案中应负主要责任，第二被告应承担一定的民事责任。判决：

1. 第一被告于判决生效后2个月内为原告承租的住房安装隔声窗，将该住房的噪声达到《城市区域环境噪声标准》中4类标准规定的环境噪声最高限值以下。

2. 第一被告、第二被告赔偿原告所受噪声污染损失每月50元，其中，第一被告负担40元，第二被告负担10元，自1994年5月起至住房安装隔声窗之月。

一审判决后，原告和第一被告、第二被告均不同意原判，上诉至二审法院。原告认为原审判决所确定的降低噪声措施，无形中剥夺了我作为住户的通风权，且原判赔偿数额偏低，要求提高每月赔偿数额，增加一次性补偿费和今后噪声扰民费。第一被告上诉认为，原审判决要求我方改善的是环境噪声，我方无法做到，仍坚持原答辩意见，要求依法改判。第二被告上诉中仍持原答辩意见，要求第一被告承担全部责任。

二审法院审理后认为，环境是人类生存和发展的基本条件，保护、改善生活环境和生态环境，是现代人所共同追求的目标。原告一家自1994年入住现住房以来，生活和学习受到来自高速公路噪声污染的严重干扰。第一被告在开发建设该住宅楼时，该高速公路已通车数年，该公司有关建楼规划手续虽符合当时规定，但并不能免除该公司对噪声污染进行治理的责任，即该公司作为原告所住楼房的建设单位，在已有的城市道路一侧建设噪声敏感建筑物有责任采取措施减轻交通运输噪声影响，故第一被告在治理和改善住户居住条件的问题上应承担主要责任。第二被告是高速公路的经营管理人和受益人，故有义务承担起治理和改善环境的责任。鉴于原告一家在采取隔声措施后，势必影响到日常通风，因此应予以一定补偿为宜，具体数额由本院酌定。关于采取隔声设施降低噪声后应达到的标准一节，按原审法院所判，第一被告无法达到，故二审法院将根据实际情况改判。二审法院改判如下：

1. 变更一审法院判决第一项为：第一被告于本判决生效后2个月内为原告住房安装隔声窗（双层），将该住房的室内噪声降至昼间60分贝以下，夜间45分贝以下；

2. 变更一审法院判决第二项为：第一被告和第二被告赔偿原告所受噪声污染损失每月60元，其中第一被告负担50元，第二被告负担10元，自1994年5月起至住房安装隔声窗之月，于本判决生效后2个月内给付；

3. 第一被告于本判决生效后15日内一次性补偿原告3000元。

律师专线

本案是我国第一起交通噪声污染损害赔偿案，法院审理时十分重视，征求了专家学者的意见，亦引起社会广泛的关注。除了一、二审法院的判决外，综合各方面的意见和看法如下：

1. 本案的性质为环境污染损害赔偿，属于侵权案件，侵权行为人是公路管理部门（包括第二被告）和交通管理部门，因此，亦应将交通管理部门列为被告，而且应由这两个单位承担主要责任。第一被告是房地产开发商，不是侵权行为人，不应承担侵权责任，或不应承担主要责任。且适用的民事责任归责原则为无过错责任原则。这种意见曾经是许多学者的主张。

2. 造成本案污染损害后果的最直接原因是有关部门的行政不作为，主要是规划部门的规划审查不当，环保部门未主动进行建设项目的环境影响评价，而两被告均无过错，或无主要过错。因此，应通过行政诉讼追究规划部门和环保部门的行政不作为责任，并依照《国家赔偿法》对原告予以赔偿。

3. 原告也有过错。因为原告同意居住在交通干线附近，主观上可能有特殊的利益追求，例如出行方便等，为了此种利益，可能会忽视或不理会噪声污染的问题，这就是所谓的鱼与熊掌不可兼得的道理。因此，原告应自行承担噪声污染的损害后果，或是主要由其自行承担这种后果。

4. 本案不属于侵权案，而是属于合同纠纷，即第一被告未能按安置协议为原告提供适合居住的住宅，主要责任在第一被告。处理上，可要求第一被告承担违约责任，向原告支付违约金或解除合同，为原告提供适合居住的住宅。

法律规范

中华人民共和国环境保护法

（1989 年 12 月 26 日第七届全国人民代表大会常务委员会第十一次会议通过，1989 年 12 月 26 日中华人民共和国主席令第 22 号公布，自公布之日起施行）

第四十一条　造成环境污染危害的，有责任排除危害，并对直接受到损害的单位或者个人赔偿损失。

中华人民共和国民法通则

（1986年4月12日第六届全国人民代表大会第四次会议通过，1986年4月12日中华人民共和国主席令第37号公布，自1987年1月1日起施行）

第一百二十四条　违反国家保护环境防止污染的规定，污染环境造成他人损害的，应当依法承担民事责任。

中华人民共和国环境噪声污染防治法

（1996年10月29日第八届全国人民代表大会常务委员会第二十二次会议通过，1996年10月29日中华人民共和国主席令第77号公布，自1999年3月1日起施行）

第三十一条　本法所称交通运输噪声，是指机动车辆、铁路机车、机动船舶、航空器等交通运输工具在运行时所产生的干扰周围生活环境的声音。

第三十二条　禁止制造、销售或者进口超过规定的噪声限值的汽车。

第三十三条　在城市市区范围内行使的机动车辆的消声器和喇叭必须符合国家规定的要求。机动车辆必须加强维修和保养，保持技术性能良好，防治环境噪声污染。

第三十四条　机动车辆在城市市区范围内行驶，机动船舶在城市市区的内河航道航行，铁路机车驶经或者进入城市市区、疗养区时，必须按照规定使用声响装置。

警车、消防车、工程抢险车、救护车等机动车辆安装、使用警报器，必须符合国务院公安部门的规定；在执行非紧急任务时，禁止使用警报器。

第三十五条　城市人民政府公安机关可以根据本地城市市区区域声环境保护的需要，划定禁止机动车辆行驶和禁止其使用声响装置的路段和时间，并向社会公告。

第三十六条　建设经过已有的噪声敏感建筑物集中区域的高速公路和城市高架、轻轨道路，有可能造成环境噪声污染的，应当设置声屏障或者采取其他有效的控制环境噪声污染的措施。

第三十七条　在已有的城市交通干线的两侧建设噪声敏感建筑物的，建设单位应当按照国家规定间隔一定距离，并采取减轻、避免交通噪声影响的措施。

第三十八条　在车站、铁路编组站、港口、码头、航空港等地指挥作业时使用广播喇叭的，应当控制音量，减轻噪声对周围生活环境的影响。

第三十九条　穿越城市居民区、文教区的铁路，因铁路机车运行造成环境噪声污染的，当地城市人民政府应当组织铁路部门和其他有关部门，制定减轻环境噪声污染的规划。铁路部门和其他有关部门应当按照规划的要求，采取有效措施，减轻环境噪声污染。

第四十条　除起飞、降落或者依法规定的情形以外，民用航空器不得飞越城市市区上空。城市人民政府应当在航空器起飞、降落的净空周围划定限制建设噪声敏感建筑物的区域；在该区域内建设噪声敏感建筑物的，建设单位应当采取减轻、避免航空器运行时产生的噪声影响的措施。民航部门应当采取有效措施，减轻环境噪声污染。

专家释惑

在本案的处理中应注意以下几方面：

第一，在环境污染损害赔偿适用的民事归责原则上，笔者一直主张要慎用无过错原则。过错原则与无过错原则的适用应有先后次序，即有过错情况下首先适用过错原则，然后才适用或者不适用无过错原则，这样做符合我国目前的经济发展水平和法治发展水平的需要，在司法实践上也更为合理可行。本案中第一被告具有明显的过错，应由其承担全部的或主要的责任。

第二，第一被告的过错有三方面，首先是合同上之过错，即未能按合同的规定（或法律的规定）为原告提供符合环境法规定的适合居住的住宅；其次是行政法上的过错，即未能按行政法和环境法之规定履行环境影响评价的法定程序；再次是侵权法上的过错，将居民安置到有损人的健康的区域，侵害了原告的健康权或环境权。这是造成原告损害的基本原因。

第三，关于第二被告的责任问题，笔者认为，第二被告无过错，在有过错方的情况下（包括受害人过错），不应由第二被告承担责任；在没有过错方的情况下，可以考虑由第二被告承担无过错责任。

第四，关于规划、环保等行政主管部门的责任问题，笔者认为，我国司法审判应注意两个问题，一是避免当事人将体制上的问题用作司法免责的借口；二是应通过司法行为严格规范经营者，这也是当今世界各国法律界的共识。如果过多地将司法的注意力放在行政部门的责任上，将会使违法者有机可乘，减损司法价值。本案行政主管部门的做法符合当时的规定，没有明显的违法性，不应考虑追究行政责任。

本案表明了交通噪声污染损害案件有别于其他环境污染损害案件的一些特殊性问题，例如加害人及其责任的特殊性，交通噪声来源于车辆，但不能直接将加害人确认为车辆或与车辆相关的道路，交通噪声污染损害表现为一系列因果关系的次序，这个次序中当事人的过错是至关重要的，而不宜简单地适用无过错责任原则；再如，不宜将这类案件简单地视为侵权损害赔偿案件，上述一系列因果关系中很可能存在合同关系，而这种合同关系又很可能是审理案件最为关键的因素。

第六章　电磁辐射案例

内容提要

电磁辐射是指由于人类活动造成物料、人体、场所、环境介质表面或者内部出现超过国家标准的放射性物质或者射线。主要来源有原子能工业产生的各种放射性废物，核试验产生的放射性尘埃，医疗、科学研究及其他应用放射性物质的领域在其应用中排放的含放射性的废物。所产生的污染与损害目前主要是按照相应的环境标准来进行处理的，符合环境标准是否会造成损害，有待科学与法律进一步结合。

国内外许多专家都对电磁辐射的危害做过大量研究，电磁辐射危害极大且不易被人察觉，等发现时往往为时已晚。而我国现行的电磁辐射的法律法规和标准尚有不完善之处，这对处理这类案件带来了新的困难，受害者维权的道路十分艰辛。

22. 电磁辐射污染阴影下的纷争

案例 22　北京东润枫景小区业主和开发商之间的电磁辐射污染纠纷

事情是这样的

东润枫景小区的业主给政府的投诉信里面写道："我是东润枫景 2 号楼 1701 的业主，我是在 2002 年 2 月底装修完毕并入住的。随着入住时间加长我们全家逐渐都有了一些不适感觉。起初是失眠，但我们没有特别注意，以为是工作压力大，属于亚健康状态。但在"非典"期间，我们有大部分时间休息在家，而且为了防止非典感染，还加强了体育锻炼。但我们的失眠症状并没有消失，而且脱发越来越严重，眼睛感觉疲劳，精神不振。当得知大多数住在这里的业主都有这样的反应后，才了解到是由于电磁辐射的原因。我家位于东润枫景小区的最东面，是这个小区最接近两座发射塔的位置，又是17层，阳台没有封闭，所以辐射非常严重，而我和家人在工作之余的多数休息时间都是在阳台上度过的，也就是说多数时间都是在辐射中度过的。我们对开发商隐瞒小区有超标电磁辐射一事非常愤怒，希望此事能引起政府足够重视，维护公民最基本的健康生活环境。”

北京东四环边上的东润枫景小区，是许多人千挑万选后锁定的目标。选中它是因“绿色”的诱惑：这个小区旁有一大片小树林，不远处就是有广阔绿地、树林、湖水的朝阳公园，再加上四环旁边非常便利的交通，众人的选择似乎都非常理智。

看房时，许多人注意到住宅旁有两座高塔，便问销售人员这是什么，销售人员回答：“那是废弃的航空指挥塔。”对所有关于塔的回答，开发商销售人员的口径都是一致的。既然如此，就没什么可担心的了，业主们纷纷放心地购了房。有的人家为了两代人在一起互相照顾，还一下子买了两三套房。东润枫景的房子较贵，每套几十万元甚至一百多万，许多人为买房倾尽自己的全部积蓄。一期房的业主，2001年6月高高兴兴地进了东润枫景小区，不久后，二期房也交付使用。

商品房与单位分房的最大不同就是居民的多元化。东润枫景的业主大都是IT业成功人士、资深律师、职业经理人、私企老板及影视明星等白领阶层，无论社会地位还是经济地位都比较高。居民们不在同一单位，没什么往来。可不久，一个共同的感觉把互不相识的业主联系在了一起。

夏天晚上在小区楼下花园中闲聊，许多人说起住在这儿后身体的种种不适，本是无心提起，可共同的感受引起了人们的警觉。与周围小区的老住户接触后，听到这个地区东风农场宿舍的老居民说：“你们不知道呀，这里有电磁波污染，农场上班的职工每月都有30块钱的电磁辐射补贴呢！”

人们这才知道，小区附近的塔原来是北京人民广播电台的发射塔。这两座塔每天运转近20个小时。东塔距东润260米，发射功率50千瓦；南塔距东润枫景300米，发射功率100千瓦，相当于7.5万部手机同时发射信号时的强度（每部手机以2瓦发射功率计）。

在不知情的情况下买房的业主们愤怒了，他们找到开发商，询问关于电磁波污染的事儿，开发商一口否认。

业主们自费集资了8000元，请北京市环境保护监测中心的专家来对小区住房进行测试，其42个测试点中竟然有30个测试点的电磁辐射超过国家标准。业主们又请来中国室内环境监测中心的专家测试，24个测试点中，也有20个超标。

按照我国卫生部起草制定的《环境电磁波卫生标准》（GB9175—88），适合人长期居住的安全区环境电磁辐射值必须小于10v/m，而检测报告中，小区住宅窗口外侧检测点有的高出限值几倍，有的阳台高出限值十几倍，人们常去的一个大阳台，竟然高出限值30多倍！开发商迫于压力也找来了检测人员，在1214个检测点中，也有32%超标，最高污染值达333v/m！

杨女士的家是最高层，也是一个单元中污染值最高的，她家阳台上监测的电磁污染值在110v/m至115v/m之间，超过限值十几倍。杨女士是2002年5月入住的。她说，搬进来不久的一天，她在阳台上冲洗地面，突然觉得浑身发痒，以为自己只是花粉过敏，没想到从此病就找上了她。身体本来很好的她连续发烧20多天，到医院看病后吃了许多种消炎药才退了烧。7月，她的脸开始浮肿变形，经常手足抽搐、大汗淋漓、心慌、眼冒金星，常常是她被救护车送到医院后，怎么也查不出毛病。以前她的家人睡眠都很好，可搬来后，她跟爱人都得靠安眠药才能入睡，每天起床后浑身酸痛，爱人也变得脾气暴躁。她的孩子正上高二，自己住在跃层上，这里的卧室、客厅和书房都布置得很安适。坐在孩子的床上，从那别致的圆形大玻璃窗中，正好看到斜对着窗户的发射塔。入住后，孩子变得烦躁不安，学习成绩也下降许多，头上还竟然有了白发。得知有电磁污染后，杨女士就把孩子转到很远的一个中学住校，爱人也暂时躲到上海去了。偌大的一个家中，只剩下杨女士一个人，她说："我恐怕也坚持不了多久了。"杨女士家所有的窗户上都装着防辐网，拉着厚厚的、带金属丝的窗帘，居室如一个笼子。杨女士从那雕花柜子中拿出厚厚一摞病历，眼里闪着泪花说："开发商一句道歉的话都没有。"她的孩子住校后，所有的症状就都减轻了。

离休干部赵大爷的儿女，都又孝顺又事业有成。为了让父亲有个安乐幸福的晚年，也为了方便照顾父亲，一下子在东润枫景买了三套房，装修后老少三代欢天喜地搬了过来。买房时看到了那两座塔，问售楼人员这是什么，人家说，是废弃的飞机导航塔。赵大爷今年 2 月入住不久后，原来吃得下睡得着、心宽体胖的他，睡觉越来越不踏实，饭也吃不下了。原来赵大爷视力很好，可搬来后眼神一天不如一天，左耳还常耳鸣。他的老伴也出现了失眠、脱发等症状。女儿得了皮炎。一家人去医院检查，查来查去查不出结果。知道有超标的电磁辐射后，赵大爷赶紧让儿媳妇带着小孙子回娘家了。赵大爷的儿女倾毕生积蓄孝敬老人，却得到这个结果。单位同事来向赵大爷恭贺乔迁之喜，他说："我有啥喜，难受还难受不过来呢！"赵大爷说："我宁愿还过穷日子，也不愿意受辐射！"记者面前的赵大爷，脸色青黄，身体消瘦，绝不是个健康老人。

周女士还不到 30 岁，可她入住小区一年多后，就变得忘性极大。一次她去银行取钱，几次输入密码不正确，银行职员说她来改过密码，周女士却坚信自己没有改过，人家就让她看自己来改密码的录像，才知道果然如此，而这不过是 10 天之前的事儿！经过测试，周女士家阳台的电磁辐射值是 40v/m，超过标准几倍。她搬入新居不久后就怀孕了，为了补钙，遵医嘱天天在阳台上晒太阳，天天面对不远处的发射塔。她的女儿已经一岁了，十分乖巧可爱。得知有电磁辐射后，周女士忧心忡忡，最怕的就是孩子的健康受到损害。记者去了几次，她都反复对记者说："我的孩子将来可别得白血病呀！"

周女士的女儿现在看来还是健康的，可小区里的孩子进住后得病的很多。有个一岁多的孩子，聪明可爱，不到一岁就能走路了。孩子住到这儿几个月后竟然得了心脏病，而孩子远在德国的父亲还不知道。儿童对电磁辐射反应更加明显，小区已有几个孩子住院，其中一个孩子白血球已降到3200（正常人为5000~10000）。

由于这个小区绝大多数购房者都是脑力劳动者，所以记忆力下降表现得非常明显。比如，小区的张律师说，住进小区后，自己因为记忆力下降，常记不清法律条文，已经影响了正常工作。记忆力下降是失眠和睡眠质量低的直接后果。这个小区有一些商住两用房，许多业主是在家办公，所以受电磁辐射伤害的机会更多。

国内外许多专家都对电磁辐射的危害做过大量研究。资料显示，电磁辐射危害的是人体最关键的部分——免疫系统、生殖系统、循环系统和代谢系统。在中短波高频电磁场的作用下，高频辐射引起中枢神经机能障碍和以交感神经疲乏紧张为主的植物神经紧张失调。

值得一提的是，开发商所坚持的电磁防护标准，其限值为40v/m，根据是目前我国有关电磁辐射的安全标准，除了《环境电磁波卫生标准》外，还有环保局的《电磁辐射防护规定》，两个标准对电磁波辐射的最高限值相差30v/m。开发商说小区旁边的确有两座发射塔，但辐射并不超过标准。因为按照《电磁辐射防护规定》，安全限值为40v/m，（实际上按照这个标准，小区检测点也有相当多超标几倍）应该按照这个标准，而不是《环境电磁波卫生标准》规定的10 v/m。

虽然我国的两个"标准"对电磁波辐射的最高限值相差30v/m，但在东润枫景的实地检测中，有些人家室内甚至没有超过卫生部限值

10v/m的标准，这些居民也出现了不同程度的电磁辐射伤害症状。一位业主入住后视力下降严重，已经进行了八次检查，两次手术；一位业主入住后孩子因低烧前后住院两次，住院时间达两个月，被诊断为患有疾病综合征。

9 月下旬，开发商以侵犯名誉权为由，起诉了一位在自家窗户前挂有“开发商欺诈”条幅的业主高先生，要求赔偿并消除影响。其法定代表人说，起诉这个业主只是开发商维护自己权益的开始。

据了解，20 多年前，在东润枫景小区旁边有所酒仙桥二中，因为受到电磁辐射影响，全体师生都不同程度地出现了头晕、恶心、乏力、教师妊娠流产率高等多种异常现象，甚至连物理课都无法正常进行，这个学校不得不解散。赵玉峰先生就曾经参加了对这所学校电磁污染的论证。

明白自己生存在不安全环境中的业主，纷纷要求开发商为隐瞒电磁波污染真相而赔偿。开发商的第一反应是书面答复业主：“这个小区不存在电磁波污染。”而业主向中国消费者协会投诉，被列为重案。业主代表要求开发商提供本小区立项时的环境影响评价报告，但开发商拒绝出示，并再次声明小区没有电磁波污染。

稍后，开发商迫于压力也找来与业主同样的检测机构进行了检测，即使按照 40v/m 的限值，也同样有许多检测点超过标准。但开发商不承认隐瞒，而说“如果有辐射，我们也是受害者”。

污染事件发生后，开发商不得不为一些经检测辐射超标的业主家装防护网。装了防护网后屋内的辐射都不同程度地下降了，不少达到了 10v/m 以下，可居民们说：“难道我们永远要在金属和玻璃的笼子里生活?”

许多业主要求退房，但开发商答复：不同意退房。业主曾经找到北京市规划委，送去详尽的材料，等待了两个月也没有下文。几十位业主又来到规划委，记者跟随着业主代表暗访，目睹了机关“脸难看，门难进”的状况。在几十名业主的强烈要求下，规划委一位官员接待了代表。当问及这个小区规划用地错误应该谁负责时，规划委的官员说，从程序上来说，不应该是规划委的责任，因为立项要先由环保局进行环境评价，然后由计委立项，规划委只负责程序上的审批。当问及规划委对土地附着物违规情况的处理权限时，这位负责人说，规划委的权力其实很有限。

目前，开发商已迫于压力与北京广播电台及有关单位签订了迁塔协议，并且已投入了200万元搬迁费。但据说迁塔至少要两年时间，而且业主代表要求看迁塔协议的要求遭到开发商拒绝。

律师专线

我国现行的电磁辐射标准尚有不完善之处。《环境电磁波卫生标准》的起草人姜槐教授就曾经发表论文说，我国现行的射频辐射污染卫生标准有不足之处。从动物实验研究来看，对电磁波的适应性，存在着明显的个体差异，某些人对电磁辐射特别敏感。许多因素都难以定量并影响到结果的准确性，要评价射频电磁场的生物学效应和可能的健康危害，还提不出一个很有说服力的标准。

可以肯定地说，旧的电磁辐射标准还是不完善、需要改进的，目前新的标准正在调研讨论中。现行标准的制定都是建立在即时热效应基础上，认为电磁波辐射下体温升高才会导致身体的伤害，其实非热效应情况下，即少量辐射污染，体温并不高的情况下，电磁波还是会对人体产生不良影响。因为最新的研究结果表明，电磁波是有累加效应的，长时间，小剂量的电磁波也会对人体造成伤害。而目前的检测都是即时的，并没有考虑到长期的情况。

法律规范

中华人民共和国环境保护法

（1989年12月26日第七届全国人民代表大会常务委员会第十一次会议通过，1989年12月26日中华人民共和国主席令第22号公布，自公布之日起施行）

第四十一条　造成环境污染危害的，有责任排除危害，并对直接受到损害的单位或者个人赔偿损失。

中华人民共和国民法通则

（1986年4月12日第六届全国人民代表大会第四次会议通过，1986年4月12日中华人民共和国主席令第37号公布，自1987年1月1日起施行）

第一百二十四条　违反国家保护环境防止污染的规定，污染环境造成他人损害的，应当依法承担民事责任。

电磁辐射环境保护管理办法

（1997年3月25日国家环保局令第18号发布）

第二条　本办法所称电磁辐射是指以电磁波形式通过空间传播的能量流，且限于非电离辐射，包括信息传递中的电磁波发射，工业、科学、医疗应用中的电磁辐射，高压送变电中产生的电磁辐射。

任何从事前款所列电磁辐射的活动，或进行伴有该电磁辐射的活动的单位和个人，都必须遵守本办法的规定。

第十条　任何单位和个人在从事电磁辐射的活动时，都应当遵守并执行国家环境保护的方针政策、法规、制度和标准，接受环境保护部门对其电磁辐射环境保护工作的监督管理和检查；做好电磁辐射活动污染环境的防治工作。

专家释惑

电磁辐射主要有6大危害：1. 是造成儿童患白血病的原因之一。医学研究证明，长期处于高电磁辐射环境中，会使血液、淋巴液和细胞原生质发生改变。2. 能够诱发癌症并加速人体的癌细胞增殖。瑞士的研究资料指出，周围有高压线经过的住户居民，患乳腺癌的概率比常人高7.4倍。美国德克萨斯州癌症医疗基金会针对一些遭受电磁辐射损伤的病人所做的抽样化验结果表明，在高压线附近工作的人，其癌细胞生长速度比一般人要快24倍。3. 影响人们的生殖系统。主要表现为男子精子质量降低，孕妇发生自然流产和胎儿畸形等。4. 可以导致儿童智力残缺。世界卫生组织认为，计算机、电视机、移动电话的电磁辐射对胎儿有不良影响。专家警告：电磁辐射可能导致儿童智力残缺。5. 影响人们的心血管系统。表现为心悸、失眠，部分女性经期紊乱，白细胞减少，免疫功能下降等。如果装有心脏起搏器的病人处于高电磁辐射的环境中，会影响心脏起搏器的正常使用。6. 对人们的视觉系统有不良影响。由于眼睛属于人体对电磁辐射的敏感器官，过高的电磁辐射污染还会对视觉系统造成影响，主要表现为视力下降，引起白内障等。

另外，高剂量的电磁辐射还会影响甚至破坏人体原有的生物电流和生物磁场，使人体内原有的电磁场发生异常。值得注意的是，不同的人或同一个人在不同年龄阶段对电磁辐射的承受能力是不一样的，老人、儿童、孕妇属于对电磁辐射的敏感人群。目前，电磁污染已经成为继大气污染、水质污染、噪声污染后的人类第四大公害。早在2000年，国家环保总局就完成了我国首次全国电磁辐射污染源的调查。调查结果显示，无线电通信和广播电视发射系统发出的电磁辐射已经成为一种新的隐形公害，其对环境的影响与日俱增，对人体健康带来的危害不断增加。

1988年3月11日国家环境保护局发布的《电磁辐射防护规定》中规定，电磁辐射的防护限值范围为100kHz~300gHz。1989年《作业场所微波辐射卫生标准》被正式批准为国家标准，其限值为0.4毫瓦/平方厘米。1989年批准的《环境电磁波卫生标准》提出了电磁辐射污染的二级容许限值。一级标准为安全环境，在这种环境下长期居住、工作和生活的一切人群（包括婴儿、孕妇和老弱病残者），其健康不受影响；二级标准为中间环境，长期居住生活在这种环境地区的人群，可能会产生潜在性不良反应，对易感人群引起某些不良影响，故需加以限制。超过二级标准以上的环境，则可对人体带来有害影响，室外环境只可用作绿化和种植农作物，室内环境则需要采取防护措施。

注意

1. 什么是电磁辐射污染?

随着人民生活水平的提高以及社会的发展和科技的进步，各类家用电器、办公自动化设备、移动通讯设备等迅速进入办公与家庭环境，提高了人们的工作效率、丰富了人们的精神和物质生活。可是，随之而来的是这些高科技的电器产品，在使用过程中会不同程度地产生电磁辐射，并成为继室内空气污染、电磁辐射和噪音污染之后又一室内环境污染物——“电磁辐射污染”。

电磁辐射污染，又称电子雾污染、电磁波污染，是高压线、变电站、电台、电视台、雷达站、电磁波发射塔和电子仪器、医疗设备、办公自动化设备和微波炉、收音机、电视机、电脑以及手机等家用电器工作时所产生的各种不同波长频率的电磁波，这些电磁波充斥空间，无色无味无形，可以穿透包括人体在内的多种物质，人体如果长期暴露在超过安全的辐射剂量下，人体细胞就会被大面积杀伤或杀死，所以被称为电磁辐射污染。

2. 怎样才能防止和减少室内电磁辐射污染?

随着人民生活水平的提高，人们室内环境意识的增强，大家对生存环境的要求自然相应提高，这是社会进步的标志。那么，怎样才能防止和减少室内电磁辐射污染呢? 室内环境监测中心的专家们提醒大家注意以下几点:

(1) 注意放置。不要把家用电器摆放得过于集中，以免使自己暴露在超剂量辐射的危险之中，特别不宜集中摆放在卧室里。

(2) 注意使用时间。尽量避免长时间、多种电器同时启用，手机接通瞬间释放的电磁辐射最大，在使用时应尽量使头部与手机天线的距离远一些，最好使用分离耳机和话筒接听电话。

(3) 注意距离。离电器越远受电磁波侵害越小，如彩电与人的距离应在4~5米，日光灯管与人的距离应在2~3米，微波炉在开启之后要离开至少1米远，孕妇和小孩应尽量远离微波炉。

（4）注意电磁辐射污染的环境指数。专家提醒有5种人特别要注意：生活和工作在高压线、变电站、电台、电视台、雷达站、电磁发射塔附近的人员；经常使用电子仪器、医疗设备、办公自动化设备的人员；生活在现代电器自动化环境中的工作人员；佩戴心脏起搏器的患者；生活在以上环境里的孕妇、儿童、老人及病患者等。

23. 高压线与民宅零距离，是否侵犯了公民的合法权益？

案例23　高压电线引发的电磁辐射污染

事情是这样的

杨家资、王馨荷（杨家资之妻）、杨之辉（杨家资之子）、杨之雄（杨家资之女）住在长沙市雨花区雨花亭乡自然村。1989年，长沙电业局经政府有关部门批准向杨家所在村委会征用土地，村委会和电业局达成征用土地协议。电业局按照协议履行乙方义务。杨家住宅外，部分庭院土地被划入征地范围。电业局在杨家已被征用的庭院内施工建设高压输电工程482号铁塔时，遭到杨家阻挠，杨家要求电业局另选地址建塔或将住宅土地全部征用，另行安置宅基地建房。电业局要求原长沙市郊区国土局解决。郊区国土局于1990年发出《限期腾地通知书》，并对杨家的损失作出一定补偿。在杨家未履行的情况下，由原长沙市郊区法院强制执行。

1996年7月17日，杨之辉以电业局侵占土地使用权为由向长沙市天心区法院起诉，被驳回诉讼请求。原告不服，向长沙市中级人民法院提起上诉。在上诉审理中，上诉人就482号铁塔附近及高压输电线路电磁辐射引发疾病向被上诉人索赔，经长沙市中级人民法院司法技术鉴定中心鉴定：杨家资患脑梗塞症、王馨荷患老年痴呆症、杨之雄患心肌炎、杨之辉被某医院诊断为心肌炎。为证明上诉人所患疾病是否因被上诉人架设的高压线电磁辐射造成，电业局委托湖南省环境科学研究所测试，测试结果为电场强度、磁场强度、功率强度均远低于国家《电磁辐射防护规定》（GB8702—88）和《环境卫生电磁波卫生标准》（GB8175—88）允许的限值或强度。1998年4月，国家环保总局办公厅在《关于高压送变电电磁辐射污染问题的复函》中建议：采用工频电磁辐射仪，比照本地水平和国际有关标准进行测试鉴定。电业局委托国家电力公司电力科学研究院进行工频电磁场模拟测试，测试结果低于美国、德国等的限值。1999年6月23日，长沙市中级人民法院将该案发回重审，天心区法院在重审期间追加杨家资、王馨荷、杨之雄为原告，追加村委会为第三人，后因王馨荷死亡，由其女杨之英参加诉讼。天心区法院认为，电业局征地架设高压线手续完备、合法，原告称被告侵犯其土地使用权于法无据。针对原告所称电业局架设高压线跨越其房屋，水平距离为零，违反了《电力设施保护条例》的规定，法院认为被告架设高压线虽然跨越被告房屋，但属于有关规定和技术规程规定的可以跨越房屋的特殊情况，并不违法。根据法院的观点，原告住宅周围的电磁场强度和辐射小于国内和国际限值标准，因此，原告所患疾病与被告架设高压线的行为间因果关系不成立，原告要求的人身伤害损失和精神损失的诉讼请求也不予支持。于是，天心区法院于2000年8月24日，判决驳回原告要求被告长沙电业局为其重新安置补偿、赔偿人身伤害和精神损失的诉讼请求。原告不服，又提起上诉，长沙市中级人民法院认为原判认定事实清楚，适用法律正确，于2000年12月14日判决驳回上诉，维持原判。

律师专线

环境污染损害案件在很大程度上是技术裁判，监测和鉴定结论往往对案件的判决有决定性的影响。在很多案件中，排污者在接受监测时，往往使排污设施在低于正常水平下运行，如本来平时两台设备同时运行，在进行监测时，只运行一台设备，这样得到的监测结论当然不能反映污染状况，排污方本来正常运行状态下排污超过国家和地方标准，通过这种方式获得的监测结论很可能是达标，这种现象与法院“超标排放才承担民事责任”的做法相结合，污染受害者的环境权益当然不会获得法律的保障。事实上，在本案审理过程中，原告曾提出电业局委托进行的测试时间是在产生电磁污染较少的干燥的秋季晴天，并且测试时将设计运行的600A的电流强度降到90A，但法院并不采信，也没有对此进行调查核实，这不能不说是另一个遗憾。

法律规范

中华人民共和国环境保护法

（1989年12月26日第七届全国人民代表大会常务委员会第十一次会议通过，1989年12月26日中华人民共和国主席令第22号公布，自公布之日起施行）

第四十一条　造成环境污染危害的，有责任排除危害，并对直接受到损害的单位或者个人赔偿损失。

中华人民共和国民法通则

（1986年4月12日第六届全国人民代表大会第四次会议通过，1986年4月12日中华人民共和国主席令第37号公布，自1987年1月1日起施行）

第一百二十四条　违反国家保护环境防止污染的规定，污染环境造成他人损害的，应当依法承担民事责任。

电磁辐射环境保护管理办法

（1997年3月25日国家环保局令第18号发布）

第二条　本办法所称电磁辐射是指以电磁波形式通过空间传播的能量流，且限于非电离辐射，包括信息传递中的电磁波发射，工业、科学、医疗应用中的电磁辐射，高压送变电中产生的电磁辐射。

任何从事前款所列电磁辐射的活动，或进行伴有该电磁辐射的活动的单位和个人，都必须遵守本办法的规定。

第十条　任何单位和个人在从事电磁辐射的活动时，都应当遵守并执行国家环境保护的方针政策、法规、制度和标准，接受环境保护部门对其电磁辐射环境保护工作的监督管理和检查；做好电磁辐射活动污染环境的防治工作。

第十一条　从事电磁辐射活动的单位和个人建设或者使用《电磁辐射建设项目和设备名录》中所列的电磁辐射建设项目或者设备，必须在建设项目申请立项前或者在购置设备前，按本办法的规定，向有环境影响报告书（表）审批权的环境保护行政主管部门办理环境保护申报登记手续。

有审批权的环境保护行政主管部门受理环境保护申报登记后，应当将受理的书面意见在30日内通知从事电磁辐射活动的单位或个人，并将受理意见抄送有关主管部门和项目所在地环境保护行政主管部门。

第十四条　本办法施行前，已建成或在建的尚未履行环境保护申报登记手续的电磁辐射建设项目，或者已购置但尚未履行环境保护申报登记手续的电磁辐射设备，凡列入《电磁辐射建设项目和设备名录》中的，都必须补办环境保护申报登记手续。对不符合环境保护标准，污染严重的，要采取补救措施，难以补救的要依法关闭或搬迁。

第十八条　电磁辐射建设项目和设备环境影响报告书（表）确定需要配套建设的防治电磁辐射污染环境的保护设施，必须严格执行环境保护设施“三同时”制度。

第十九条　从事电磁辐射活动的单位和个人必须遵守国家有关环境保护设施竣工验收管理的规定，在电磁辐射建设项目和设备正式投入生产和使用前，向原审批环境影响报告书（表）的环境保护行政主管部门提出环境保护设施竣工验收申请，并按规定提交验收申请报告及第十五条要求的两个阶段的环境影响报告书等有关资料。验收合格的，由环境保护行政主管部门批准验收申请报告，并颁发《电磁辐射环境验收合格证》。

专家释惑

从法院的判决书中发现，导致原告污染损害赔偿部分败诉的根本原因有两点：一是高压线的架设符合技术规程；二是测试结果符合国家和国际的释放标准。

本案关于环境污染部分所涉及的法律问题分析如下：

根据我国的法律规定和法学理论解释，环境民事侵权的构成有四要素：1. 行为人主观上实行无过错责任；2. 行为人有排污行为；

3. 污染后果存在；4. 排污行为与污染后果之间存在因果关系。对第2和第3个构成要件含义上容易理解，实践上也易于操作，而对无过错责任原则和因果关系的认识在理论和实践中存在诸多误区。

无过错责任原则的要求是：即使行为人的行为符合行政法律规范，如果造成污染损害后果的，也要承担民事责任。当然，如果行为人违反行政法律规范造成民事损害的，也应负民事责任，从这个意义上讲，无过错责任表述为不问过错责任更为确切，在这种情形下，行为必须既要承担民事责任，又要负相应的行政责任。行政法是以国家利益为本位，民法则以个人利益为本位，行政法律规范是以保护公共利益为出发点，行为人的行为符合行政法律规范，是对国家承担的义务，对国家的义务不能取代对私法主体即个人和单位的义务，因为对公共利益的满足并不意味着当然符合个人利益，所以，排污者不能以遵守国家的行政法律规范为由抗辩污染受害者。我国许多污染赔偿案件的判决将行为人的达标排放作为免责的理由。上述案件的一审法院将原告住宅周围的电磁场强度和辐射小于国内和国际限值标准作为否定疾病和高压线电磁辐射间因果关系的理由，可以从中推出以下命题：标准限值以下的电磁辐射不会对人体有任何损害，标准限值以上的电磁辐射才有损害，经过标准设定的临界值会在人体内产生一个从完全没有损害到损害的突变。这个命题显然是违反科学的。高压线的架设必须遵循的规定和规程属于行政法律规范，违法架设的后果是由行政机关追究行政责任，与民事责任无关。

因果关系的认定在环境侵权中有自己的特点：在污染行为和损害后果之间只要有间接的因果关系即可推定因果关系的成立。推定因果关系成为各国司法实践广泛适用的做法，尤其在人身损害案件中。在这类案件中，污染行为侵犯的客体是人身权，一般认为人身权在权利序列中优先于财产权，反映在立法和实践中，在对保护人身权的制度设计上向人身权的受害者倾斜。传统的法律和理论要求侵权行为和损害后果间必须具有直接的必然的因果关系。按照这种因果关系说，环境侵权的因果关系链由以下4个环节组成：行为者排放污染物，污染物在环境要素中迁移转化的过程，污染物到达人的身体，污染物在人体内经过生理生化反应引起病变。这么苛刻的要求无异于剥夺了使污染受害者的人身权获得法律救济的权利。环境侵权的构成要件是实体法的要求，责任成立与否最终取决于当事人的举证。举证责任承担的是当事人直接关心的事项，也是直接影响判决的关键因素。举证责任的分配必须符合法律的规定，法律的规定将对每类案件的举证责任进行基本、大致的分配，并且由于个案的千差万别，法官也享有在符合法律规定前提下分配举证责任的权力。根据我国《民事诉讼法》的司法解释，被告即排污者承担主要的举证责任，原告对侵权的事实举证。侵权的事实指人身权和财产权遭受损害的情况。因此，如果排污者不能证明自己的行为与损害后果无关并且没有法定的3种免责事由即不可抗力、受害人自我致害、第三人过错，法官应推定因果关系成立，由排污者承担民事责任。我国许多污染损害案件的审理并没有贯彻“举证责任倒置”的法律原则，也就是说法官超越自由裁量权擅自改变法律确立的原则。在上述案件中，一审法院注意到该案适用举证责任倒置，因此，两次测试都是由被告电业局委托，由于电磁辐射的监测对设备、技术要求较高，费用不菲，一般作为自然人的原告难以承受。应该说，一审法院在形式上维持了因果关系的举证责任倒置，否则不会将原告住宅周围的电磁场强度和辐射小于国内和国际限值标准作为否定疾病和高压线电磁辐射间因果关系的理由，在法院看来，既然被告委托进行的测试结果否定了因果关系，当然否定因果关系的举证责任也就由被告承担了。上述案件中，被告要想否认因果关系，必须提出存在法定免责的 3 种事由，如果不能提出，则必须举出证据击断因果关系链条：高压线不会产生电磁辐射，或者即使产生电磁辐射也不会有任何电磁辐射进入原告居住的房屋，或者即使电磁辐射进入房屋也不会影响到原告的身体，或者即使电磁辐射进入原告身体也不会引起心肌炎、脑梗塞和老年痴呆中的任何一种疾病。否则，被告就应该承担败诉的法律后果。

注意

首先，逐渐向城市中心区逼近的高压电力线和变电站，其产生的工频电场及磁场，易对人体产生危害。高压电力线和变电站输送的是 50Hz 工频电流，其本身不产生高频电磁辐射，但是当输送电压较高时，在其导线周围或变电站附近会产生工频电场和工频磁场，易对人体产生危害。其次，产生的电磁噪声（主要在 30mHz 以下）较强时会对广播通信产生干扰。监测结果表明：对于高压变电站，露天的 110kV 和 220kV 主变压器 1.5 米处，工频场强高达 2050 ~ 3200v/m；若全户内及地下变电站，由于建筑屏蔽作用，变电站室外及变电站地面工频场强值基本同环境本底值（10v/m 以下）。其在 20 米外的电磁噪声值也基本小于限值 55dBuv/m。

第七章　固体废物污染环境案例

内容提要

固体废物包括城市生活垃圾、农业废弃物和工业废渣。一般来说，城市每人每天的垃圾量为1~2公斤，其多寡及成分与居民物质生活水平、习惯、废旧物资回收利用程度、市政建设情况等有关。如国内的垃圾主要为厨房垃圾。有的城市，炉灰占70%，以厨房垃圾为主的有机物约20%，其余为玻璃、塑料、废纸等。农业垃圾主要为粪便及植物秸秆类。工业废渣，指工业生产过程排出的采矿废石、选矿尾矿、燃料废渣、冶炼及化工过程废渣等。

由于固体废物对于环境的危害很大，对固体废物进行法律规范是非常必要的。

24. 电子垃圾出路何在?

案例24　福建省福安市一起电子垃圾污染案

事情是这样的

福建省福安市有个地下工厂在焚烧电子垃圾，所造成的污染已经威胁到了附近村民的身体健康。

2007年3月23日，记者在一个隐蔽的山谷中找到了村民所举报的这家电子垃圾加工厂。这里只有十几间临时搭建的工棚和一个类似于锅炉的台子，该垃圾处理厂是从2006年7月份开始生产的，通过焚烧、熔化电子板等电子垃圾，从中提炼铜和白金等贵重金属。焚烧电子板时产生的恶臭顺着风就飘到了村民所住的村子里。

自从该厂在山下焚烧处理电子板后，全村的人都出现了不同程度的胸闷、头晕头痛、呕吐等现象，严重的还会不断地流鼻血，去镇上的小医院检查也查不出什么原因。市里、省里的大医院费用太高，他们又不愿意去，所以只能这样天天忍受着这难闻的臭味。而在2006年秋天污染最严重的时候，他们种的茶叶也都跟着遭了殃，茶叶都变成了黑色。

2006年12月，忍受不了恶臭的村民向省城福州的一家报社反映了这一情况，报社记者采访得知：污染比较严重的时候，村民种的很多蔬菜和其他植物都烂掉或者枯黄了，村子里面的人纷纷搬到了山下的镇上居住。当时他们村子有七百多人，但是由于受到毒气的影响无法继续居住了，许多年轻人都搬到其他地方，留下来的只剩老人和妇女。

这些电子垃圾如果经过科学的回收处理能够变废为宝，但是现在这种简单焚烧只会给环境带来不良影响，这件事情经过福建媒体曝光之后企业停产了一阵子，但是不久后再次故伎重演。2007年3月，村民发现山下的垃圾处理厂又开始冒起了浓浓的黑烟，那么该电子垃圾处理厂焚烧电子板时散发出来的究竟是什么样的黑烟和臭味？他们的生产场面是怎样的呢？

该电子垃圾处理厂污染环境的情况当地环保部门是否了解呢？福安市环保局说，这个企业不仅是没有环保、土地、工商审批的“三无”企业，而且是国家明令禁止的“十五小”之一的小锅炉生产企业，是应当坚决打击和取缔的对象。他们也接到过当地村民的投诉，早在媒体披露之前他们已经向企业下达了处罚通知，责令企业立即停产并罚款1万元，企业当时也关掉了，但是短短的几个月之后企业又重新生产，这个他们不知道。随后，记者与环保局的执法人员再次来到了该电子垃圾处理厂，厂区旁随意堆放着一堆堆原材料的包装箱，显示出这家企业的生产量，正常情况下一天可以生产3吨。如此规模的电子垃圾原材料，违法生产者又是从哪里弄来的呢？是当地回收的还是国内其他地方转来或者是从国外进口的呢？据当地的环保部门介绍说，这个垃圾处理厂焚烧的这些电子板是这个货主偷偷从附近几个省运过来的，也就是说有企业在向他们提供这样一些废弃的电子板。

律师专线

随着人们环保意识的日益增强，对电子产品的环保要求也越来越高，由于电子垃圾对生态环境和人们生命健康安全造成的不利影响已引起了世界各国的高度重视。各国纷纷制定法规、条例，在规范电子产品生产行业的同时也成为防治电子垃圾污染的有效途径。因此，加强对电子垃圾问题的考察与研究是环境保护国际化和贸易活动全球化的必然要求。

对本案应这样来处理才是合理的：

第一，确认该地下焚烧电子垃圾工厂违法，应当认定其行为构成犯罪，理由是法律规定焚烧电子垃圾应当由有资质的专门企业负责，不能随意处置。如2004年作出的《废旧家电及电子车票回收处理管理条例》规定，国家对废旧家电处理企业实行资格认定制度。家电生产企业、家电经销商和售后服务机构有义务回收废旧家电。

第二，对提供电子垃圾的单位和个人应进行处罚，按情节轻重和危害大小认定其行为违法或者犯罪。

第三，对受害者予以赔偿。由于焚烧电子垃圾造成空气污染、水污染、土壤污染等，严重损害了受害人的生存、生命健康及其财产权益，应当进行赔偿。

法律规范

中华人民共和国固体废物污染环境防治法

（2004年12月29日第十届全国人民代表大会常务委员会第十三次会议通过，自2005年4月1日起施行）

第三条　国家对固体废物污染环境的防治，实行减少固体废物的产生量和危害性、充分合理利用固体废物和无害化处置固体废物的原则，促进清洁生产和循环经济发展。

国家采取有利于固体废物综合利用活动的经济、技术政策和措施，对固体废物实行充分回收和合理利用。

国家鼓励、支持采取有利于保护环境的集中处置固体废物的措施，促进固体废物污染环境防治产业发展。

第五条　国家对固体废物污染环境防治实行污染者依法负责的原则。

产品的生产者、销售者、进口者、使用者对其产生的固体废物依法承担污染防治责任。

电子信息产品污染控制管理办法

（2006 年 2 月 28 日正式颁布，2007 年 3 月 1 日施行）

第五条　信息产业部商国务院有关主管部门制定有利于电子信息产品污染控制的措施。

信息产业部和国务院有关主管部门在各自的职责范围内推广电子信息产品污染控制和资源综合利用等技术，鼓励、支持电子信息产品污染控制的科学研究、技术开发和国际合作，落实电子信息产品污染控制的有关规定。

第九条　电子信息产品设计者在设计电子信息产品时，应当符合电子信息产品有毒、有害物质或元素控制国家标准或行业标准，在满足工艺要求的前提下，采用无毒、无害或低毒、低害、易于降解、便于回收利用的方案。

第十条　电子信息产品生产者在生产或制造电子信息产品时，应当符合电子信息产品有毒、有害物质或元素控制国家标准或行业标准，采用资源利用率高、易回收处理、有利于环保的材料、技术和工艺。

第十一条　电子信息产品的环保使用期限由电子信息产品的生产者或进口者自行确定。电子信息产品生产者或进口者应当在其生产或进口的电子信息产品上标注环保使用期限，由于产品体积或功能的限制不能在产品上标注的，应当在产品说明书中注明。

前款规定的标注样式和方式由信息产业部商国务院有关主管部门统一规定，标注的样式和方式应当符合电子信息产品有毒、有害物质或元素控制国家标准或行业标准。

相关行业组织可根据技术发展水平，制定相关电子信息产品环保使用期限的指导意见。

第二十一条　信息产业部商发展改革委、商务部、海关总署、工商总局、质检总局、环保总局，根据产业发展的实际状况，发布被列入电子信息产品污染控制重点管理目录的电子信息产品中不得含有有毒、有害物质或元素的实施期限。

第二十五条 任何组织和个人可以向信息产业部或者省、自治区、直辖市信息产业主管部门对造成电子信息产品污染的设计者、生产者、进口者以及销售者进行举报。

专家释惑

本案涉及的法理问题是电子垃圾处理的法律规范，即什么是电子垃圾？它有哪些危害？如何对其进行处理？……对本案的法理分析主要从以下几个方面入手：

1. 电子垃圾概述

电子垃圾，主要包括各种废旧电脑、电子通讯设备、电视机、电冰箱等废旧家电，及被淘汰的精密电子仪器仪表等。电子垃圾中含有大量的可利用的聚酯、塑料、玻璃、稀有贵金属等资源。1 吨随意收集的电子板卡中可分离 286 磅铜、1 磅黄金、44 磅锡。自 2003 年起，我国进入了电子产品报废的高峰期，每年至少有 500 万台电脑、5000 万部手机、500 万台电视机、400 万台冰箱、500 万台洗衣机进入报废期。这些电子垃圾、废旧电器一是被简单处理之后又流入低收入家庭或农村；二是被拆解后，其中仍有一定使用价值的元件被翻新，再次流入市场。由此产生的后果是，一方面造成了电子垃圾污染不断扩散，另一方面又损害了众多消费者的利益。而世界上 80% 的电子垃圾被运到亚洲，其中有 90% 进入中国，我国已成为电子垃圾的主要受害国之一。

被随手扔进垃圾桶的手机电池、当废品卖掉的旧电器，甚至一个小小的电源开关都含有铅、铜、汞等大量有毒有害物质，一旦处理不当，掩埋、丢弃、焚烧都会对土壤、水源、动植物造成污染，这些就会对我们的生存环境造成污染，对市民的生活构成严重威胁，并最终严重危害人类的健康和生命。这些废渣里究竟会含有什么样的有毒有害物质呢？对一些废渣和堆放废渣的山沟里的流水进行分析测试，检测结果表明：主要存在的重金属是铅，铅的含量是每升 0.054 毫克，按照我们国家地表水环境质量的标准，这是属于第四类地表水，是不能直接饮用和长期接触的。

由于我国在电子垃圾回收处理方面落后，随着欧盟新环保指令和报废指令的发布与实行，今后向欧盟出口各类机电产品的中国生产企业都将额外承担高额的电子垃圾处理费用，这将影响到我国电子产品的国际竞争力。

2. 加强回收利用的法律调控

西方国家均制定了专门的法律、法规来规范电子垃圾的处理。诸如美国《资源保护与回收法》、日本《再生资源法》《节能与再生资源支援法》、德国《循环经济法》等对电子产品的生产、销售、回收使用和处置等各个环节都有明确的法律规定。如德国在《循环经济法》中明确规定：谁制造、销售、消费电子产品，谁就有回收利用和处置废物的义务。又如丹麦出台了一部废弃物处理的法规，具体规定了废弃物处理的各种方法，采取“谁污染谁付费”，处理垃圾的企业获利，企业同时还免征所得税。为减少危害，芬兰政府目前正着手制定有关家电和电子垃圾回收方面的法律和规定。根据正在制定的新规定，家电及电子产品的生产商和进口商，应负责自己生产和销售的家电及电子产品的回收利用、安排电子垃圾的回收处理，并承担家庭电子垃圾的回收费用。目前芬兰各地方环保和垃圾处理部门定期派出电子垃圾回收车，在居民区巡回回收电子垃圾。在芬兰，目前每处理一吨电子垃圾的成本约 700～1300 欧元。从电子垃圾中所回收的金属、塑料和玻璃大部分在芬兰本国加以利用。其中铝、铁、铜、锌等金属，是回收中最能得到充分利用的原材料。到 2010 年，芬兰电子垃圾的回收利用率有望接近 100%。2004 年 8

月13日，欧盟《电子垃圾处理法》正式出台。《电子垃圾处理法》要求生产商、进口商和经销商在2005年8月13日以后，负责回收、处理进入欧盟市场的废弃电器和电子产品；并要求在2006年7月1日以后投放欧盟市场的电器和电子产品不得含有铅、汞、镉等6种有害物质。这些措施有效地遏制了电子垃圾污染的发展，成为防治电子垃圾污染的必然选择。与此相适应，我国如何通过立法建立符合循环经济要求的电子垃圾回收处理体系已成为当务之急。首先，应在《固体废物污染环境防治法》中增设有关防治电子垃圾污染的原则性规定。诸如明确电子产品要回收利用，并在法律责任中，增设相应的惩罚措施。对于处理处置电子垃圾的企业，应具有相应的资质，并在处置前进行环境影响评价，经过环境影响评价以后方可以从事生产，否则就属于违法，责令停止违法行为，情节严重的要进行罚款，如果造成损失在30万以上的就应该依法追究刑事责任。同时，对提供货源的单位和个人的行为予以规制，如按情节轻重和危害大小认定其行为违法或者犯罪，应承担相应的法律责任。其次，在行政法规中进行配套措施的规定，进一步细化电子垃圾回收处理的规定，增强可操作性。再次，在各地方立法中对各地的电子垃圾回收处理进行调控，将各项调控措施落到实处，增强针对性。

3. 坚持循环利用的理念

随着电子信息时代的来临，电子垃圾污染问题已成为全社会高度关注的焦点，在全世界范围内掀起了一个以保护生态环境为核心的绿色浪潮。在世界绿色浪潮的冲击下，通过环保手段有效解决电子垃圾污染的方式被各国广泛地应用。循环利用这一概念最先是由德国在其制定的《包装条例》中提出的。对循环利用的广义理解是，它不仅包括将生产或消费过程中的排出物作为再生资源回收再利用，还包括将不可再生利用的废弃物以自然分解、净化的方式循环并被自然界再利用。我国再生资源回收率仅相当于世界先进水平的30%，每年可回收利用却没有回收利用的再生资源价值高达500亿元。电子垃圾处置问题主要是通过直接管制或经济刺激两种方法。直接管制就是国家制定法律，规定生产者或消费者产生外部不经济性的允许数量和方式，并规定严格的法律责任以威慑违法者。

我国相关部门已将促进和发展电子垃圾处理技术作为循环经济的一部分进行重点扶持。如北京海淀区启动了“电子环保·循环经济”示范工程。这项工程的指导思想是以循环经济理念为指导，以提高资源转化利用效率为核心，以建设电子产品回收、再利用系统为基础，以建立电子产品生产、回收、再利用的循环经济体系为目标，努力构建资源循环型经济发展模式，实现环境、经济与社会协调发展。防治电子垃圾污染须符合“3R”要求，即：“Reduce”，在保证电子产品的使用功能时，首先考虑的因素是尽量减少原材料的使用总量，提倡生产环保型产品等；“Reuse”，考虑对电子产品进行回收、处理、再度使用；“Recycle”，回收循环使用，减轻最终废弃物对垃圾填埋和焚烧的压力。

4. 征收电子垃圾回收费

针对家电产品、电子产品提出一定的环保标准，已是大势所趋，我国已经在废旧家电及电子产品回收处理领域引入生产者负责制。国家发改委确定了浙江省、山东省青岛市为国家废旧家电及电子产品回收处理体系建设试点省、市，为制定相关政策法规和标准提供经验，我国也将对电子产品征收“垃圾回收”相关费用。

在欧美，废旧家电及电子产品的回收率在60%左右，即一个企业如果总产量为100万台，那么其中有60万台要征收垃圾回收费用。加州的立法机构通过了一项提案，要求顾客在购买新的电脑或电视机时，交纳每件10美元的“电子垃圾回收费”，旨在为环保提供额外资金。环保组织和地方政府希望，这笔回收费用能用来帮助安全处理居民家中的电子垃圾。而在日本，这个比例为50%。根据欧盟起草的《报废电子电气设备指令》和《关于在电子电气设备禁止使用某些有害物质指令》，每出口欧盟一台彩电或者一部手机将被征收大约1~20欧元，一些大型电器还会更高。业内人士表示，考虑到国内家电业的现状，希望这个比例能定在30%~40%左右，小幅起步，逐步与国际接轨。

具体到本案，应当对废旧家电处理企业实行资格认定制度。家电生产企业、家电经销商和售后服务机构有义务回收废旧家电。对地下电子垃圾加工厂坚决予以取缔，追究其法律责任；同时对提供货源的单位和个人的行为予以规制，增强法律威慑力。总之，最终目的是符合环保要求，真正保障人们的生存和生命健康权。

25. 实行“绿色包装”，减少“白色污染”

案例25　限制生产销售使用塑料购物袋事件

事情是这样的

2008年1月8日，国务院办公厅下发《限制生产销售使用塑料购物袋的通知》，要求从2008年6月1日起，所有超市、商场、集贸市场等商品零售场所不得再免费提供塑料购物袋。国家这一“限塑令”意在减少“白色污染”。消息发布后，商家、市民一片叫好，但也有不少顾虑。“限塑令”能叫好又叫座吗？

记者在山东济南各大超市、市场、小摊等地采访时发现，在济南，塑料方便袋使用之频繁、使用数量之大十分惊人。记者在某大型超市收银台前看到，一名顾客买了熟食、水果、卫生纸等商品，收银员按“吃的和用的分开，熟食和生鲜分开”的惯例，分别用4个塑料方便袋装好。不过顾客又向收银员索要了两个大塑料方便袋，把4个小袋分吃的和用的装进去。记者在现场观察了十多分钟，发现这种现象十分普遍。

记者粗略统计了一下，大多数顾客一次购物使用的塑料方便袋在 3 个左右。不仅在超市，在集贸市场、小摊点等地，也经常可以看到人们毫无顾忌地使用塑料方便袋来盛装蔬菜、水果等。

对于全市一天要使用多少个塑料方便袋，记者目前无法找到权威统计数据。不过，以济南市区有 100 万个家庭计算，如果每个家庭一天使用 2 个塑料方便袋，一天的使用量就是 200 万个，一个月就是 6000 万个，一年就是 7.2 亿个。

商场尤其是超市是塑料方便袋使用的“大户”。“限塑令”如果执行得好，对大超市来说，至少能减少三分之一的塑料袋使用量。此次政府给了企业充分的准备时间和过渡期，他们已经着手准备制定政策，好迎接 2008 年 6 月 1 日该规定正式实施的到来。

在接受记者采访时，多数市民都认为，尽管自己已经习惯购物时空手而去，买了东西后使用商家提供的塑料方便袋提回家，但“限塑令”确实是及时的，能更好地保护环境。

国家终于出台强制性政策来治理“白色污染”了。孙先生昨天在接受记者采访时表示，每次到超市、市场买东西时，都可以看到购物者手里拎着好几个塑料方便袋，使用量确实可以用触目惊心来形容，但很少有人考虑其给环境带来的污染。现在大风一起，塑料袋满天飞。而且塑料对环境的危害很大，再不加以限制，以后的环境不是会越来越差吗？

其实这完全是习惯问题。王大妈告诉记者，20 世纪六七十年代，大家去菜市场买菜，都是提着篮子的，也没有感觉特别不方便，后来许多卖菜的免费提供塑料方便袋，不用白不用，许多人就用起来了，现在很少能看到提篮子去买菜的人了。国家准备限制使用塑料方便袋，肯定会迫使人们改变原来的习惯，重拾菜篮子，“应该是个好政策”。

我们也知道塑料方便袋不环保，但很多消费者少给一个都不愿意，不少人在商品已经分类装完后还要向收银员额外要一两个。某大超市的负责人说，现在超市竞争这么激烈，他们不想因为一个小小的塑料方便袋而“得罪”被视为上帝的消费者，因此以前没有特意严格限制塑料方便袋的提供。另一位超市人士担心，对塑料方便袋收费，可能会让已经形成使用习惯的消费者认为超市“小气”，对超市产生不满。据了解，不少商场都有类似的顾虑。他们建议，政府部门到时必须严格让商场统一行动。

商场的另一个顾虑是如何防损。据了解，目前超市的商品丢失率很高，因此每个超市都有专门防止商品丢失的“防损部”，且超市一般不让顾客自带大的购物袋进入超市，以防有人“浑水摸鱼”。超市有偿提供塑料方便袋，自带购物袋的顾客必然会增多。显然，今后超市的防损任务将更加繁重。

此外，记者注意到，尽管此次颁布了“限塑令”，但目前却没有明确指定由哪个部门来具体实施，同时对违反者也缺乏明确的惩罚措施。也有人士认为，规范的大商场、大超市相对比较好控制，但集贸市场和小摊似乎就没那么好控制了。

律师专线

白色污染是指废弃的不可降解的塑料对环境的污染，具体包括塑料包装物、一次性塑料餐具、塑料袋及农用薄膜等废旧塑料制品对生态环境造成的污染和破坏。由于废旧塑料制品大多呈白色，因此被称为“白色污染”。我国是世界上十大塑料制品生产和消费国之一。1995 年我国塑料产量为 519 万吨，进口塑料量为 600 万吨；1996 年我国塑料消费总量约 1574 万吨。据权威机构统计：到 20 世纪末，中国已成为世界塑料消费增长最快的国家，年平均增长率为 8.3%。《固体废物污染环境防治法》以及由国家环保总局、建设部、铁道部、交通部、国家旅游局联合下发的《关于加强重点交通干线、流域及旅游景区塑料包装废物管理的若干意见》等文件对废旧塑料制品的处置予以规制。2008 年 1 月 8 日，国务院办公厅下发《限制生产销售使用塑料购物袋的通知》，要求从 2008 年 6 月 1 日起，所有超市、商场、集贸市场等商品零售场所不得再免费提供塑料购物袋，也是基于减少“白色污染”的考虑。

法律规范

中华人民共和国固体废物污染环境防治法

(2004 年 12 月 29 日第十届全国人民代表大会常务委员会第十三次会议通过，自 2005 年 4 月 1 日起施行)

第五条　国家对固体废物污染环境防治实行污染者依法负责的原则。

产品的生产者、销售者、进口者、使用者对其产生的固体废物依法承担污染防治责任。

第七条　国家鼓励单位和个人购买、使用再生产品和可重复利用产品。

第十八条　产品和包装物的设计、制造，应当遵守国家有关清洁生产的规定。国务院标准化行政主管部门应当根据国家经济和技术条件、固体废物污染环境防治状况以及产品的技术要求，组织制定有关标准，防止过度包装造成环境污染。

生产、销售、进口依法被列入强制回收目录的产品和包装物的企业，必须按照国家有关规定对该产品和包装物进行回收。

第十九条　国家鼓励科研、生产单位研究、生产易回收利用、易处置或者在环境中可降解的薄膜覆盖物和商品包装物。

专家释惑

相比之下，虽然我国人均消费塑料制品的数量很大，但发达国家人均消费塑料制品的数量与我国相比更多。早在 1985 年，美国人均消费塑料包装物就达 23.4 公斤，日本为 20.1 公斤，欧洲为 15 公斤，而我国人均消费量为 13.2 公斤。从数字上看，似乎发达国家的“白色污染”应当更严重，实则不然。通过比较，不难看出：

美国和欧洲包装业的发展都密切关注到了自助型零售业对消费品包装的需求及从生产者到消费者，直至他们的废物处理系统的合理性，并越来越注意到包括包装废弃物在内的环境问题。加拿大在 20 世纪 80 年代建立了“全国任务动力委员会”，它的总目标是：到 2000 年，包装废弃物减少 50%，此目标成为“国家包装草约”的一部分。减少废弃物源一直是主要的任务：如使用更轻的包装材料、去除不必要的包装等等。于是，1987 年联合国环境与发展委员会发表《我们共同的未来》提出实行绿色包装，1992 年联合国环境与发展大会通过的《里约宣言》《21 世纪议程》又再次强调了这一点，在全世界范围内掀起了一个以保护生态环境为核心的绿色浪潮。在世界绿色浪潮的冲击下，在 20 世纪 80 年代末 90 年代初，“绿色包装”作为有效解决“白色污染”的方式被各国广泛地应用。

与此相适应，西方国家均制定了专门的法律、法规等法律文件来规范废旧塑料包装物的处理。诸如美国《资源保护与回收法》、日本《再生资源法》《节能与再生资源支援法》《包装容器再生利用法》、德国《循环经济法》《包装废弃物管理条例》等对废旧塑料包装的生产、销售、回收使用和处置等各个环节都有明确的法律规定。这些措施有效地遏制了“白色污染”的发展，因而，加强法律规定，实行“绿色包装”是防治“白色污染”的必然选择。

“绿色包装”亦即符合环保要求的包装。它要求商品包装无害于生态平衡，且不会对消费者健康造成不利影响。具体而言，“绿色包装”泛指限制某些包装材料的使用或运用经济手段鼓励厂商采用对环境有利的包装，以达到既不污染环境，又节约资源的双重效果。实行“绿色包装”，防治“白色污染”须符合“4R”要求，即：“Reduce”，减少材料起始浪费量，在保证包装的保护、运输、贮存、销售功能时，首先考虑的因素是尽量减少包装材料的使用总量，提倡无包装的散售产品等。“Reuse”，大型容器再填充使用，即考虑全部包装或者部分包装在使用过后，进行回收、处理、再度使用。这样，减少包装物的需求量，从而减少最终进入环境的包装废弃物总量，在一定程度上能够避免和减轻包装物本身对环境的污染即包装物在生产过程中对环境造成的污染。同时，还可以节约制造包装物的资源，从而减少对环境的破坏，提高资源利用率。“Recycle”，回收循环使用，绿色包装应当重视包装物的再循环处理，把使用过的包装回收，进行处理和再加工，使用于不同领域。这样，能减轻最终废弃物对垃圾填埋和焚烧的压力，并使制成品使用较少的资源和能源。“Recover”，能量再生，为了不形成永久垃圾，造成新的“白色污染”，不可回收利用的包装废弃物要能自行分解腐化。基于此，主要对策为：

1. 健全相应的法律法规

解决“白色污染”，要立足于“防患于未然”，预防为主，防治结合，综合治理。不仅要治理已造成的污染，更要在污染产生之前，运用法律手段来防止“白色污染”的出现。针对包装工业企业、包装服务行业制定的法律法规一定须有成效，因为它们是包装废弃物即“白色污染”产生的“源头”。基于此，不少发达国家制定了包装法律法规，通过法律手段限制包装行业的不合理行为。如德国在1992年6月颁布实施的《包装废弃物管理条例》中将回收、利用、处置废旧包装材料的义务与生产、销售、消费该商品的权利挂钩，把回收、利用、处置的义务分解落实到商品及其包装材料整个生产周期的各个环节，且在技术条件许可并与商品有关规定一致的情况下，必须使包装有两次使用的可能，若无再次使用的条件，包装材料可经过再加工后利用，具有较强的操作性和实效性。德国在《循环经济法》中明确规定：谁制造、销售、消费包装物品，谁就有回收利用和处置废物的义务。又如丹麦1987年出台了一部废弃物处理的法规，具体规定了废弃物处理的各种方法，采取“谁污染谁付费”，处理垃圾的企业获利，企业同时还免征所得税。而美国的纽约、加利福尼亚等10个州还先后出台了包装用品的回收押金制度。

我国包装环境问题主要是环境外部不经济性，解决的方法是将环境外部不经济性内部化，就是使生产者或消费者产生的外部费用，进入他们的生产和消费决策，由他们自己承担或“内部消化”。这主要是通过直接管制或经济刺激两种方法。直接管制就是国家制定法律，规定生产者或消费者产生外部不经济性的允许数量和方式，并规定严格的法律责任以威慑违法者。与此相适应，我国应在法律中增设有关防治“白色污染”的原则性规定。诸如明确废旧塑料包装物要回收利用，明确塑料制品的制造者、销售者和消费者各自的回收利用义务，并在法律责任中，增设相应的惩罚措施。同时，国务院应颁布《包装废弃物管理条例》，其中应明确规定“谁污染谁付费，谁治理谁获利”的基本原则，以实现包装废弃物的资源化、减量化、无害化，具体规定生产者、销售者和消费者回收利用废旧塑料包装物的义务和法律责任，对回收、加工、利用废旧包装物的企业要给予税收、贷款等优惠政策。此外，各省、自治区、直辖市及有权颁布地方性法规或地方性规章的城市应根据本地区的实际情况，依据国家相关的法律、法规，制定有关实行“绿色包装”，防治“白色污染”的地方性法规或地方性规章。这样，从根本上防治“白色污染”。

2. 开征包装物污染税

包装物的大量使用带来了一系列环境污染问题，并已引起了世界各国的广泛关注，“绿色包装业”作为环保产业，必须走市场化、专业化道路。为此，国家必须加强引导，经济刺激制度是必不可少的。发达国家和部分发展中国家已开征或即将开征包装物污染税。美国有超过一半的州禁止不能分解的食品塑料包装上市。许多欧洲国家对包装废弃物会造成环境影响的产品征收包装污染税。这样，可以筹集资金用于包装物的污染治理，体现税负公平和效率的原则，提高那些包装废弃物特别处理或不易回收的商品成本，相对降低了那些使用易于再生利用包装产品的价格，用市场价格机制激励、迫使产品生产者从设计生产的最初环节就考虑包装使用后能否易于回收，从而减少环境污染。

3. 加强包装科技开发

依靠科技进步，研究易降解、无污染的新型塑料及提高废旧塑料制品的回收利用等技术水平，从生产源头开始抓起，实行“绿色包装”，实现“白色垃圾”的减量化、资源化、无害化，才是根治“白色污染”的有效途径。从我国的出口包装上看，存在的问题是材质差、衬垫不良、运输捆扎不合理和外观不清洁以及卫生标准不过关等。面对国际市场上的“绿色包装”要求，必须大力推进包装科技的开发。提高包装行业中的科技含量，以改进包装实现“绿色包装”，防治“白色污染”，其基本途径主要有两个：第一，节约和简化包装。包装的用料与设计主要以保护商品和便于运输等为目的。节约、简化包装可以通过改进设计和采用新技术来实现。如欧共体国家的一些大公司都相继开发了重量轻、强度高的玻璃瓶、玻璃罐，设计了节约铝材的薄壁啤酒容器。在美国已开始流行简化包装。1994 年上半年，美国超级市场上简化包装产品的销售额增加了 2.6%。第二，包装回收和回收再生利用。包装的回收和回收再生利用是合理利用包装材料的有效方法，目前世界上玻璃、铝、纸等包装材料的回用技术比较成熟，回收率也较高。1989 年，美国易拉罐回收率已达 61%，香港为 90%；纸的回收率是日本 14%、美国 22%、欧共体超过了 50%。而对较难利用的塑料，日本也实现了 26% 的回收率。在许多发达国家超级市场上过去不多见的纸袋、纸包，近两年也多了起来。如在日本的食品包装领域掀起了用纸包装取代塑料包装的“绿色”浪潮，中国的一些涉外服务行业也开始用布袋代替原来的塑料袋。这些都为包装的回收和回收再生利用提供了良好的条件，同时也有效地防止了“白色污染”的产生。

4. 加强配套研究

回收和再生利用涉及范围很广，需各方面的有机配合与协调，要有资金、材料、人员和技术保障。发达国家都有专门机构进行产品包装研究。法国拥有由2000～3000名专家组成的全国性的包装研究所；美国有几所大学设有包装系；还有一些国家成立了包装协会，这些都成为开展“绿色包装”研究的基础条件。我国也应加强对“绿色包装”研究和机构的组织建设以及包装专业教育培训等。同时还应把回收再利用与环境保护结合起来，比如进行环境益损分析，把包装废弃物的外部损失内部化，即把包装废弃物污染的环境成本计入经营成本中，这样既利于消除“白色污染”，也利于经济收益。

5. 完善环境标志制度和ISO14000国际标准

环境标志制度已日益受到各国重视，我国也推行了“绿色标志制度”。1994年成立了中国环境标志认证委员会，1996年7月在全国范围内组织55家企业开展环境管理体系认证试点工作，“环境标志”成为国内外贸易合作的“通行证”。2002年中国环境标志产品认证委员会秘书处在北京召开新闻发布会，宣布Ⅱ类、Ⅲ类环境标准启动，加上近年来已有300余家企业近千种产品获得Ⅰ类环境标志，表明中国环境标志与国际标准实现全面接轨。环境标志制度的完善，可以改变过去出口商品的包装因无环境标志损失惨重的局面，也有利于消除日益严重的“白色污染”。

1996年由国际标准化组织发布的ISO14000环境管理体系系列标准正是我国利用“绿色包装”应对“白色污染”的最有效的武器。我国应积极做好ISO14000工作，加快制定和实施与ISO14000环境体系国际标准相配套的国内法律法规，通过立法把ISO14000环境体系国际标准转化为国家标准，在全国范围推广实施，真正实现“绿色包装”产业的发展，防治“白色污染”。

26. 应当重视城市生活垃圾的处理

案例26　江苏省南京市双闸村白色垃圾污染案

事情是这样的

刘浩是江苏省南京市双闸村的村民，2008年4月他向记者反映说双闸村目前已经被白色垃圾污染得十分严重。双闸村位于南京市建邺区的城乡结合部，有3000多人口，这里原属于沙洲冲积地区，河网密布、水质清纯，是南京最有名的水八鲜产地，盛产鱼、菱、藕等八种水生动植物。可如今的双闸村虽然或大或小的河流还在流淌，但水中却是成片的塑料袋、塑料瓶等垃圾，有的河道里水的颜色几乎全黑。村民们说水质变坏是从2003年开始的，短短几年时间内双闸村就从一个鱼米之乡变成了现在的垃圾满地，而这都是废品回收惹的祸。

在双闸村街道上如今墙上见得最多的就是废品回收、废品加工等字样，在它的背后就是一个个废品加工作坊。我们走进了一家废品加工作坊，在这家加工厂内收回来的旧塑料瓶已经堆积如山，一些工人正熟练地将瓶子拆分归类，而在里面的院子里机器轰鸣，这家作坊主要对收集来的废旧塑料进行清洗、粉碎，而污水则直接排到水道中。见有记者采访，一名老板模样的人走了出来，对记者提出的污水排放问题他很不以为然，他说双闸村有一百多家加工点，这水都是往这个臭水沟里排的。而在另一家小塑料加工厂内，记者见到了这样一幕，工人把粉碎的塑料高温加热然后再拉成条状的塑料丝，在拉丝的过程中需要用水来降温，拉完丝后再用粉碎机把塑料丝打成颗粒状，就这样经过粗加工，一个个的塑料瓶就变成了颗粒状的半成品。据知情人讲经过这样的粗加工，一吨颗粒状的半成品就能卖到两三千元，而它的利润一般在百元到千元不等，一年下来每家最少也能赚上几万元。

正是在这种清洗和加工过程中排出来的废水、废气严重地污染着双闸村的水源和空气，那么诸如此类的塑料加工点是从哪里来的呢？在双闸村里又有多少家呢?

记者找到了村主任了解情况，加工颗粒的有45户，加工户有70多户，一共收废品户有100多户。这位村主任说2003年南京市进行了大规模的城市改造，一些原本分散在南京市区的废旧塑料收购点自发地迁到了双闸村并且越聚越多，现在双闸村的流动人口大概有一万多人，其中有60%的人都是在从事废品收购，这些人一开始也给双闸村带来不小的房屋租金收益。由于每年都能收到一两万元的租金，村民们也不反对有人在这里租房加工废旧塑料，就这样随着废旧塑料加工点的日益增加，一个天蓝水清、稻香鱼肥的双闸村不见了，水脏臭、空气味怪，渐渐地村民感觉到环境污染带来的巨大危害，有些村民就不断地向有关部门反映，希望有关部门能够整治双闸村的环境。

对此，南京市建邺区环保局和双闸街道等部门采取了多次行动，力图取缔这些作坊式的加工点，但几年下来效果一直不明显。为什么双闸村的白色污染会这样难治理呢？记者采访了相关部门，他们都表示执法难主要体现在两个方面，一是加工户和少数村民受到利益的驱动阻挠执法。当时可能最大的抵触一方面来自于废旧加工户，另外也有我们本地一部分村民（租房）利润比较高，老百姓反对执法。而在整治双闸村白色污染的过程中遇到的第二个难点就是司法实践中环保部门的强制执法权很难实施。环保部门称按目前的法律规定，每次执法从最初介入到最终作出处罚都需要3~4个月的时间，再加上没有暂扣物品的权力，这就给那些非法加工点带来了可乘之机，他们可以随时转移财产和设备。由于这两种原因，在双闸村就出现了这样的怪现象，一轮整治之后好上十天八天又反弹了，然后再整治再反弹。

2008年4月25日，当记者把调查到的污染情况反映给相关部门以后，南京市建邺区政府专门就此事召开了会议，研究综合治理方案，同一天由环保、工商、市容等多个部门联合进行的综合执法拉开了序幕。由于这次是多部门的联合执法，执法人员在执法过程中处罚力度也比较大，可这引起了一些小作坊老板的不满，记者的镜头也真实地记录了这一幕。执法当天联合行动组共查处了十家从事塑料加工的小工厂，而这些小工厂根本就没有办理任何的环境审批手续，完全是非法的加工点。

律师专线

城市生活垃圾，作为一种固体废物，它的行政主管监督管理部门是国家的环境行政主管部门，但是在具体的行政监督过程中，对生活垃圾的监督又是归环卫部门，所以从这个角度考虑就是环卫部门和环保部门的配合，他们中间如果说出现一些疏漏或者说具体的一些职责不明确，在处罚的过程中就可能出现一些不协调，从而使一些污染不能够杜绝。

法律规范

中华人民共和国固体废物污染环境防治法

（2004 年 12 月 29 日第十届全国人民代表大会常务委员会第十三次会议通过，自 2005 年 4 月 1 日起施行）

第三十八条　县级以上人民政府应当统筹安排建设城乡生活垃圾收集、运输、处置设施，提高生活垃圾的利用率和无害化处置率，促进生活垃圾收集、处置的产业化发展，逐步建立和完善生活垃圾污染环境防治的社会服务体系。

第三十九条　县级以上地方人民政府环境卫生行政主管部门应当组织对城市生活垃圾进行清扫、收集、运输和处置，可以通过招标等方式选择具备条件的单位从事生活垃圾的清扫、收集、运输和处置。

第四十条　对城市生活垃圾应当按照环境卫生行政主管部门的规定，在指定的地点放置，不得随意倾倒、抛撒或者堆放。

第四十一条　清扫、收集、运输、处置城市生活垃圾，应当遵守国家有关环境保护和环境卫生管理的规定，防止污染环境。

第四十二条　对城市生活垃圾应当及时清运，逐步做到分类收集和运输，并积极开展合理利用和实施无害化处置。

第四十三条　城市人民政府应当有计划地改进燃料结构，发展城市煤气、天然气、液化气和其他清洁能源。

城市人民政府有关部门应当组织净菜进城，减少城市生活垃圾。

城市人民政府有关部门应当统筹规划，合理安排收购网点，促进生活垃圾的回收利用工作。

第四十四条　建设生活垃圾处置的设施、场所，必须符合国务院环境保护行政主管部门和国务院建设行政主管部门规定的环境保护和环境卫生标准。

禁止擅自关闭、闲置或者拆除生活垃圾处置的设施、场所；确有必要关闭、闲置或者拆除的，必须经所在地县级以上地方人民政府环境卫生行政主管部门和环境保护行政主管部门核准，并采取措施，防止污染环境。

第四十五条　从生活垃圾中回收的物质必须按照国家规定的用途或者标准使用，不得用于生产可能危害人体健康的产品。

第四十六条　工程施工单位应当及时清运工程施工过程中产生的固体废物，并按照环境卫生行政主管部门的规定进行利用或者处置。

第四十七条　从事公共交通运输的经营单位，应当按照国家有关规定，清扫、收集运输过程中产生的生活垃圾。

第四十八条　从事城市新区开发、旧区改建和住宅小区开发建设的单位，以及机场、码头、车站、公园、商店等公共设施、场所的经营管理单位，应当按照国家有关环境卫生的规定，配套建设生活垃圾收集设施。

第四十九条　农村生活垃圾污染环境防治的具体办法，由地方性法规规定。

专家释惑

当前处理垃圾的国际潮流是“综合性废物管理”，就是动员全体民众参与“3R”行动，把垃圾的产生量减少下来。“3R”的行动口号是：一、减少浪费（Reduce）；二、物尽其用（Reuse）；三、回收利用（Recycle）。当全社会的消费者都这样做时，生活垃圾的总量将大大减少，城市处理垃圾的负担也会大大减轻，垃圾填埋场的使用寿命就会延长。由此节约了土地，降低了垃圾污染的威胁。

1. 以循环经济的思想为指导

循环经济作为一种经济理论，是美国经济学家肯尼斯·波尔丁于1962年提出。他认为传统经济依赖资源消耗，呈线性增长，他主张人类应该选择建立一种既不会使资源枯竭，又不会造成环境污染和生态破坏的经济模式。这种经济模式应该实现废弃物再生资源化。这种循环式运动，具有低开采、低消耗、低排放、高利用的特点，是对传统经济发展模式的一次革命。循环经济是21世纪世界上最新的、最先进的经济发展模式。循环经济是把在国际“环境与发展大会”上确认并得到与会国公认的“可持续发展”理念用于固体废物管理。所谓循环经济就是在可持续发展思想的指导下，把清洁生产和废弃物的综合利用融为一体的一种生态经济。与传统经济不同，循环经济提倡的是一种与环境相和谐的经济发展模式。它要求把经济活动组织成一个“资源——产业——再生资源”的反馈式流程，其特征是低开采、高利用、低排放。所有的物质和能源要能在这个不断进行的经济循环中得到合理和持久的利用，以把经济活动对自然环境的影响降低到尽可能小的程度，做到生产和消费“污染排放最小化、废物资源化和无害化”，以最小的成本获得最大的经济效益和环境效益。循环经济以协调人与自然关系为准则，模拟自然生态系统运行方式和规律，实现资源的可持续利用，使社会生产从数量型的物质增长转变为质量型的服务增长；同时，循环经济还拉长了生产链，推动了环保产业和其他新型产业的发展，增加了就业机会，促进了社会发展。从源头上有效地减少了固体废物的产生，对固体废物进行综合利用和循环使用。

2. 改变城市生活垃圾处理的管理体制

改革垃圾处理体制，实行环保部门监督、环卫部门管理、专业公司提供社会化服务的管理模式，建立与社会主义市场经济相适应的城市生活垃圾管理体系，推进管理手段及管理能力现代化、规范化、科学化。各级环保部门应加强对垃圾处理设施周围环境质量的监测检查，对处理不达标造成二次污染的应按有关规定进行处罚。城市建设（环境卫生）行政主管部门要建立市场准入制度，通过公开招投标择优选择有能力的企业（单位）承担生活垃圾收集、运输和处理工作。通过签订合同，明确责任和义务。垃圾处理企业（单位）应转变经营管理体制，实现独立核算、自负盈亏的企业化管理，确实保证垃圾处理质量。城市建设（环境卫生）行政主管部门应加强对生活垃圾处理的监督管理，对达不到处理标准和服务质量的，应责令其改正；对现有存在污染隐患的垃圾处理厂应责令提出改造方案，限期整改。垃圾处理单位应实行政企、政事分开，要引入竞争机制，通过公开招投标的方式，择优选择有资质的企业承担城市生活垃圾处理工作。积极探索特许经营、承包经营、租赁经营等多种运营方式，降低建设和运营成本，不断提高服务质量。

3. 加强政府的责任

城市垃圾处理是市政公益性事业，只凭宏观经济和政策调控来保障是不够的。这些特征要求政府至少通过科学的监管体系来履行保障持续、安全普遍服务的责任。城市垃圾处理虽然没有像城市供水领域那么强的自然垄断性，但是垃圾处理提供的是公共服务，即便由企业以商业方式提供，最终的责任主体仍应该是政府。

政府在推动城市生活垃圾处理，加快城市发展的过程中承担着不可替代的作用。首先，完善城市生活垃圾处理法律制度供给。通过立法，明确规定各个主体（政府、企业、公众）的权利、义务和责任，明确全社会推行城市生活垃圾处理的途径和方向，从而把城市生活垃圾处理全面纳入到强有力的法制化轨道。第二，提供政策支持，形成引导城市生活垃圾处理顺利发展的政策框架体系。政府应尽快推行垃圾分类收集，以利于提高城市垃圾资源化的程度和减少垃圾对环境的危害，提高回收利用率。通过改革现行管理体制，培育城市生活垃圾处理产业市场，建立一体化的城市生活垃圾循环利用的管理模式。通过开征城市生活垃圾费，大力发展资本市场，实现垃圾处理行业投资主体的多元化和市场化。制定和实施针对垃圾处理和循环利用的优惠政策，吸引国外资本、私人资本和社会资本加盟城市生活垃圾处理和循环利用行业。要寻找适合我国国情和各城市具体情况的城市生活垃圾循环利用的科学处理方法，如城市生活垃圾的堆肥处理，城市生活垃圾的焚烧发电处理，城市生活垃圾填埋产生可燃气体处理，垃圾填埋沼气生产等。第三，向社会公众开展绿色教育，提高城市生活垃圾处理意识，倡导公众争做城市生活垃圾处理的示范者、推动者，形成全社会城市生活垃圾处理的新观念、新思维、新风尚。第四，建立监督机制，推动再生资源产业健康发展。

4. 实行分类回收和集中处理制度

垃圾分类收集要坚持“无害化、资源化”的原则，鼓励废物回收和综合利用。生活垃圾环境管理应从源头抓起，逐步过渡到垃圾收集企业负责社区、小区、居民住宅等源头的生产垃圾收集工作，避免多头管理、多头收费。垃圾收集和运输应密闭化，防止暴露、散落和滴漏。鼓励采用压缩式收集和运输方式。尽快淘汰敞开式收集和运输方式。结合资源回收和利用，加强对大件垃圾的分类收集、运输和处理。应当以各地经济能力、社会条件、分类收集现状和实践中出现的问题为基础，合理安排垃圾分类收集环境行政管理、企业环境管理和公众参与管理措施。

城市人民政府应当发展城市生活垃圾处理产业，采用无害化和资源化的处置方法集中处置城市生活垃圾。城市生活垃圾集中处置设施、场所的选址和构造，必须符合环境保护标准和城市环境卫生标准。禁止擅自关闭、闲置或者拆除城市生活垃圾处置设施、场所；确需关闭、闲置或拆除的，必须经所在地县级以上地方人民政府环境卫生行政主管部门和环境保护行政主管部门核准；环境卫生行政主管部门和环境保护行政主管部门应当自接到核准申请之日起 30 日内作出批复。垃圾集中处理还应与垃圾减量化、家庭自身无害化处理以及资源化相结合。如广州将垃圾集中处理和分类收集、净菜进城、包装容器循环利用以及垃圾发电等措施相结合。

生活垃圾分类收集是一项社会系统工程，只有社会形成了封闭的“分类收集——再利用——消费——再分类收集”的资源循环利用环，建立起完整的系统，分类收集才可能持久，才会有生命力。在开展分类收集和资源再利用宣传的过程中，还需要注意向公众宣传新的消费观念和行为，逐步引导广大消费者接受和使用资源再利用产品。

第八章　海洋环境保护案例

内容提要

海洋环境问题是人们在开发利用海洋的过程中，没有同时顾及海洋环境的承受能力，低估了自然界的反作用，使海洋环境受到了人为污染物的冲击。在海洋上所发生的各种人类活动都有可能会导致海洋污染或海洋生态被破坏，为了保护这片蓝色的土地，我国的《海洋环境保护法》《海域使用管理法》对此予以了明确的规制。

27. 海洋局能否代表国家向造成损失者提出民事赔偿?

案例 27　天津市海洋局诉"塔斯曼海"轮溢油事故巨额索赔案

事情是这样的

2002 年 11 月 23 日凌晨，满载原油的马耳他籍油轮"塔斯曼海"轮与中国沿海船舶"顺凯一号"轮在天津大沽口东部海域 23 海里处发生碰撞，导致该轮激 No. 3S 货油舱破损，造成原油泄漏后，天津海事局立即启动溢油应急程序，有效控制了海域污染。

自船舶碰撞污染事故发生以来，天津市海上搜救中心调动天津所有海上清污力量，克服气候恶劣、风大浪高等困难，全力以赴投入清污行动。

据介绍，“塔斯曼海”号油轮在23日碰撞时泄漏的是轻质原油，闪点27度，凝固点29度，密度每立方厘米0.88克，易挥发。在这次清除污染的行动中，天津市海上搜救中心调派渤海石油公司、天津港务局轮船公司、烟台救捞局天津救助站、中燃天津分公司和天津海事局等单位的船舶，携带大量的吸油棉、消油剂、围油栏、撇油器等器材，倾尽全力地投入清污行动，共出动人员800余人次、船舶数十艘次、直升机3架次。

2002年11月24日上午，在保证油轮不向外溢油的情况下，天津海事局通知“塔斯曼海”轮到天津港锚地停泊，并派海事调查人员登轮调查取证。截至24日下午，仍有多艘船舶携带数十吨消油剂和清污材料在溢油区域继续开展清污工作。

与此同时，海事执法人员开始对污染事故进行调查处理。经调查认定“塔斯曼海”轮违反了《中华人民共和国海洋环境保护法》第62条、第65条的规定。依据该法的规定，对该轮给予20万元人民币的行政处罚。这是天津海事局成立以来对违法船舶实施数额最大的一起行政处罚。2003年1月8日，“塔斯曼海”轮船东及所属互保协会代理律师代表船东签收了对“塔斯曼海”的行政处罚。至此，天津海事局完成了对该轮的行政处罚程序。

为维护合法权利不受损害，天津市海洋局于2002年12月26日，将“塔斯曼海”轮的船东英费尼特航运有限公司、为该轮提供油污责任担保的伦敦汽船互保协会告上法庭，请求法院判令两被告赔偿由于“塔斯曼海”轮溢油而造成的巨额经济损失。此后，围绕这个案件的诉讼主体不断增加。天津市渔政渔港监督管理处和同样遭受损害的三家渔民协会（河北省滦南县渔民协会代表921户渔民和15户养殖户、塘沽区北塘渔民协会代表433户渔民、大沽渔民协会代表当地236户渔民）以及汉沽地区256户渔民、养殖户等多家原告就渔业资源遭受的损失提出巨额索赔。最终，此次索赔案共达10个诉讼主体，涉及自然人1500余人，总标的额达到1.7亿元人民币，其中，天津市海洋局索赔海洋生态环境损失的数额为9830万余元（包括海洋环境容量损失3600万元、海洋生态服务功能损失738万余元、海洋沉积物恢复费用2614万余元、潮滩生物环境恢复费用1306万余元、浮游植物恢复费用61万余元、游泳动物恢复费用939万余元、生物治理研究费用和监测评估费等580万余元）；天津市渔政渔港监督管理处索赔渔业资源损失的数额为1830万余元（包括直接渔业资源损失446.2万元、天然渔业资源损失1338.6万元、评估费50万元）。此外，滦南县渔民协会、塘沽区北塘渔民协会、塘沽区大沽渔民协会、汉沽地区渔民和养殖户提出的索赔经济损失金额分别为4100余万元、357万元、471余万元和1300余万元。此案成为我国最大的一起涉外民事索赔案。

面对1500余名原告的巨额索赔，两被告共同认为，一、众原告不具有诉权，无权索赔损失；二、本案应适用《1992年国际油污损害民事责任公约》（下称《1992责任公约》）、《国际油污赔偿基金索赔手册》（下称《索赔手册》）和《CMI油污损害指南》（下称《油污指南》），以及与上述公约、国际惯例或国际通行做法不相冲突的国内法。而根据《1992责任公约》《索赔手册》和《油污指南》，众原告的索赔请求应被驳回；三、众原告的索赔请求相重复。

2004年6月2日上午，天津海事法院开庭对滦南、北塘、大沽、汉沽1500余名原告的主体资格分别进行核对，逐一查看了每位原告的身份证、捕捞许可证、船舶所有权证等证明文件。

6月14日和23日，天津海事法院组织以“塔斯曼海”轮溢油事故为由请求赔偿的10个案件当事人共同召开了审前会议，各方当事人最终确定，“溢油量、溢油回收量、溢油品质特性及挥发量、污染面积、消油剂使用量及后果、污染前后海洋环境的质量状况及法律适用”等问题为各案共同涉及的争议焦点，并一致同意合并审理。

因此案案情极其复杂，涉及原告1500余人，10个案子又各有特点，为提高审判效率，法庭已提前召开了庭前会议，就各方有共性的争议焦点问题进行了归纳，集中进行审理。共同的争议焦点事实已经确定。分别为：1. 关于“塔斯曼海”船舶资料；2. 关于污染溢油量问题；3. 关于“塔斯曼海”轮溢油的品质；4. 关于溢油回收量问题和挥发量问题；5. 关于污染面积问题；6. 关于消油剂的使用量及后果问题；7. 关于污染前的环境质量问题；8. 关于污染后的环境整体评估问题。至于污染的恢复等相关问题，或与海洋局、或与渔港处、或与渔民等关系不大，将在此后的个案审理中分别进行。此外，包括“塔斯曼海”船舶登记证书等42项共同证据也已经确定。

“塔斯曼海”轮溢油案特点十分突出，有众多的“第一”：对审判而言，这是天津海事法院受理的第一起涉外油污诉讼案，也是中国加入《1992责任公约》后的第一起油污诉讼案；在法律适用上，存在着适用国际公约与国内法律的尝试；同时，此案的维权者还有海洋局，政府为“海洋”维权这在国内也是首次；另外，此案包含多个诉讼，涉案原告达1500余名，索赔标的总计高达1.7亿余元，预期此案的审判也将要打一场“持久战”。

2004年6月24日上午，天津海事法院公开开庭，对备受国内外瞩目的“塔斯曼海”轮溢油案主体部分——公共证据部分（诸如漏油量、污染区域、污染介质等）进行审理。“塔斯曼海”轮溢油案的审判“阵容”也十分强大，天津海事法院院长李柏华亲自担任“公共证据部分”庭审的审判长及天津市海洋局诉“塔斯曼海”轮案的审判长，副院长吴立群担任天津市渔政渔港监督管理处诉“塔斯曼海”轮案的审判长。另外，中国工程院院士丁德文等海洋专家也将出席法庭庭审，就案件的专业性问题当庭接受法官和当事人的询问。天津海事法院5名法官组成了“加强”合议庭。原告席上就有10名律师，分别为“塔斯曼海”轮案10起案件的代理人，两被告也各自派出一名代理人出庭参加诉讼。主要就10起案件的公共证据部分进行审理。开庭不久，法庭总结出了9个争议焦点。随后，法庭主持原被告双方就焦点问题进行事实调查和辩论。

2004 年岁末之际，“塔斯曼海”轮溢油事故巨额索赔案终将拉下大幕。继 6 月 24 日判令“塔斯曼海”轮船东及互保协会赔偿众受害渔民、养殖户 1700 万余元损失后，2004 年 12 月 30 日下午，天津海事法院将对天津市海洋局、渔政渔港管理处索赔案进行公开宣判。

海洋生态损失获赔 996 万余元。法院认为，渤海是半封闭的内海，海水交换持续时间长，自净能力较弱，此次溢油事故海域为我国必须进行污染物排放总量控制的重点海域，205.924 吨轻质原油入海，客观上造成了渤海湾的环境容量损失。法院同时认为，事故海域海洋沉积物中油类污染物，虽经过一年降低到沉积物质量一类标准，但平均油类含量仍比事故前高出 0.68 倍，因此该被污染海域的海洋沉积物应予修复，通过对庞大的有关海洋生态环境污损监测数据的分析查证，在最终核实原告相应损失的基础上，天津海事法院一审判决被告英费尼特航运有限公司赔偿原告天津市海洋局海洋环境容量损失 750.58 万元，赔偿原告天津市海洋局调查、监测评估费用及其生物修复研究经费等 245.2284 万元，并承担上述款项的利息损失；被告伦敦汽船互保协会承担连带责任。

当事人不服一审判决，向天津市高级人民法院提起上诉，天津市高级人民法院进行了二审审理。10 个个案中，法院对涉及渔民的 8 个案件中的 7 个维持原判，1 个驳回原告诉讼请求。

律师专线

该案是中国加入《1992 年国际油污损害民事责任公约》后，首例根据该公约向外国船舶公司保险人进行索赔的案件。该案不仅是中国最大的一起民事索赔案，也是最大的一起由于生态破坏引起的索赔案，涉及自然人 1500 余人。

首先，结合我国《海洋环境保护法》、《民法通则》等的规定，天津海洋局有诉讼主体资格。其次，依据《1992 责任公约》及《1992 年国际油污赔偿基金公约议定书》（下称《1992 基金公约》）2000 年修正案的规定，我国是《1992 责任公约》的缔约国，该公约对我国生效，但我国大陆地区并没有加入《1992 基金公约》，因此就条约法的内容来看，该公约及《索赔手册》和《油污指南》对我国并不适用；另外，从其形成和适用范围以及普遍接受程度考虑也不构成国际惯例，因此不属于我国的民事法律渊源，不适用于本案。

法律规范

中华人民共和国民法通则

（1986 年 4 月 12 日第六届全国人民代表大会第四次会议通过，1986 年 4 月 12 日中华人民共和国主席令第 37 号公布，自 1987 年 1 月 1 日起施行）

第一百二十四条　违反国家保护环境防止污染的规定，污染环境造成他人损害的，应当依法承担民事责任。

中华人民共和国海洋环境保护法

（1982 年 8 月 23 日第五届全国人民代表大会常务委员会第二十四次会议通过，1999 年 12 月 25 日第九届全国人民代表大会常务委员会第十三次会议修订）

第二条　在中华人民共和国管辖海域内从事航行、勘探、开发、生产、旅游、科学研究及其他活动，或者在沿海陆域内从事影响海洋环境活动的任何单位和个人，都必须遵守本法。

在中华人民共和国管辖海域以外，造成中华人民共和国管辖海域污染的，也适用本法。

第五条　国家海事行政主管部门负责所辖港区水域内非军事船舶和港区水域外非渔业、非军事船舶污染海洋环境的监督管理，并负责污染事故的调查处理；对在中华人民共和国管辖海域航行、停泊和作业的外国籍船舶造成的污染事故登轮检查处理。船舶污染事故给渔业造成损害的，应当吸收渔业行政主管部门参与调查处理。

第六十五条　船舶应当遵守海上交通安全法律、法规的规定，防止因碰撞、触礁、搁浅、火灾或者爆炸等引起的海难事故，造成海洋环境的污染。

第六十六条　国家完善并实施船舶油污损害民事赔偿责任制度；按照船舶

油污损害赔偿责任由船东和货主共同承担风险的原则，建立船舶油污保险、油污损害赔偿基金制度。

实施船舶油污保险、油污损害赔偿基金制度的具体办法由国务院规定。

第七十一条　船舶发生海难事故，造成或者可能造成海洋环境重大污染损害的，国家海事行政主管部门有权强制采取避免或者减少污染损害的措施。

第七十六条　违反本法规定，造成珊瑚礁、红树林等海洋生态系统及海洋水产资源、海洋保护区破坏的，由依照本法规定行使海洋环境监督管理权的部门责令限期改正和采取补救措施，并处一万元以上十万元以下的罚款；有违法所得的，没收其违法所得。

第九十条　造成海洋环境污染损害的责任者，应当排除危害，并赔偿损失；完全由于第三者的故意或者过失，造成海洋环境污染损害的，由第三者排除危害，并承担赔偿责任。

对破坏海洋生态、海洋水产资源、海洋保护区，给国家造成重大损失的，由依照本法规定行使海洋环境监督管理权的部门代表国家对责任者提出损害赔偿要求。

专家释惑

本文仅分析天津市海洋局诉英费尼特航运有限公司部分，在此案中有几个争议的主要问题：

1. 在适用《1992 年国际油污损害民事责任公约》，即《1992 责任公约》的情况下，是否可以扣押船舶？在本案中，在原告申请对“塔斯曼海”轮进行了扣押后，被告首先提出的是，由于中国已加入了《1992 责任公约》，是公约的缔约国，而公约规定每条油轮都必须持有财务保证证书。根据《1992 责任公约》公约，理论上，在诉讼进行实体审理前，无论其是否建立了责任限制基金，其财产都可以扣押。

2. 《1992 基金公约》和《索赔手册》及《油污指南》是否适用于我国？《1992 基金公约》对本案并不适用，所谓《1992 基金公约》是否对中国有约束力的争议，主要是因为中国参加了《1992 责任公约》，香港既参加了《1992 责任公约》也参加了《1992 基金公约》。因此，中国作为《1992 责任公约》的缔约国，加入了《1992 责任公约》，但同时作了保留，声明《1992 基金公约》仅适用于香港特别行政区，已经明确指明了法律适用的范围，对于中国内地是不适用的。《索赔手册》和《油污指南》均不是国际惯例，国际惯例一般是指由政府间国际组织制定的示范法或由国际组织制定的被普遍接受的、没有争议的规则。国际惯例的制定应该是由各方面利益的代表进行协商而作出的妥协，因而代表了各方面的利益，不是单方利益的表示。之所以政府间的国际组织或知名的民间组织制定的示范法或规则有可能成为国际惯例，正是因为政府间的国际组织在制定示范法或规则时，不是由某些利益的代表进行磋商，互相妥协，而是兼顾了各方的利益，因而才有可能被普遍适用，才有可能成为国际惯例。作为国际惯例，必须是各有关利益方没有重大争议，因而普遍被适用的一种规则。所谓的国际惯例，正是因为其没有重大的争议，才能被适用。由于主要的油污责任险的承保人保赔协会承认《索赔手册》和《油污指南》，《1992 基金公约》秘书处也承认《索赔手册》和《油污指南》，因此如果不是诉讼的话，在向保赔协会或秘书处索赔时，手册和指南起着重要的作用。但是在诉讼的情况下，法院要对《1992 责任公约》的规定进行解释并且进行适用，并不是公约一部分，且未成为国际惯例的《索赔手册》和《油污指南》，显然不能成为定案的根据。依据以上推理，《索赔手册》和《油污指南》不属于我国参加的公约或公约的组成部分，从其形成和适用范围以及普遍接受程度考虑也不构成国际惯例，因此不属于我国的民事法律渊源，不适用于本案。

3. 本案共同涉及的问题作为共同证据是否能进行合并审理？在本案中，起诉的诉讼请求主要有三种性质的索赔。一是对海洋环境污染的索赔，二是渔政对渔业生产资源的索赔，三是渔民捕捞损失的索赔，总共有10个原告。在本案中，“塔斯曼海”轮溢油事故给渤海湾的生态环境造成了严重的损害。而且，众所周知，海洋生态环境是一个综合性的整体，它涉及渔业、养殖捕捞、海洋生态、海洋生物等各个方面。因此可以说，“塔斯曼海”轮溢油事故给海洋生态环境究竟造成了多大的损害，是涉及本案所有原告的共同问题。比如说，溢油量的多少对所有案件都是非常重要的，事故海域前的海洋生态状况和事故后的海洋生态状况对所有的诉讼均是非常重要的，也是必须查明的案件事实。

在本案中，本次溢油给海洋生态环境造成了什么样的污染损害，是本案所有的原告所必须查明的一个客观事实。如果不进行合并审理，势必10个案件要审理10次完全相同的一个问题，显然对加快案件的审理速度和节省司法资源没有任何意义。而且，只有将海洋生态环境的损害这一问题合并审理，才能查清海洋生态环境受损的真实情况。

4. 海域污染前后的环境质量的环境整体评估如何定性及重要性如何？海洋环境质量，与本案的所有原告均是紧密相连的。如果海洋环境被污染了，鱼群肯定就会远离被污染区域，污染区内的软体生物如章鱼以及贝类生物肯定活性减弱，生物资源的产量就会大幅度地减少，会给渔民的收入造成大幅度的降低。同理，由于溢油污染了海域，渔业资源肯定会大量地减退。因此，污染后的环境整体质量的评估对所有的案件都是至关重要的。

5. 天津市海洋局是否具有原告主体资格？依据《中华人民共和国海洋环境保护法》，至少明确了两点问题：一是海洋生态、海洋水产资源、海洋保护区为国家所有，其损失是国家损失，赔偿要求是国家要求，国家损失民事权利主体为国家；二是由依照本法规定行使海洋环境监督管理权的部门代表国家行使国家民事权利。海洋局有权利代表国家提起诉讼，尽管海域管辖没有严格的地域限制，但天津市海洋局作为与事故发生地十分邻近的海域部门有权利就海洋生态环境所遭受的损失代表国家提起诉讼。

28. 两船相撞污染海洋环境，外籍船是否也应承担法律责任？

案例 28 油船撞沉之后……

事情是这样的

1996 年 5 月 1 日，凌晨 4 时渤海湾浓雾笼罩，浙江省普陀沈家门“浙普鱼油 31”号船（载量只有 500 吨）自大连港开航，装载着 N46 润滑油 209 吨、40CA 柴油、润滑油 271 吨正在驶往龙口港途中。当船航行至老铁山水道东口约 38°30′北 120°02′东处时，突然与一艘由西向东航行的不明国籍的大货轮发生相撞事故，“浙普鱼油 31”号中部二舱 2/3处被大货轮撞损，棕褐色的润滑油从破损处迅速外溢，并在海面上形成一条长长的飘浮油带。外籍大货轮既没有向我国有关部门报告，也没有按国际船舶碰撞有关规定采取相应的救助措施，而是趁着浓烟，匆匆向东北方向逃逸。“浙普鱼油 31”号轮在失去平衡的时候，不得不发出求救信号。恰逢南京海运学院实习的“育航”号航船经过附近，收到求救信号随即投入抢救。不久“浙普鱼油 31”号沉没。“浙普鱼油 31”号被撞沉后，大部分原油泄漏在海面，为了清污，中国海上搜救中心、海军驻旅顺部队、大连海上安全监督局、山东和辽宁海上搜救中心派出各种船艇 15 艘次、飞机 4 架次，清污 30 多次，参加人次达 300 余人次，共回收原油 110 余吨，并打捞出“浙普鱼油 31”号轮。海上油污基本清除。

律师专线

本案是因船舶碰撞所导致的海洋环境污染案。在这个案件中，浙江省普陀沈家门“浙普鱼油 31”号船与一艘由西向东航行的不明国籍的大货轮发生相撞事故。在这个船舶碰撞案中，尽管是因“浙普鱼油 31”号被撞沉后，发生原油泄漏，但海域污染应该是由“浙普鱼油 31”号船和不明国籍的大货轮的共同行为造成，依据“污染者负担”原则，清污责任（至少是清污费用）应由两者共同承担。然而，在事故发生后，外籍船没有采取任何措施反而直接逃逸，依照法律规定应当追究其刑事责任。

首先，根据我国《海洋环境保护法》规定：本法适用于中华人民共和国内水、领海、毗连区、专属经济区、大陆架以及中华人民共和国管辖的其他海域。在中华人民共和国管辖海域内从事航行、勘探、开发、生产、旅游、科学研究及其他活动，或者在沿海陆域内从事影响海洋环境活动的任何单位和个人，都必须遵守本法。因此，在该案中无论是不明国籍的外国船，还是“浙普鱼油 31”号都应适用我国《海洋环境保护法》的规定。

其次，因船舶原油泄漏导致海洋环境污染，即造成海洋污染的行为系船舶碰撞所致。我国环境保护法规定造成环境污染危害的，有责任排除危害，并对直接受到损害的单位或者个人赔偿损失。在此案中，造成船舶漏油，导致海洋环境污染系因两船相撞所致，因此，“浙普鱼油 31”号船和不明国籍的大货轮都应承担污染损害的排除责任。但是，在船舶碰撞事故中，船舶碰撞人因一些原因不能独立地完全履行责任。在这类事故中，责任人不一定是实际履行者。根据我国《海洋环境保护法》规定，船舶发生海难事故，造成或者可能造成海洋环境重大污染损害的，国家海事行政主管部门有权强制采取避免或者减少污染损害的措施。

另外，在此案中，由于事故责任人一方逃逸，如果不及时采取措施，可能导致履行不能的情况发生，因此，国家相关部门应该及时采取措施，一方面以防污染事故进一步扩大，控制污染；另一方面，要采取积极措施，将事故责任人缉拿归案，以保障当事人的合法权益。在此案中，“浙普鱼油 31”号应承担污染损害赔偿和尽量减少污染损害的责任，外籍船也应承担相应的责任。

法律规范

中华人民共和国海洋环境保护法

（1982 年 8 月 23 日第五届全国人民代表大会常务委员会第二十四次会议通

过，1999 年 12 月 25 日第九届全国人民代表大会常务委员会第十三次会议修订）

第七十一条　船舶发生海难事故，造成或者可能造成海洋环境重大污染损害的，国家海事行政主管部门有权强制采取避免或者减少污染损害的措施。

第九十条　造成海洋环境污染损害的责任者，应当排除危害，并赔偿损失；完全由于第三者的故意或者过失，造成海洋环境污染损害的，由第三者排除危害，并承担赔偿责任。

对破坏海洋生态、海洋水产资源、海洋保护区，给国家造成重大损失的，由依照本法规定行使海洋环境监督管理权的部门代表国家对责任者提出损害赔偿要求。

第九十一条　对违反本法规定，造成海洋环境污染事故的单位，由依照本法规定行使海洋环境监督管理权的部门根据所造成的危害和损失处以罚款；负有直接责任的主管人员和其他直接责任人员属于国家工作人员的，依法给予行政处分。

中华人民共和国环境保护法

（1989 年 12 月 26 日第七届全国人民代表大会常务委员会第十一次会议通过，1989 年 12 月 26 日中华人民共和国主席令第 22 号公布，自公布之日起施行）

第四十一条　造成环境污染危害的，有责任排除危害，并对直接受到损害的单位或者个人赔偿损失。

赔偿责任和赔偿金额的纠纷，可以根据当事人的请求，由环境保护行政主管部门或者其他依照法律规定行使环境监督管理权的部门处理；当事人对处理决定不服的，可以向人民法院起诉。当事人也可以直接向人民法院起诉。

专家释惑

所谓海洋环境污染，《联合国海洋法公约》第 1 条定义为：“人类直接或间接地把物质或能量引入海洋环境，其中包括河口湾，以致造成或可能造成损害生物资源和海洋生物、危害人类健康、妨碍包括捕鱼和海洋的其他正当用途在内的各种海洋活动、损害海水使用质量和减损环境优美等有害影响。”我国《海洋环境保护法》将海洋环境污染定义为直接或者间接地把物质或者能量引入海洋环境，产生损害海洋生物资源、危害人体健康、妨害渔业和海上其他合法活动、损害海水使用素质和减损环境质量等有害影响。海洋污染就其污染造成的原因包括海岸工程污染、石油勘探污染、陆源污染物污染、船舶污染以及海洋倾废污染等五大类，但随着人类对海洋利用领域的不断拓宽，海洋污染的类型和深度也不断扩大化，如海洋核污染。而且，海洋污染与海洋生态破坏几乎同时破坏着海洋的可持续利用和人类的可持续发展。

因船舶利用所导致的海洋污染是一个比较久远的话题。我国先后制定了《防止船舶污染海域管理条例》《防止拆船污染环境管理条例》等，并在1999年《海洋环境保护法》修正中加入了防治船舶及有关作业活动对海洋环境的污染损害的专章，以对海洋船舶污染或可能造成的损害进行及时的处理。此外，我国还先后加入了《国际防止船舶污染公约》和《联合国海洋法公约》等。

第九章　水资源保护案例

内容提要

目前，由于水资源保护法律规定缺少针对性、操作性不强、制度间相互分割甚至抵触，同时还存在诸多的法律空白，导致了水资源进一步恶化。因此，急需对水资源进行优化配置，以实现对水资源的可持续利用。

29. 流域饮用水水源安全如何保障?

案例 29　太湖流域蓝藻事件

事情是这样的

据《扬子晚报》报道，2007 年 5 月 29 日上午，不少无锡市民反映，一夜之间，他们家自来水管里流出的水如同下水道的水一样臭。记者来到震泽二村 54 号 303 室宗清波家，他打开厨房的水龙头盛了一碗水送到记者鼻子边，一股难闻的臭味扑鼻而来。宗清波告诉记者，早晨起床后，他拿毛巾洗脸时就闻到有股臭味。宗清波随后装了一盆自来水放在厨房里，不一会儿整个厨房里飘散着一阵阵臭味。自来水为何一夜间臭味难挡?

记者从自来水公司得到的解释是：连续高温高热，导致太湖蓝藻在短期内积聚爆发，导致水源水质恶化，最终城区出现了大范围的自来水发臭现象。太湖多处湖面爆发大规模蓝藻，在情况特别严重的梅梁湖，湖水几乎像绿色油漆一样浓稠。记者从太湖流域管理局了解到，2007 年太湖第一次爆发蓝藻的时间是4月25日，这比往年提前了近1个月。

中国科学院南京地理与湖泊研究所的专家指出，导致太湖蓝藻提前爆发的主要原因是持续多年的暖冬积温，尤其在2007年4月份，太湖流域平均水温是近25年中最高的，达到了19.56℃，非常适合藻类生长。此外，2007年1~4月份偏南风风场也显著高于往年平均值，这使得太湖内其他湖区的藻类向梅梁湖集中。梅梁湖100多平方公里水域恰似一个水体相对静止的“大口袋”，偏南风一吹，这个“大口袋”就成了整个太湖蓝藻的聚集处。

无锡自来水公司称：“我们自来水公司已经采取了所有能够使用的过滤和净化手段，几乎不计成本，使用了包括平时用来深度净化的活性炭以及高锰酸钾，但还是难以从根本上除掉臭味。”无锡市自来水总公司宣传处的华丹告诉记者，由于前几年江苏省发文要求无锡市禁止开采地下水，目前无锡市居民的生活用水全部来自太湖。“蓝藻每年都会爆发，但这次规模最大，对自来水供应的影响也最严重。部分净水厂减产，梅园水厂因为实在处理不了停产了，但无锡总体上还能保证居民用水的供应。”另外，据华丹介绍，出现蓝藻后，无锡市自来水总公司还调用了5艘清淤船，将取水口周围表面的蓝藻清除干净，不过一时还难以净化取水口的水质。华丹告诉记者，目前经过处理的自来水除了有臭味之外，其他指标完全符合国家饮用水标准。“烧开之后饮用不会影响身体健康，但就是有一股臭味，我们自己也是饮用自来水的。”至于带臭味的自来水带还会持续多久，华丹称现在还不清楚。

律师专线

此事件引起国家对湖泊治理的高度重视。“是到了让湖泊休养生息的时候了！”2007年7月12日上午，国家环保总局局长周生贤在安徽合肥召开的“全国湖泊污染防治工作会议”上表示，“江河湖泊已经不堪重负”。这是国家环保总局针对湖泊污染治理问题首次召开的高规格会议。来自国家发改委、财政部、建设部、水利部、农业部，以及全国重点湖泊流域省（市、自治区）政府有关负责人、全国环保部门领导悉数到场。“我们要下大力气、下真功夫，采取有力和坚决的措施，遏制湖泊水质恶化的趋势，全面开展对湖泊水环境整治的攻坚。”7 月 13 日，周生贤在合肥语气坚定地指出，“环境隐患无处不在，一旦诱因出现随时可能引发环境事件”。

太湖流域开展积极的治理工作。据太湖流域管理局的监测数据，随着未来一段时间气温的升高，太湖蓝藻规模将进一步扩大。中科院南京地理与湖泊研究所的专家建议，要在鼋头渚至大箕山一线，采用围栏，将梅梁湖主要景观湖区与外太湖隔离，减少外来湖面的蓝藻进入景观湖区。在不影响防洪安全的前提下，利用太湖现有水利工程增加湖水量，提升太湖水位，降低湖水升温速度，以减缓藻类的生长繁殖。中科院青岛海洋研究所的专家提出，借鉴南京玄武湖的治理经验，在蓝藻堆积严重的区域，喷洒黏土，吸附藻类沉降至湖底。江苏省环保厅的专家则认为，要进一步重视太湖上游的河道保护，严禁氮磷含量高的污染物流入太湖，整个太湖流域要综合治理，否则蓝藻治理永远只能是重复治标不治本的“无用功”。据了解，太湖流域正在着手建立蓝藻爆发应急机制，加强监测和应急处理。江苏省等有关部门将赶在蓝藻更大规模爆发之前，加大“引江济太”力度，实施调水工程，控制蓝藻生长，同时采取拦截、人工打捞蓝藻等方法，减少蓝藻对湖面景观的影响。

法律规范

中华人民共和国水污染防治法

（2008 年 2 月 28 日第十届全国人民代表大会常务委员会第三十二次会议修订通过，自 2008 年 6 月 1 日起施行）

第五十六条　国家建立饮用水水源保护区制度。饮用水水源保护区分为一级保护区和二级保护区；必要时，可以在饮用水水源保护区外围划定一定的区域作为准保护区。

饮用水水源保护区的划定，由有关市、县人民政府提出划定方案，报省、自治区、直辖市人民政府批准；跨市、县饮用水水源保护区的划定，由有关市、县人民政府协商提出划定方案，报省、自治区、直辖市人民政府批准；协商不成的，由省、自治区、直辖市人民政府环境保护主管部门会同同级水行政、国土资源、卫生、建设等部门提出划定方案，征求同级有关部门的意见后，报省、自治区、直辖市人民政府批准。

跨省、自治区、直辖市的饮用水水源保护区，由有关省、自治区、直辖市人民政府协商有关流域管理机构划定；协商不成的，由国务院环境保护主管部门会同同级水行政、国土资源、卫生、建设等部门提出划定方案，征求国务院有关部门的意见后，报国务院批准。

国务院和省、自治区、直辖市人民政府可以根据保护饮用水水源的实际需要，调整饮用水水源保护区的范围，确保饮用水安全。有关地方人民政府应当在饮用水水源保护区的边界设立明确的地理界标和明显的警示标志。

第五十七条　在饮用水水源保护区内，禁止设置排污口。

第五十八条　禁止在饮用水水源一级保护区内新建、改建、扩建与供水设施和保护水源无关的建设项目；已建成的与供水设施和保护水源无关的建设项目，由县级以上人民政府责令拆除或者关闭。

禁止在饮用水水源一级保护区内从事网箱养殖、旅游、游泳、垂钓或者其他可能污染饮用水水体的活动。

第五十九条　禁止在饮用水水源二级保护区内新建、改建、扩建排放污染物的建设项目；已建成的排放污染物的建设项目，由县级以上人民政府责令拆除或者关闭。

在饮用水水源二级保护区内从事网箱养殖、旅游等活动的，应当按照规定采取措施，防止污染饮用水水体。

第六十条　禁止在饮用水水源准保护区内新建、扩建对水体污染严重的建设项目；改建建设项目，不得增加排污量。

第六十一条　县级以上地方人民政府应当根据保护饮用水水源的实际需要，在准保护区内采取工程措施或者建造湿地、水源涵养林等生态保护措施，防止水污染物直接排入饮用水水体，确保饮用水安全。

第六十二条　饮用水水源受到污染可能威胁供水安全的，环境保护主管部门应当责令有关企业事业单位采取停止或者减少排放水污染物等措施。

第六十三条　国务院和省、自治区、直辖市人民政府根据水环境保护的需要，可以规定在饮用水水源保护区内，采取禁止或者限制使用含磷洗涤剂、化肥、农药以及限制种植养殖等措施。

第六十四条　县级以上人民政府可以对风景名胜区水体、重要渔业水体和其他具有特殊经济文化价值的水体划定保护区，并采取措施，保证保护区的水质符合规定用途的水环境质量标准。

第六十五条　在风景名胜区水体、重要渔业水体和其他具有特殊经济文化价值的水体的保护区内，不得新建排污口。在保护区附近新建排污口，应当保证保护区水体不受污染。

专家释惑

所谓蓝藻，又称蓝绿藻，是一种最原始、最古老的藻类植物。蓝藻在地球上出现是在距今35亿至33亿年前，现在已知1500多种，分布十分广泛，遍及世界各地，但主要为淡水产。有少数可生活在60℃~85℃的温泉中，有些种类和真菌、苔藓、蕨类和裸子植物共生。在一些营养丰富的水体中，有些蓝藻常于夏季大量繁殖，并在水面形成一层蓝绿色而有腥臭味的浮沫，称为“水华”，加剧了水质恶化，对鱼类等水生动物，以及人、畜均有较大危害，严重时会造成鱼类的死亡。

对本案的法理分析主要从以下方面入手：

1. 实行流域饮用水源保护的管理体制

按流域进行水环境的一体化管理是大势所趋。我国的《水污染防治法》《水法》等有关法律显然已经确立了这一思想，尤其是《水法》对水环境管理体制作了很大改变，将“统一管理与分级、分部门管理相结合”统一改为“实行流域管理与行政区域管理相结合”的管理体制，加强了水资源的统一管理，并确定了流域水资源保护机构的法律地位。这不仅体现了对水资源流域属性的重视，而且力图通过公共权力合理配置以协调水资源。

但是目前我国的水资源管理体制仍存在着一些不足之处。存在着“统一管理与分级、分部门管理相结合”的《水污染防治法》管理体制和“统一管理和流域管理与行政区域管理相结合”的《水法》管理体制相矛盾的情况。具体表现如下：(1) 缺乏流域级的水环境管理（或水污染防治）机构或机制；(2) 现有的机构之间职责权限交叉不清，导致重复劳动和互相牵制，严重影响流域水环境管理制度的实施等。

根据我国的国情，在我国饮用水水源管理中应当进一步理顺饮用水水源管理体制，以流域饮用水水源管理为主，流域管理和区域管理相结合，实行统一规划、综合决策、综合协调、统一监督的流域管理与分工负责、执法有效的区域管理相结合的原则和制度。在中央一级，有必要在现有部门管理机构的基础上成立具有协调功能的饮用水水源委员会，负责全国饮用水水源的协调管理，协调现有与饮用水水源管理有关的部门的职能。在流域层次，重组流域饮用水水源管理机构，成立包括各方利益代表参加的委员会形式的机构，独立于现有国家机构，行使中央饮用水水源管理委员会或流域法规授予的管理职能。同时建立具有行政管理职能的流域饮用水水源污染防治管理机构。根据饮用水水源按流域一体化管理的要求，该机构应是流域饮用水水源管理机构的执行机构（或职能部门），负责流域饮用水水源污染防治工作的统一监督管理。它是处于中观层次的饮用水水源污染防治机构，在中央国家机构与地方行政区域环境保护机构之间起桥梁作用。同时它又具有直接执法权。如果流域内某个行政区域的环境保护管理机构执法不力，流域机构可以直接在该区域执法。这样一种流域水污染防治机构，与中央国家机构的关系更多表现为一种横向分权的关系，与地方环境保护机构的关系更多表现为纵向的上下级关系。在地方一级，主要由地方环境保护部门执行饮用水水源污染防治的监督管理工作。但现有环境保护机构在开展工作时必须服从流域饮用水水源污染防治的统一规划和计划，服从流域管理机构的统一协调管理。

2. 采取预警和应急措施

预警至少包括以下内容：(1) 预警部门需对所管辖饮用水水源地进行水质检测，提出水源地的脆弱性报告，对水源地可能发生的事故进行分析预测。预警部门需建立管辖饮用水水源地和历史水污染数据库，并组成专家预报和计算机预报的预报系统，对水源地情况进行分析预报。(2) 对有关饮用水水源保护监督管理部门的事故调查、监测、处理、报告和通报及应急措施进行规定，切实发挥其作用，预防污染事故发生。在事故发生之初立即采取措施予以制止，同时通报可能受到污染和破坏危害的单位和个人，避免或减少对人体健康、生命安全的危害和经济损失。(3) 对发生或可能发生跨行政区域危害的饮用水水源污染事故的通报制度作出规定。实行饮用水水源的联合保护，上游地区发生污染事故通报下游地区，使下游地区能及时采取措施，预防或减少对人体生命健康的损害和财产的损失。(4) 在立法中强制要求制定水资源污染事故和灾害应急方案，并应当有较多的条款，对此作出明确、具体的专门规定。

应急至少包括以下内容：(1) 明确规定水资源污染事故和灾害应急抢险救灾工作实行各级人民政府行政首长负责制，统一指挥和组织有关部门、单位，动员社会力量，各部门、单位和个人必须服从应急抢险救灾指挥机构的指挥，执行应急抢险救灾的紧急措施。(2) 实行水资源污染事故和灾害防灾应急预案制度，国家环境保护行政主管部门应当会同建设、卫生、交通、国土等部门，建立饮用水水源突发污染事件应急处置技术库。饮用水源保护区内、保护区附近、地表水源保护区上游的工业企业、污水处理厂、垃圾填埋场、化学品仓库等单位实施应急物资储备制度，根据应急处置技术库的技术方案，建立重点应急物资储备库，用于饮用水水源突发污染事件的应急工作，以保证应急抢险救灾活动顺利、有效地进行。

(3) 为保证灾害、灾情报告的准确、具体、可靠，为抢险救灾应急提供实行真实情况，保证社会稳定，应当实行水资源污染事故和灾害预报的统一发布制度。(4) 实行抢险救灾强制应急措施制度，包括险（灾）情确认，划定灾区范围，调集抢险救灾人员，临时征用装备物资，组织人员疏散安置和财产转移，实行交通管制和水域隔离、关闭、封锁，开辟备用水源和应急供水，控制和消除污染等措施。(5) 规定抢险救灾强制应急的善后工作指导原则。

3. 实行流域和区域限批制度

自 2005 年的松花江事件以来，我国已进入水污染事故高发期。2007 年夏天以来的太湖、滇池、巢湖的蓝藻污染接连爆发，更标志着我国进入了水污染密集爆发阶段。来自国家环保总局的统计数据也显示，2006 年七大水系Ⅴ类和劣Ⅴ类水质已占 26%。国家重点监控的 9 大湖泊中整体水质为Ⅴ类和劣Ⅴ类水质的就达 7 个。国家环保总局局长周生贤表示，要加强对刚刚公布的限批地区、挂牌督办企业的执法监督工作，督促落实各项整改措施。国家环保总局也将派督察组赴各流域和城市进行现场督察，定期公布整改进展情况，让全社会监督流域水污染防治。

在此次第一批“流域限批”的基础上，国家环保总局也将逐步展开对珠江、辽河、长江流域以及重点海域持续不断的检查执法行动。潘岳表示，国家环保总局希望能通过实施“流域限批”，探索出一条能将行政手段、市场力量、公众参与等全面结合的流域污染防治新思路。

而针对当前严峻的水污染形势，周生贤也表示，2007 年下半年，要进一步加强环境执法监管，对环境违法突出的地区实行“区域限批”。此后，对没有完成淘汰落后产能任务的地区，对环境违法现象突出的地区，对超过总量指标、重点项目未达到目标责任要求的地区，对城市污水处理设施建设严重滞后、不落实收费政策、污水处理厂建成后一年内实际处理水量达不到设计能力60%的，以及已建成污水处理设施但无故不运行的地区，都要实行“区域限批”，以有效遏制全国重点流域水质恶化趋势。

4. 完善相关饮用水水源保护法律措施

（1）防治点源和面源污染

应在立法中规定调整乡镇企业布局，淘汰落后和污染严重的设备，切实治理点源污染，对重点污染源应限期治理；对人口较多的重点乡镇，应建立污水收集与处理工程，防止污水流入水源地；严格控制化肥、农药施用量及其污染，利用生物治虫害消减农药施用量，采用高效、长效、低毒性新型农药，改进耕作制度，科学施用化肥及农药；完善农家厕所，有条件的地方应就地进行无害化处理或逐步完善；兴建下水道系统及污水处理工程及设施，发展农家沼气池处理粪便，回收沼气，综合利用沼渣和沼液。

（2）加强对饮用水水源水质检验

制定更为严格的自来水标准，国家标准委和卫生部联合修订出台了《生活饮用水卫生标准》。新修订的《生活饮用水卫生标准》，指标由原标准的35项增至106项，并对原标准35项指标中的8项进行了修订。分散式饮用水水源的水质，应由当地卫生防疫站、环境卫生监测站根据需要进行检测。要加强对饮用水水源、水厂和用水点的水质监测，对取水、制水、供水实施全过程管理，及时掌握饮用水水源环境、供水水质状况，并定期检查。

（3）设置卫生防护地带

分散式饮用水水源的卫生防护要求由当地卫生防疫站、环境卫生监测站提出，由使用单位执行。以地面水为水源时参照下列规定要求，即取水点周围半径1000米的水域内，严禁捕捞、停靠船只、游泳和从事其他可能污染水源的任何活动，并由供水单位设置明显的范围标志和严禁事项的告示牌；以地下水为水源时，水井周围30米的范围内，不得设置渗水厕所、渗水坑、粪坑、垃圾堆和废渣堆等污染源，并建立卫生检查制度。

5. 加强公众参与

必须要在公众中广泛宣传有关饮用水水源保护的知识和保护的意义，使其真正认识到饮用水水源对当代人和后代人的战略意义，并牢固树立“保护水资源，人人有责”的思想，树立节水观念，做到珍惜每一滴水。充分利用电视、广播、网络等媒体揭露和批评对水资源的破坏行为，鼓励和表扬保护、节约行为，鼓励公众对破坏现象进行监督，在全社会掀起爱水、节水、护水运动；增设鼓励性规定，鼓励公众参与到监督、管理和保护饮用水水源的进程中来，加大对饮用水水源保护的广度和深度。

结合本案，无锡市水利局已制定紧急措施，启动望虞河“引江济太”。常熟枢纽已累计抽引长江水4.418亿立方米，通过望亭立交进入太湖的长江水已累计达1.755亿立方米，有效地补充了太湖水量，缓解太湖水位的降低，也缓解了太湖水质的进一步恶化。同时，通过梅梁湖泵站将梅梁湖的水调往梁溪河，经梁溪河入京杭大运河。这项措施可增加梅梁湖水域水体流动，使得“引江济太”补充的水量向梅梁湖水域流动，以达到改善梅梁湖水域水质的效果。“引江济太”和梅梁湖泵站调水同时实施，使得“江湖联调”成为现实。同时，通过落实各项政策和措施，切实保障居民的饮用水源安全。

30. 农村饮用水水源保护成为当务之急

案例30　江苏沛县鹿楼镇井水污染案

事情是这样的

在江苏沛县鹿楼镇有个村有条河常年遭受污染，污水渗进地下水源，不少百姓喝的都是带有颜色和气味的井水；沛县疾病预防控制中心抽样化验发现，有多项指标严重超出国家标准，长期饮用可导致癌症。可是，县委宣传部一位干部说，农村饮用水超标是十分正常的现象，“不干不净吃了没病”。话里透出对于农民身体健康的冷漠和无视，令人震惊。

在一些干部的漠视下，一些农村饮用水污染问题越来越严重。在江苏宜兴市，一些村庄的饮用水水源遭受化工污染，老百姓不敢饮用，有些村民趁机在村里做起了“卖水”的生意。沛县鹿楼镇一位副镇长当时向记者承诺，争取在一个月内解决问题。但几个月过去了，问题仍然摆在那里。记者的一位朋友向当地政府反映这些情况，一位干部竟回答：“你把你父母从农村接到城里居住不就行了嘛！”按照这位干部的逻辑，那些无法搬走的农民只能一边埋怨没有本事搬家，一边饱受污染之痛了！

漠视必然带来恶果。据卫生和水利部门的初步调查以及联合国的评估，我国农村约有1.9亿人的饮用水有害物质含量超标。由于一些农村的水污染并没有进入有关部门和机构的视野，在有的地方，问题可能比这还要严重。

律师专线

以上这个案例涉及的是农村饮用水水源安全的问题，如何防治农村饮用水污染，保障农村饮水安全成为重中之重的问题。获得安全饮用水是人类的基本需求，事关人民群众的身心健康和生命安全，关系到建设社会主义新农村和全面建设小康社会宏伟目标的实现。目前，全世界都在关注饮用水安全问题。

胡锦涛总书记早在2003年中央人口资源环境工作座谈会上就强调指出：“环境保护工作，要着眼于让人民喝上干净的水、呼吸上清洁的空气、吃上放心的食物、在良好的环境中生产生活。”温家宝总理在政府工作报告中提出：“我们的奋斗目标是，让人民群众喝上干净的水、呼吸清新的空气，有更好的工作和生活环境。”这个目标，必须落实到干部业绩考核的手段上。水利部副部长矫勇也表示，水利工作要把切实保障人民群众生命安全和健康作为首要目标，重点解决关系人民群众切身利益的防洪安全和饮用水安全问题。“十一五”期间，要进一步加强农村水利基础设施建设，优先解决1亿农村群众饮水不安全的问题。

法律规范

中华人民共和国水污染防治法

（2008年2月28日第十届全国人民代表大会常务委员会第三十二次会议修订通过，自2008年6月1日起施行）

第四十七条　使用农药，应当符合国家有关农药安全使用的规定和标准。

运输、存贮农药和处置过期失效农药，应当加强管理，防止造成水污染。

第四十八条　县级以上地方人民政府农业主管部门和其他有关部门，应当采取措施，指导农业生产者科学、合理地施用化肥和农药，控制化肥和农药的过量使用，防止造成水污染。

第四十九条　国家支持畜禽养殖场、养殖小区建设畜禽粪便、废水的综合利用或者无害化处理设施。

畜禽养殖场、养殖小区应当保证其畜禽粪便、废水的综合利用或者无害化处理设施正常运转，保证污水达标排放，防止污染水环境。

第五十条　从事水产养殖应当保护水域生态环境，科学确定养殖密度，合理投饵和使用药物，防止污染水环境。

第五十一条　向农田灌溉渠道排放工业废水和城镇污水，应当保证其下游最近的灌溉取水点的水质符合农田灌溉水质标准。

利用工业废水和城镇污水进行灌溉，应当防止污染土壤、地下水和农产品。

饮用水水源保护区污染防治管理规定

（国家环境保护局、卫生部、建设部、水利部、地矿部，1989年7月10日颁布，同日起施行）

第十一条　饮用水地表水源各级保护区及准保护区内均必须遵守下列规定：

一、禁止一切破坏水环境生态平衡的活动以及破坏水源林、护岸林、与水源保护相关植被的活动。

……

四、禁止使用剧毒和高残留农药，不得滥用化肥，不得使用炸药、毒品捕杀鱼类。

专家释惑

保障农村饮用水水源安全应至少从以下几个方面入手：

1. 完善农村饮用水保护相关法律法规

我国目前还没有对饮用水水源地保护的综合性法律法规，现阶段饮用水水源保护法律制度主要散见于以下法律法规：《环境保护法》、《水污染防治法》及其《实施细则》、《水法》。另外，1989 年五部委联合颁布的《饮用水水源保护区污染防治管理规定》（以下简称《规定》），是我国现今唯一一部最为集中规定饮用水水源地保护的部门规章，但由于制定年代较早，法律效力层级较低，内容过于粗糙，只能对我国这方面的保护起到一种指导作用。总体来讲，我国现在并没有专门的饮用水水源地保护法，相关法律法规也较为松散，缺乏系统性和整体性。

因此，有必要制定《饮用水水源污染防治管理条例》，加强饮用水水源的污染防治工作，确保人民群众的饮水安全和身体健康。

2. 完善相关的法律制度

(1) 进一步明确和落实环保及执法部门的职权和职责

地方各级人民政府要加强领导，把这项工作纳入重要议事日程，层层分解任务，建立领导责任制和责任追究办法，抓好各项措施的落实。各有关部门要各司其职，密切配合，加大工作力度，共同做好饮用水安全保障工作。当饮用水水源地保护和当地经济发展产生冲突的时候，某些地方政府选择以牺牲环境为代价换取当前的经济利益，以行政权力压制环保部门的执法权。此外，现在的环保执法往往是环保、水利、国土等多部门联合执法，因此在执法中的各部门权责划分应当明确，以保证在当饮用水水源遭受污染侵害的时候，各部门能各司其职，各担其责，积极配合，快速反应，提高执法效率，改善执法效果。

(2) 防治点源和面源污染

应在立法中规定严格实行污染物排放总量控制，严厉打击违法排污行为，积极推进循环经济，加快推行清洁生产。定期对集中供水水源保护区检查，对查出的问题要进行专项整治并挂牌督办。对违法违规建设的项目，要责令停建并限期治理整顿或拆除；对排污超标的企业和单位，要责令限期达标排放或搬迁。要积极开展农业面源污染防治，指导农户合理施用化肥、农药，严禁使用高毒、高残留农药，推广水产生态养殖，推进畜禽粪便和农作物秸秆的资源化利用。

(3) 加强对饮用水水源水质检验

分散式饮用水水源的水质，应由当地卫生防疫站、环境卫生监测站根据需要进行检测。要加强对饮用水水源、水厂和用水点的水质监测，对取水、制水、供水实施全过程管理，及时掌握饮用水水源环境、供水水质状况，并定期检查。供水单位要建立以水质为核心的质量管理体系，建立严格的取样、检测和化验制度。水厂应采取必要的消毒净化措施，保证水质达到饮用水标准。以规模较大的供水站为依托，分区域设立监测点，对小型供水站提供水质检验服务。

3. 集中式和分散式饮用水水源的一体保护

在分散式及农村集中式饮用水水源地应采取下列对策和措施：(1) 应在立法中规定调整乡镇企业布局，淘汰落后的和污染严重的设备，切实治理点源污染，对重点污染源应限期治理；对人口较多的重点乡镇，应建设污水收集与处理工程，防止污水流入水源地；严格控制化肥、农药施用量及其污染，利用生物治虫害消减农药施用量，采用高效、长效、低毒性新型农药，改进耕作制度，科学施用化肥及农药；完善农家厕所，有条件的地方应就地进行无害化处理或逐步完善；兴建下水道系统及污水处理工程及设施，发展农家沼气池处理粪便，回收沼气，综合利用沼渣和沼液等。（2）设置卫生防护地带。分散式饮用水水源的卫生防护要求由当地卫生防疫站、环境卫生监测站提出，由使用单位执行。分散式给水水源的卫生防护地带，以地面水为水源时参照下列规定要求，即取水点周围半径1000米的水域内，严禁捕捞、停靠船只、游泳和从事其他可能污染水源的任何活动，并由供水单位设置明显的范围标志和严禁事项的告示牌；取水点上游1000米至下游100米的水域，不得排入工业废水和生活污水；其沿岸防护范围内不得堆放废渣；不得设立有害化学物品仓库、堆栈或装卸垃圾、粪便和有毒物品的码头；不得使用工业废水和生活污水灌溉及施用持久性或剧毒的农药；不得从事放牧等有可能污染该段水域水质的活动。以地下水为水源时，水井周围30米的范围内，不得设置渗水厕所、渗水坑、粪坑、垃圾堆和废渣堆等污染源，并建立卫生检查制度。

4. 从源头上保护农村饮用水水源

按照国家规定，以用水距离在1000米以上，高差在100米以上作为饮用水困难的标准。以长江流域为例进行分析：需要解决饮水困难的共有700多万人口，5400多万头牲畜。农村人畜的饮用水问题既有量的问题，也有质的问题。按照国家规定标准，含氟量高于每升1毫克，即不能饮用。长江流域氟病区需要解决饮用水困难的共有200多万人。有些平原地区，地下水水质因受地层岩性、海水倒灌和人为污染的影响，也不符合饮用水标准。截至1996年底，全流域累计解决4781万人和3375万头牲畜的饮用水问题。根据近几年统计，需要解决饮用水的人畜数量，呈逐年递增之势。主要原因是由于工矿企业和乡镇工业的蓬勃发展，产生大量废污水，未经处理排入河川和地下，恶化了水质，降低了可供水量。据饮水调查资料表明，有超过80%的人饮用浅井水和江河水，其中水质污染严重、细菌污染超过卫生标准的占80%左右；饮用受到有机物严重污染的饮用水人口约占1/6；饮用水严重不足的人口约1000万。

由于农村污染源极为分散，量大面广，处理起来极为困难。因此，在立法中应当统一考虑农村供水、排水问题，禁止未经处理的废水排入河道水渠或随意乱排，防止周围水体或地下水受到日趋严重的污染。在困难地区解决农村人畜供水，宜根据具体情况，适当安排。供水措施一般分集中或分散两种。对于土地连片、人口较集中的地区，采取引提工程，结合农业灌溉，集中解决人畜饮水问题。对于地形破碎、村舍零散的地区，一般可采取以积蓄雨水为主的方式，根据资金等情况，分户或联户建设水窖，或以村庄为单位建设中心水池，分散解决。积蓄当地雨水，是一些地区广泛使用的传统措施，应在防渗衬砌和净化防污等方面加以改进，积极推广，从“源头”上防止农村饮用水水源污染，切实解决农村人畜饮水问题。

5. 确保区域公平

就当代而言，为了保证人人都能公平地取得和利用饮用水水源，我们应当努力为那些仍在使用劣质饮用水的人提供合格的饮用水。饮用水水源开发利用涉及上下游、左右岸的不同利益群体，各利益群体应公平地共享饮用水水源。区域公平原则在联合国环境与发展大会《里约宣言》中被提升为国家间的主权原则，即各国拥有按本国的环境与发展政策开发本国自然资源的主权，并负有确保在其管辖范围内或其控制下的活动不致损害其他国或各国管辖范围以外地区环境的责任。显然，国际河流和国际水体的开发利用应在此原则基础上进行，而一个主权国家范围之内的流域饮用水水源的开发利用，应当在考虑流域整体利益的基础上，考虑沿岸各利益群体的发展需求。

在我国，由于饮用水水源分布上的不均匀，南方水多，北方水少，特别是农村由于经济发展水平较低等原因，导致对饮用水水源的保护不足和不力。经全国布点监测，2000 年农村地区饮用水卫生合格率仅为 62.1%。因而，对农村地区饮用水水源的保护不宜且不能过于强调受益者负担。因此，应在立法中实行城市饮用水水源和农村饮用水水源一体保护，突出政府责任，确认受益者负担与公共扶持相结合的原则，确认并明确界定受益者和政府应共同和分别承担的责任，实行农村地区饮用水水源保护责任的个体负担与公共（社会）负担。这是代内公平，即“在任何时候地球居民之间的公平”。政府应在财力、物力等方面专项安排对饮用水水源的保护，实行专项资金补助和优惠政策倾斜，彻底改变农村饮用水源保护不足不力的现状，实现对农村和城市饮用水水源的公平保护。

6. 加强公众参与

必须要在公众中广泛宣传有关饮用水水源的保护知识和保护意义，使其真正认识到饮用水水源对当代人和后代人的战略意义，并牢固树立“保护水资源，人人有责”的思想，树立节水观念，做到珍惜每一滴水。充分利用电视、广播、网络等媒体揭露和批评对水资源的破坏行为，鼓励和表扬保护、节约行为，鼓励公众对破坏饮用水水源的现象进行监督，在全社会掀起爱水、节水、护水运动，增设鼓励性规定，鼓励公众参与到监督、管理和保护饮用水水源的进程中来，加大对饮用水水源保护的广度和深度。

31. 保护水质的法律对策

案例 31　一起滇池水质遭破坏案

事情是这样的

有位大妈姓夏，她家积下村是滇池边上的一个小村子，夏大妈家祖祖辈辈就生活在这里，她今年已经70多岁了，这70多年来她的很多记忆都和滇池有关。跟着大人们捕鱼、捞海菜和小伙伴们玩水、看鸟，夏大妈的整个童年都是在滇池边上度过的，夏大妈说那个时候的滇池水是捧起来就可以喝的。那是20世纪50年代的事情了，那个时候跟夏大妈一样喜欢这个海子的还有许许多多的人，人们经常来这里玩耍，后来他们都结了婚、成了家。那个时候，年轻的夏大妈和大叔经常一起到滇池边，大叔游泳、捕鱼，大妈就在岸边洗衣服、捞海菜，他们吃的是滇池的鱼，喝的是滇池的水，他们觉得这是再平常不过的事情，因为祖祖辈辈都是这么过来的。可到了20世纪的70年代，好像突然有一天一切都变了，滇池的水变味了，不再那么甘甜，滇池边上的垃圾满了，鱼不见了。

事实上20世纪70年代末，滇池已经开始被污染，水质中的汞含量最高点已经超过国家规定标准的4倍。进入20世纪90年代，整个滇池的水质已经超过国家规定的Ⅵ类水标准，也就是说滇池里的水不再能饮用、不能灌溉甚至达不到工业用水的标准，每年3月份以后蓝藻等浮游生物就在富含氮、磷等营养物质的滇池里大量繁殖。

“在我故乡人们把滇池叫做海，故乡许多人小时候都在滇池边捡花石头，一代一代人涌来又退去，滇池的花石头永远也捡不完。”这是云南诗人于坚写的一首诗，名字叫做《滇池》。

14年后这位诗人又写了另一首诗名字叫做《哀滇池》，“怎么只过了十年提到你，我就必须启用一部新的字典”，很多人跟诗人提出了同样的疑问，昔日美丽的滇池怎么就成了后来这个样子?

根据昆明的地形地貌，入池的有29条河道。滇池之所以被污染并且难以治理是因为滇池位于昆明市的南部下游，流入滇池的河水都要先流经城区，在当时城市建设之初并没有把环境因素纳入规划，很多排污管直接通向河道，污水最终就流入了滇池。至今，昆明城内的工业污水仍是滇池的一个主要污染源。

2008 年 4 月，昆明市滇池管理局执法大队接到市民举报，某企业向入滇河道排放含油废水，当时工作人员在现场取证时拍摄了照片，为了避免这样的工业污水通过河道流入滇池，工作人员当即组织清理并对该企业下发了整改通知书。一周以后，滇池管理局的工作人员对该企业再次检查。这家企业一周之内对污水处理设备进行了升级改造，处理后的废水达到了排放标准，受污染的河道经过清理，情况也有所好转。工业废水的处理已经纳入了昆明市有关部门的严格监管之下，但是生活污水却仍是一个让人头疼的问题。

有条河叫金汁河，相传原来岸边是金黄色的油菜花，一到花开的时候金黄色的花瓣就落入到清澈的河水中，故得名为金汁河。但是现在，我们在金汁河里已经看不到“金汁”了，看到的只有发黑的河水，在河的中间还看到了一些淤泥和很多生活垃圾，在河的对岸是一些生活小区，小区产生的生活污水就由排污口直接进入到了金汁河中。昆明市的主要入滇河道一共有 29 条，这些河道每天都在收纳着大量生活污水注入滇池，成为滇池的主要补给水。30 年前这里渔舟唱晚，水里游的是各样的鱼，水边的人过的是田园诗一样的生活；而如今，舟子的渔唱、纤夫的呐喊都成了滇池从前记忆中一些幻灭的传奇，不再云淡风轻，不再天高水长，不再让人梦想和亲近，有着 340 万年生命的滇池，昆明人引以为傲的高原明珠现在成了一个无奈的话题。

律师专线

1988 年出台的《滇池保护条例》是对滇池的环境保护进行法律规制的。滇池的环境治理成效不大有很多方面的原因，一方面是因为滇池在特定的地理环境之下，承受着来自于多方面水的污染；另一方面从水污染防治的角度来讲，多数情况下地方政府都会考虑注重经济的发展，当经济发展跟环境保护发生冲突的时候，他们往往会选择“先污染后治理”或者“边污染边治理”的这样一种策略，客观上使得滇池水域的治理速度赶不上污染速度。

法律规范

中华人民共和国水污染防治法

（2008 年 2 月 28 日第十届全国人民代表大会常务委员会第三十二次会议修订通过，自 2008 年 6 月 1 日起施行）

第一条　为了防治水污染，保护和改善环境，保障饮用水安全，促进经济社会全面协调可持续发展，制定本法。

第八条　县级以上人民政府环境保护主管部门对水污染防治实施统一监督管理。

交通主管部门的海事管理机构对船舶污染水域的防治实施监督管理。

县级以上人民政府水行政、国土资源、卫生、建设、农业、渔业等部门以及重要江河、湖泊的流域水资源保护机构，在各自的职责范围内，对有关水污染防治实施监督管理。

中华人民共和国水法

（2002 年 8 月 29 日第九届全国人民代表大会常务委员会第二十九次会议修订通过，自 2002 年 10 月 1 日起施行）

第一条　为了合理开发、利用、节约和保护水资源，防治水害，实现水资源的可持续利用，适应国民经济和社会发展的需要，制定本法。

第九条　国家保护水资源，采取有效措施，保护植被，植树种草，涵养水源，防治水土流失和水体污染，改善生态环境。

第十二条　国家对水资源实行流域管理与行政区域管理相结合的管理体制。

第十三条　国务院有关部门按照职责分工，负责水资源开发、利用、节约和保护的有关工作。

县级以上地方人民政府有关部门按照职责分工，负责本行政区域内水资源开发、利用、节约和保护的有关工作。

第四十八条　直接从江河、湖泊或者地下取用水资源的单位和个人，应当按照国家取水许可制度和水资源有偿使用制度的规定，向水行政主管部门或者流域管理机构申请领取取水许可证，并缴纳水资源费，取得取水权。但是，家庭生活和零星散养、圈养畜禽饮用等少量取水的除外。

实施取水许可制度和征收管理水资源费的具体办法，由国务院规定。

专家释惑

这里涉及水质保护的问题。我们可以从以下方面予以分析：

1. 水质保护的管理目标

我国关于水质保护管理目标的规定散落在《水法》和《水污染防治法》中。如《水法》第1条规定：为了合理开发、利用、节约和保护水资源，防治水害，实现水资源的可持续利用，适应国民经济和社会发展的需要，制定本法。第9条规定：国家保护水资源，采取有效措施，保护植被，植树种草，涵养水源，防治水土流失和水体污染，改善生态环境。《水污染防治法》第1条规定：为了防治水污染，保护和改善环境，保障饮用水安全，促进经济社会全面协调可持续发展，制定本法。不难看出，我国没有关于水质保护管理目标的具体规定。

流域水资源的统一管理，是指对地表水和地下水、水量和水质进行统一的系统管理。由于多年来缺乏流域对水质的统一管理，使大部分水源特别是平原河道水质污染呈恶化趋势。要加强对水利工程的水质管理，特别是城市居民生活用水水源，使水质达到国家标准。加强水质监测，逐步改善水质，提高水的利用率，缓解日益加剧的供需矛盾。

以流域为单位对水源进行综合管理是水文地理和生态科学发展的结果，现代水法发展的一大趋势就是实行按流域管理水源。因而，在水质的保护和管理中，应当将流域水系统作为一个整体来考虑，采取行动在整个流域生态系统的基础上管理水源。如《21世纪议程》全面阐述了应对水源进行按流域综合开发管理；评价和预测水源的质和量；保护水源、水质和生态系统；确保水源的供应和卫生；注意研究气候变化对水源的影响。加拿大和美国签署的大湖区水质协定，以及博茨瓦纳、莫桑比克、坦桑尼亚、赞比亚和津巴布韦签署的有关管理共有的赞比亚河水系行动计划的协定都强调应实行按流域对水源水质进行统一规划、监督和管理。

2. 水质保护的机构

在水质方面，上游排污应考虑对下游的影响，支流水质保护目标应符合干流的需要。只有以流域为一个整体，全面规划，统筹兼顾，才能有效管理。《水法》第 12 条规定：国家对水资源实行流域管理与行政区域管理相结合的管理体制。第 13 条规定：国务院有关部门按照职责分工，负责水资源开发、利用、节约和保护的有关工作。县级以上地方人民政府有关部门按照职责分工，负责本行政区域内水资源开发、利用、节约和保护的有关工作。《水污染防治法》第 8 条规定：县级以上人民政府环境保护主管部门对水污染防治实施统一监督管理。交通主管部门的海事管理机构对船舶污染水域的防治实施监督管理。县级以上人民政府水行政、国土资源、卫生、建设、农业、渔业等部门以及重要江河、湖泊的流域水资源保护机构，在各自的职责范围内，对有关水污染防治实施监督管理。

我国在流域层次上的管理非常薄弱，缺乏制度支撑，这就不可避免地造成地方过分地强调本地方的需要，而忽略流域整体上的需要和流域其他地方的需要，导致水源开发利用的随意性。而且流域管理机构的地位、作用、权限在现行的法律法规中都没有作出明确的规定，因而在水源水质保护中，管理机构难以行使有效监督管理权，以致出现污染事故时，不能采取有效的措施予以制止，使水源水质保护得不到保障。改进我国现行水源水质保护的管理体制成为大势所趋。

通过立法，强化流域水源管理机构的权威，摒弃过去多头管理、设置重叠的管理体制。利用法律约束机制调节利益冲突，实现流域统一优化管理，在严重缺水地区，应尽快建立统一的、有权威的流域水源管理机构，全面负责本流域水源开发、分配、治理、保护和利用的一切活动，不断对管理机构体系、机构职能转变、法律法规和政策管制等方面进行改革、完善和创新。同时，要通过立法明确流域管理机构的法律地位、职权范围、人员编制等内容，以便为实施水源流域管理奠定良好的法律基础，实现流域水源可持续利用。

在中央一级，有必要在现有部门管理机构的基础上成立具有协调功能的水源委员会，负责全国水源的协调管理，协调现有与水源管理有关的部门的职能。在流域层次，重组流域饮用水源管理机构，成立包括各方利益代表参加的委员会形式的机构，行使中央水源管理委员会或流域法规授予的管理职能。在地方一级，主要由地方环境保护部门执行水源污染防治的监督管理工作。但现有环境保护机构在开展工作时必须服从流域水源污染防治的统一规划和计划，服从流域管理机构的统一协调管理。同时，为了协调好流域内各方利益主体的关系，在管理体制内应给公众参与留有足够的空间。建议在流域水源管理委员会中吸收公众和有关团体参加，让他们有一个发表意见的讲坛，在决策过程中充分发表自己的意见。通过能反映各方利益的整合性决策，树立流域机构的权威，实现流域水质的综合管理。

3. 水权和水税费制度

我国水权转让的法律规定主要体现在《宪法》《环境保护法》《水法》等中。如《水法》规定，国家对直接从地下或者江河、湖泊取水的，实行取水许可制度，并征收水资源费，其实行取水许可制度的步骤、范围和办法，以及水资源费的征收办法，由国务院规定。但与水质保护的迫切性相比，还显得十分不足。目前，我国的水价体系还不完善，水资源费和水利工程水价的标准仍偏低。探讨适应市场经济体制要求的新的管理运行机制，前提条件是水价改革，使之能完全达到成本水价，这是资源水价征收体制改革的一个方面。因此，必须针对我国建立水市场可能出现的情况，及时修订那些滞后的法律法规，以促进并保障我国水市场的早日建立和完善。

水市场是重新分配水资源的机制，能够满足缺水时期的水需求，提高水资源使用效率。建立明确产权、可测定、可实施、可交易的用水权制度，是水市场健康发展的根本保证。我国取水权制度和通行的用水权制度是两种不同的制度。从法律关系看，取水权是根据国家规定和政府许可授权取水的行为，无论哪种取水都是无偿、无期、不得转让的行为；而用水权则是有偿、有期、可转让的。因而，应实现取水权向用水权的转变。同时，水权转让应实行公示登记制度，向水行政主管部门办理取用水许可证登记，这样既保护了水权拥有者的用水权利，也保证了水权的交易安全和保护了交易相对人的利益。公告制度要规定公告的时间、水质水量、期限、公告方式和转让条件等内容。这样，有利于促进水权转让制度的建立健全。

水资源使用价格和水的税费是实现水权转让和建立水市场的前提条件。水使用的经济费用包括开采与输送费用及机会费用。水资源的有效使用是指，水资源开采速率应使净效益最大化（总费用的总效益）。水的服务费用应由受益人来付，付费与受益成正比；定价政策应有利于水资源储存、管理和输送及利用是以生态可持续的方式进行。水的价值既包括获取水的开采费用，也取决于用户付费的意愿（关键是对水质的付费意愿）。因此要特别考虑水资源质量退化对未来经济的影响。同时，环境税是国家为了保护环境资源而凭借其主权对一切开发、利用的单位和个人，按照其开发、利用、污染、破坏的程度进行纠正，或对保护环境资源的单位和个人，按照其保护的程度进行减免的一个税种。课征水污染税是经国外实践证明的一种行之有效的举措，在我国水环境污染严重、水资源相对匮乏的情形下，有必要借鉴国外先进经验，开征我国的水污染税，充分发挥税收的杠杆调节作用，以充分保护我国的水源水质。

第十章　森林和草原资源保护案例

内容提要

除农村居民采伐自留地和房前屋后个人所有的零星林木之外，其他任何情况下采伐林木都应该获得采伐许可证。林木采伐许可证的发放由国家林业管理部门来管理。相对人要取得采伐权必须取得采伐许可证。对于特殊自然资源的许可使用，国家法律规定应由其他部门管理的，依据特别法优先原则，应适用特别法。

保护草原应遵循“统一规划、因地制宜，分步实施，坚持区域防治与重点防治相结合”的原则，实行保护和恢复植被与合理利用自然资源相结合，改善生态环境与帮助农牧民脱贫致富相结合。建立完整的生态保护体系，保障草原使用者的合法权益，实现草原生态良性循环，促进经济社会和生态环境的协调发展。

32. 林木砍伐要有许可证

案例 32　王汉英、王天福、陈恩和滥伐林木案

事情是这样的

原公诉机关屯昌县人民检察院。

上诉人（原审被告人）王汉英，男，1941 年 3 月 8 日出生，汉族，小学文化，澄迈县加东镇人，农民。2004 年 8 月 23 日因本案被刑事拘留，9 月 28 日被逮捕，现押于屯昌县看守所。

辩护人王康忠，海南海地律师事务所律师。

上诉人（原审被告人）王天福，男，1957年9月27日出生，汉族，初中文化，澄迈县加东镇人，农民。2004年8月23日因本案被刑事拘留，9月28日被逮捕，现押于屯昌县看守所。

原审被告人陈恩和，男，1938年7月15日出生，汉族，中专文化，澄迈县加东镇人，退休教师。2004年8月23日因本案被刑事拘留，9月28日被逮捕，现押于屯昌县看守所。

屯昌县人民法院审理该县人民检察院指控原审被告人王汉英、陈恩和、王天福犯滥伐林木罪一案，于2005年2月4日作出（2005）屯刑初字第五号刑事判决。原审被告人王汉英、王天福不服，提出上诉。二审法院依法组成合议庭，经过阅卷、讯问被告人、听取辩护人意见，认为事实清楚，决定不开庭审理。现已审理终结。

原判认定：2002年11月间，屯昌县南味岭国有封山育林区护林员王龙付（另案处理）未报经县政府林业主管部门批准，以口头和书面形式，擅自将南味岭封山育林区背水沟一带林地分别出租给被告人王汉英、陈恩和、王天福搞开荒种植。三被告人共付给王龙付土地租金人民币8000元（其中王汉英交3900元，陈恩和交2600元，王天福交1500元）。之后，三被告人在未报经县政府林业主管部门批准并取得砍伐许可证的情况下，带上各自家人或雇请工人，在王龙付分别为其划定四至的林区，砍伐天然林木，以种植橡胶等作物。经屯昌县林业局进行实地技术鉴定：王汉英毁林104亩，毁林立木蓄积量为230.23立方米，毁林经济价值人民币22447元；陈恩和毁林66亩，毁林立木蓄积量为146.11立方米，毁林经济价值人民币14245元；王天福毁林56亩，毁林立木蓄积量为123.97立方米，毁林经济价值人民币12087元。

原判认为，被告人王汉英、陈恩和、王天福以不合法的承租方式，在未经政府林业主管部门准许并取得砍伐许可证的情况下，擅自滥伐国有天然林木，数量均达巨大，其行为已构成滥伐林木罪，应予惩处。据此，原判依照《中华人民共和国刑法》第345条第2款之规定，认定被告人王汉英犯滥伐林木罪，判处有期徒刑三年，并处罚金人民币 3000 元；认定被告人陈恩和、王天福犯滥伐林木罪，各判处有期徒刑三年，并处罚金人民币 2000 元。

原审被告人王汉英、王天福上诉及王汉英的辩护人辩称：原判认定部分事实不清，请求宣告王汉英、王天福缓刑。

二审法院经审理查明，原判认定上诉人王汉英、王天福及原审被告人陈恩和在未报经政府主管部门批准，并未取得砍伐许可证的情况下，为种植橡胶等经济作物，擅自砍伐数量巨大的天然林木的事实，有经原审当庭举证、认证的证人王龙付等的证言、现场勘查笔录及相关照片、林业技术鉴定书等证据可供证实，王汉英、王天福亦多次供认在卷，二审法院予以确认。两上诉人及王汉英的辩护人称原判认定部分事实不清，经查缺乏确凿依据，二审法院不予采纳。

二审法院认为：原判对上诉人王汉英、王天福及原审被告人陈恩和的行为定罪准确，且已考虑到上诉人及原审被告人的主观犯意、悔罪表现及造成后果等具体情节，在法定量刑幅度内对其给予了从轻判处。王汉英及其辩护人、王天福请求二审改为宣告缓刑，经审议尚缺乏充分依据和理由，故本院不予采纳。据此，依照《中华人民共和国刑事诉讼法》第 189 条第 1 项之规定，裁定如下：驳回上诉，维持原判。

律师专线

本案的两审法院的判决都是正确的。其法律依据是《刑法》第 345 条第 2 款、第 52 条及《刑事诉讼法》第 189 条第 1 款的规定，王汉英、陈恩和、王天福以不合法的承租方式，在未经政府林业主管部门准许并取得砍伐许可证的情况下，擅自滥伐国有天然林木，数量均达巨大，其行为已构成滥伐林木罪。

一般公民从最普通的意识认为：栽种的林木所有权人应该是栽种人。然而根据我国宪法的规定，个人对森林并没有所有权，只有国家和集体才是真正的所有权人。另外，对于特别自然资源的保护，我国采取了许可证制度，它是保障资源合理有效利用的重要行政手段。在此案中，对于林木资源的采伐应该取得采伐许可证。而村民王汉英等三人并没有取得许可证，就擅自主张对自栽的林木进行砍伐，这是违法的，因此应当受到处罚。

法律规范

中华人民共和国森林法

（1984 年 9 月 20 日第六届全国人民代表大会常务委员会第七次会议通过，根据 1998 年 4 月 29 日第九届全国人民代表大会常务委员会第二次会议《关于修改〈中华人民共和国森林法〉的决定》修正）

第三十二条　采伐林木必须申请采伐许可证，按许可证的规定进行采伐；农村居民采伐自留地和房前屋后个人所有的零星林木除外。

……

农村集体经济组织采伐林木，由县级林业主管部门依照有关规定审核发放采伐许可证。

农村居民采伐自留山和个人承包集体的林木，由县级林业主管部门或者其委托的乡、镇人民政府依照有关规定审核发放采伐许可证。

中华人民共和国刑法

（1997 年 3 月 14 日第八届全国人民代表大会第五次会议修订，自 1997 年 10 月 1 日起施行）

第五十二条　判处罚金，应当根据犯罪情节决定罚金数额。

第七十二条　对于被判处拘役、三年以下有期徒刑的犯罪分子，根据犯罪分子的犯罪情节和悔罪表现，适用缓刑确实不致再危害社会的，可以宣告缓刑。

第七十三条　有期徒刑的缓刑考验期限为原判刑期以上五年以下，但是不能少于一年。

缓刑考验期限，从判决确定之日起计算。

第三百四十五条　违反森林法的规定，滥伐森林或者其他林木，数量较大的，处三年以下有期徒刑、拘役或者管制，并处或者单处罚金；数量巨大的，处三年以上七年以下有期徒刑，并处罚金。

专家释惑

滥伐林木罪，是指违反森林法的规定，未经有关部门批准并核发采伐许可证，或者虽持有采伐许可证，但违背采伐证所规定的地点、数量、树种、方式而任意采伐本单位所有或管理的，以及本人自留山上的森林或者其他林木，数量较大的行为。本罪侵犯的客体是国家保护林业资源的管理制度。在客观方面表现为违反国家保护森林法规，未经林业行政主管部门及法律规定的其他主管部门批准并核发采伐许可证，或者虽持有采伐许可证，但违背采伐证所规定的地点、数量、树种、方式而任意采伐本单位所有或管理的，以及本人自留山上的森林或者其他林木的行为。本罪的主体是一般主体。无论国家工作人员，还是普通公民，只要达到刑事责任年龄、具备刑事责任能力的，都可以构成本罪，单位也可构成本罪。本罪在主观方面表现为故意，即明知不该滥伐，滥伐林木的行为会产生危害结果而有意实施滥伐行为。

一般的滥伐林木的行为与滥伐林木罪的主要区别在于滥伐林木的数量大小与情节轻重，根据《关于办理盗伐滥伐林木案件应用法律的几个问题的解释》，数量较大的起点，在林区，滥伐一般可掌握在 10 立方米 ~20 立方米或幼树 500 ~ 1200 株；在非林区，滥伐一般可掌握在 5 立方米 ~10 立方米，或幼树 250 ~ 600 株，或者相当于上述损失。如果滥伐林木未达到数量较大的，不构成犯罪，属于一般违法行为。

我国是一个森林覆盖率较低的国家，也是一个自然灾害较为频繁的国家。对森林资源的保护不仅只是国家的责任，也是每个公民的应尽义务。对于一些国家法律规定的自然资源的使用应该遵守法律规定。在自然资源使用权的获得中，许可证制度是我国环境行政管理的重要手段和工具。

我国《森林法》明确规定，第一，森林的采伐必须取得采伐许可证，采伐数量不能超出规定的限额；其次，森林采伐必须遵守国家制订的统一的年度生产计划；另外，森林中林木的采伐必须按照规定的地点、数量、树种和方式进行，而不能按采伐者的意愿随意进行采伐。在现实生活中，在许多林木承包人对这些方面并不是太清楚，认为自己承包栽种的林木，只要依照法律规定取得了采伐许可证就可以随意进行采伐，这是不正确的。

33. 为救火“以火攻火”导致森林火灾是否应承担刑事责任？

案例33　安徽省东至县村民“以火攻火”烧伤6人

事情是这样的

为防止森林火灾蔓延，村民擅自点燃了防火道，盲目采取“以火攻火”的方法，结果引发了另一场火灾。2005年4月26日，安徽省东至县人民法院依法审结了这起失火案件，判处被告人任某某有期徒刑3年，缓刑3年。

今年54岁的任某某是东至县高山乡某村村民。2005年3月7日上午，任某某为防止胡某某承包的周山林场被3月6日他人失火引起的火烧到，于是组织本村部分村民到周山林场砍防火道。下午1时左右，任某某看见火一直往下烧，一面组织村民上山灭火，一面向胡某某报告火情。然后，自己走到防火道上，用随身携带的一次性打火机点燃了倒在防火道旁的枯芭茅叶，突然一股大风将一片带火的芭茅叶吹到周山林场上的芭茅丛中，将芭茅丛烧着，火随风迅速扩散并向林场山顶上发展，将砍防道的6个村民烧伤，其中5人重伤，1人轻伤。经林业部门鉴定，火灾过火有林地面积达4.2公顷。

法院认为，被告人任某某违反森林防火规定，在林区发生火灾的情况下，盲目采取“以火攻火”的方法，引发森林火灾，过火有林地面积达4.2公顷，并造成5人重伤、1人轻伤的严重后果，其行为已构成失火罪。鉴于被告人与被害人就民事赔偿部分已达成协议，并取得了被害人的谅解，法院遂依法作出了上述判决。

律师专线

失火罪是指由于行为人的过失引起火灾，造成严重后果，危害公共安全的行为。这是一种因过失酿成火灾的危险行为，系危害公共安全的犯罪。其侵犯的客体是公共安全，即不特定多数人的生命、健康或重大公私财产的安全。其客观方面表现为行为人实施引起火灾、造成严重后果的危害公共安全行为。本罪主体为一般主体，凡达到法定刑事责任年龄、具有刑事责任能力的人均可成为本罪主体。国家工作人员或者具有从事某种业务身份的人员，在执行职务中或从事业务过程中过失引起火灾，即不构成失火罪。本罪在主观方面表现为过失。既可出于疏忽大意的过失，即行为人应当预见自己的行为可能引起火灾，因为疏忽大意而未预见，致使火灾发生；也可出于过于自信的过失，即行为人已经预见自己的行为可能引起火灾，由于轻信火灾能够避免，结果发生了火灾。

本案对于任某某是否构成犯罪对于犯罪客体、主体无需仔细分析，最主要的是把握犯罪人的主观方面与客观方面，任某某的本意是希望采取“以火攻火”的方法来让已经发生的火灾被扑灭，而且其主观上也相信这样能够扑灭大火，能够控制火灾的继续，但由于轻信火灾能够避免，结果发生了火灾。因此，其行为构成失火罪。在客观上，由于任某某的行为直接导致了过火有林地面积达4.2公顷，并造成5人重伤、1人轻伤的严重后果，这符合《国家林业局、公安部关于森林和陆生野生动物刑事案件管辖及立案标准》中对于失火罪的规定，已经构成重大案件，结合这两者来看，法院判决任某某构成失火罪是合法的。在本案中法院判处任某某有期徒刑3年，缓刑3年也是符合法律规定的。依据《刑法》第115条规定犯失火罪的且非情节较轻的处3年以上7年以下有期徒刑，法院判处任某某3年有期徒刑完全合法，且在本案中任某某本人非故意犯罪，对社会危害性较小，认罪态度也好，处以缓刑也是合法的。

法律规范

中华人民共和国刑法

（1997年3月14日第八届全国人民代表大会第五次会议修订，自1997年10月1日起施行）

第七十二条　对于被判处拘役、三年以下有期徒刑的犯罪分子，根据犯罪分子的犯罪情节和悔罪表现，适用缓刑确实不致再危害社会的，可以宣告缓刑。

第一百一十四条　放火、决水、爆炸以及投放毒害性、放射性、传染病病原体等物质或者以其他危险方法危害公共安全，尚未造成严重后果的，处三年以上十年以下有期徒刑。

第一百一十五条　放火、决水、爆炸以及投放毒害性、放射性、传染病病原体等物质或者以其他危险方法致人重伤、死亡或者使公私财产遭受重大损失的，处十年以上有期徒刑、无期徒刑或者死刑。

过失犯前款罪的，处三年以上七年以下有期徒刑；情节较轻的，处三年以下有期徒刑或者拘役。

国家林业局、公安部关于森林和陆生野生动物刑事案件管辖及立案标准

（2001 年 5 月 9 日国家林业局、公安部公布施行）

二、森林和陆生野生动物刑事案件的立案标准

……

（七）失火案

失火造成森林火灾，过火有林地面积 2 公顷以上，或者致人重伤、死亡的应当立案；过火有林地面积为 10 公顷以上，或者致人死亡、重伤 5 人以上的为重大案件；过火有林地面积为 50 公顷以上，或者死亡 2 人以上的，为特别重大案件。

……

专家释惑

这个案件可能会有人理解为放火罪，因为失火罪与放火罪在客观上都表现为与火灾有关的危害公共安全的行为，都侵害了社会公共安全。但我们从下面的分析中可以看出放火罪与失火罪在犯罪构成方面是不同的。

放火罪，是指故意放火焚烧公私财物，危害公共安全的行为。其侵犯的客体是公共安全；客观方面表现为实施放火焚烧公私财物，危害公共安全的行为；其主体为一般主体；主观方面表现为故意，即明知自己的放火行为会引起火灾，危害公共安全，并且希望或者

放任这种结果发生的心理态度。两者存在明显的区别：一、在客观方面，失火罪必须造成致人重伤、死亡或者使公私财产遭受重大损失的严重后果，才能构成。放火罪并不以发生上述严重后果作为法定要件，只要实施足以危害公共安全的放火行为，放火罪即能成立。二、在犯罪主观方面，因为放火罪是故意犯罪，所以其有既遂、未遂之分。而失火罪是过失犯罪，以发生严重后果作为法定要件，不存在犯罪未遂问题。三、在主体要件中处罚年龄不同，放火罪年满14周岁不满16周岁的人即可构成；失火罪年满16周岁的人才负刑事责任。四、主观罪过形式不同，放火罪由故意构成，失火罪则出于过失，这是两种犯罪性质的根本区别所在。

34．草地被破坏如何究责？

案例34　黑龙江省五大连池市龙镇村董树义破坏草地案

事情是这样的

耿志学是黑龙江省五大连池市龙镇村的村民，除了种点地他也养了一些牛羊，但在今年初老耿却把牲口全卖了，原因就是他以前放牧的草原被毁坏得相当严重。在现场，还有几块挖完之后没来得及运走的草砖，每块草砖长约40厘米，宽30厘米，厚度有14厘米，而在裸露的土地上，可以清晰地看到挖走草砖后遗留下来的痕迹，仅这片被盗挖的草场就有20多亩。老耿说挖草原的不是别人，正是村里的书记董树义，因为这里都是天然草原，长在黑土地上，土层厚，营养好，很适合用来做绿化，所以才被董树义给盯上了。

挖草砖时由于每块都要切成14厘米厚，这就把草底下多年积累的黑土层也全都切走了，没了这层黑土，裸露的土地上很难再长出植被。有专家考证，这个地区形成1厘米黑土需要400年的时间，像这种14厘米厚的至少需要千年。在2007年秋季里，连同这块草原在内，被非法盗挖的草原大大小小共有25块，虽然2008年的春天如约而至，但这些被毁掉的部分仍是寸草不生。

村民们说一块草砖在市场上能卖四块钱，扣除人工及运费每块草砖最少能赚两块钱，而董树义前前后后拉走了100多车草砖，获取了相当高的利润，大概获利六七十万。村民们众口一词说盗挖草原的人是村里的书记董树义，那这件事儿到底是不是董树义干的呢？

董树义目前已经被公安机关逮捕，那他非法占用农地罪又是怎么一回事儿呢？原来，这和2004年董树义的一次毁林事件有关。村民们说2002年还是村民的董树义跟林业站签订了合同，在这块荒地上种植三北防护林，树苗由林业局免费提供，但董树义必须保证苗木的成活率要达到50%，否则林业局有权收回林地、中止合同。第二年，林业部门来验收时小树苗长势良好，成活率高达78%，但谁也没有想到，在2004年董树义竟然毁掉了林地种起了庄稼，栽了四垧三亩地。

董树义毁林种地就意味着他违反了当初和林业局签订的合同，同时他的这种毁林行为也触犯了《林业法》，可在2004年，董树义的这种行为却没有受到任何处罚，相反到了2006年，董树义还被任命为村里的书记。董树义非法毁坏的林地为三北防护林四期级工程造林基地，共计毁坏造林地面积是52.5亩地，那么毁掉50多亩林地将会受到什么样的处罚呢？林业部门称毁林超过10亩的就可以追究毁林人的刑事责任了，董树义毁林超过10亩，已经是52.5亩了。此案，因董树义严重破坏林地、数量较大，林业部已经移交到五大连池市公安局。从2004年毁林到2008年被抓，董树义毁坏林地这件事儿已经整整过去了四年，为什么这四年当中，董树义没有受到任何法律上的制裁？而林业部门也没有人站出来制止这件事儿呢？

因为此地地理位置非常偏僻又没有村民向林业部门举报，董树义毁坏林地的这一举动没有被林业部门发现。有人称2002年种的树按规定三年之后也就是2005年应该进行一次回访，看看它的成活率到底怎么样，但回访这件事儿林业局却一直没有进行，从而酿成了董树义毁林之后一直没有人管的局面。而村民们认为，董树义后来的专横跋扈都和这次毁林未受到相应的处罚有关，特别是2006年当上村支书后，这个人只顾着自己捞钱而不给村民们办实事。村民们说到了2007年，董树义的胆子越来越大，他的黑手伸向了草原，开始疯狂盗挖这些天然的原始草原，于是成片的草原被毁，裸露的土地上寸草不生。

龙镇村的草原大概有1000多亩，像耿志学这样在村里靠放牧为生的人家有几十户，草原被毁之后，他们都面临着放牧难的问题。

镇政府称接到举报后他们曾到实地进行了勘查，发现被盗挖的草原大概有70多亩，而这些被盗挖的草原属于国有草原，它的上级主管单位是五大连池市的畜牧局。破坏这么大面积，在当地来讲以前没有先例，畜牧局的一位副局长称盗挖草原的人就是村支书董树义，当初接到举报后畜牧局本想按照行政法规罚董树义的款，可经过实地勘查后，他们发现董树义的行为已经触犯了刑法。

五大连池市的草原面积共有100多万亩，这些年来除了这起案件还从来没有发生过盗挖草原的事儿，鉴于董树义盗挖草原的面积已经超过了70亩，触犯了刑法，因此畜牧局就把这一案件移交到了公安机关。

律师专线

在本案中犯罪嫌疑人无论是毁坏草原的行为还是毁坏林地的行为，按照我们国家现行《刑法》的规定都会构成非法占用农地罪，按照最高人民法院的相关司法解释，非法占用农地10亩以上的就会构成刑事犯罪，将会面临着处5年以下有期徒刑或者拘役并处或者单处罚金的处罚。

法律规范

中华人民共和国草原法

（1985年6月18日第六届全国人民代表大会常务委员会第十一次会议通过，2002年12月28日第九届全国人民代表大会常务委员会第三十一次会议修订通过，自2003年3月1日起施行）

第十七条　国家对草原保护、建设、利用实行统一规划制度。国务院草原行政主管部门会同国务院有关部门编制全国草原保护、建设、利用规划，报国务院批准后实施。

县级以上地方人民政府草原行政主管部门会同同级有关部门依据上一级草原保护、建设、利用规划编制本行政区域的草原保护、建设、利用规划，报本级人民政府批准后实施。

经批准的草原保护、建设、利用规划确需调整或者修改时，须经原批准机关批准。

第二十六条　县级以上人民政府应当增加草原建设的投入，支持草原建设。

国家鼓励单位和个人投资建设草原，按照谁投资、谁受益的原则保护草原投资建设者的合法权益。

第二十七条　国家鼓励与支持人工草地建设、天然草原改良和饲草饲料基地建设，稳定和提高草原生产能力。

第三十三条　草原承包经营者应当合理利用草原，不得超过草原行政主管部门核定的载畜量；草原承包经营者应当采取种植和储备饲草饲料、增加饲草饲料供应量、调剂处理牲畜、优化畜群结构、提高出栏率等措施，保持草畜平衡。

草原载畜量标准和草畜平衡管理办法由国务院草原行政主管部门规定。

第三十四条　牧区的草原承包经营者应当实行划区轮牧，合理配置畜群，均衡利用草原。

第三十五条　国家提倡在农区、半农半牧区和有条件的牧区实行牲畜圈养。草原承包经营者应当按照饲养牲畜的种类和数量，调剂、储备饲草饲料，采用青贮和饲草饲料加工等新技术，逐步改变依赖天然草地放牧的生产方式。

在草原禁牧、休牧、轮牧区，国家对实行舍饲圈养的给予粮食和资金补助，具体办法由国务院或者国务院授权的有关部门规定。

第四十二条　国家实行基本草原保护制度。……

第四十四条　县级以上人民政府应当依法加强对草原珍稀濒危野生植物和种质资源的保护、管理。

第四十五条　国家对草原实行以草定畜、草畜平衡制度。县级以上地方人民政府草原行政主管部门应当按照国务院草原行政主管部门制定的草原载畜量标准，结合当地实际情况，定期核定草原载畜量。各级人民政府应当采取有效措施，防止超载过牧。

第四十六条　禁止开垦草原。对水土流失严重、有沙化趋势、需要改善生态环境的已垦草原，应当有计划、有步骤地退耕还草；已造成沙化、盐碱化、石漠化的，应当限期治理。

第四十七条　对严重退化、沙化、盐碱化、石漠化的草原和生态脆弱区的草原，实行禁牧、休牧制度。

专家释惑

1. 充分认识草原的重要作用

我国是一个草原大国，草原面积近 60 亿亩，占国土面积的 41.7%，居世界第二，主要分布在祖国边疆。草原是我国国土的主体和陆地生态系统的主体，是我国面积最大的绿色生态屏障，是牧区畜牧业发展的重要物质基础和农牧民赖以生存的基本生产资料。草原资源是重要的战略资源。草原在国民经济和生态环境中具有重要的地位和作用。加强草原保护与建设，对于促进少数民族地区团结，保持边疆安定和社会稳定，维护生态安全，加快牧区经济发展，提高广大牧民生活水平，都具有重大意义。目前，我国 90% 的可利用天然草原不同程度地退化，每年还以 200 万公顷的速度递增，草原过牧的趋势没有根本改变，乱采滥挖等破坏草原的现象时有发生，荒漠化面积不断增加。我国天然草原大多分布在边区、山区、老区和少数民族地区，全国 55 个少数民族中绝大部分分布于草原地区，经济社会发展相对落后，2004 年草原牧区农牧民人均收入只有全国农民人均收入的 72%。加强草原保护建设，对于促进扶贫开发、巩固民族团结、维护边疆稳定、建设和谐社会具有特殊重要的意义。

保护草原应遵循“统一规划、因地制宜，分步实施，坚持区域防治与重点防治相结合”的原则，加强法制建设，依法重点解决扩展快、对社会经济影响大和易于治理地区的土地沙化问题；在治理措施上要坚持“预防为主、防治结合、综合治理”的原则，实行保护和恢复植被与合理利用自然资源相结合，改善生态环境与帮助农牧民脱贫致富相结合。建立完整的生态保护体系，保障草原使用者的合法权益。实现草原生态良性循环，促进经济社会和生态环境的协调发展。

2. 加强草原的监管力度

草原的监管由我们国家草原行政主管部门和林业主管部门来监管。各地要认真贯彻落实《草原法》，依法加强草原监督管理工作。草原监督管理部门要切实履行职责，做好草原法律法规宣传和草原执法工作。当前要重点查处乱开滥垦、乱采滥挖等人为破坏草原的案件，禁止采集和销售发菜，严格对甘草、麻黄草等野生植物的采集管理。草原监督管理部门是各级人民政府依法保护草原的主要力量。要健全草原监督管理机构，完善草原监督管理手段。草原监督管理部门要加强自身队伍建设，提高人员素质和执法水平。就本案来讲，特别是当地的乡镇以及政府的监管非常重要。在监管的过程中，一方面要完善《草原法》、《森林法》以及《土地管理法》的土地资源保护相关法律的这种规定，地方各级农牧业行政主管部门要抓紧建立和完善草原生态监测预警体系，重点做好草原面积、生产能力、生态环境状况、草原生物灾害，以及草原保护与建设效益等方面的监测工作。监管部门的教训就是一方面监管的过程中监管不力，另外一个方面监管应该是多渠道，也就是说按照现行法律规定，任何的单位和个人都有权利对使用林地、使用草原、使用土地的使用者进行监管，尤其像本案中这种情节特别严重毁坏草原的行为，群众就更应该有检举和控告的权利。

3. 坚持“谁破坏谁恢复、谁利用谁补偿”的原则

坚持“谁破坏谁恢复、谁利用谁补偿”的原则，寓资源保护于合理开发之中，依靠科技进步挖掘潜力，充分运用市场机制有效配

置资源，坚持走提高资源利用效率和发展资源节约型经济的道路，努力建立资源节约型国民经济体系，形成有效、协调、创新的持续发展机制，使资源保护、资源开发与经济建设同步发展。

当然在破坏者力所不能及的情况下，当地政府要根据草原的实际情况对已经破坏的草原进行恢复，如果乡镇一级确实没有能力对已经破坏的草原进行恢复，那么上级主管部门包括当地的草原主管部门和林业主管部门，就应该考虑拿出一些资金来恢复当地的生态。特别是上级政府对于已经造成的破坏不能够任其自然，否则会导致水土流失等等，扩大破坏的范围，地方人民政府要对本辖区的环境质量负责，包括对已经造成破坏的生态进行恢复。

4. 明确退耕还草的制度

对有利于改善生态环境的、水土流失严重的、有沙化趋势的已垦草原，实行退耕还草。近期要把退耕还草重点放在江河源区、风沙源区、农牧交错带和对生态有重大影响的地区。要坚持生态效益优先，兼顾农牧民生产生活及地方经济发展，加快推进退耕还草工作。国家向退耕还草的农牧民提供粮食、现金、草种费补助。根据国家退耕还林还草有关政策措施，国务院西部地区开发领导小组办公室要会同农业部、国家计委、财政部、粮食局等有关部门制定已垦草原退耕还草的具体实施意见。各有关省、自治区、直辖市要组织乡镇县编制已垦草原退耕还草工程实施方案，做好乡镇作业设计，把工程任务落实到田头地块，落实到农户。地方各级畜牧业行政主管部门要加强草种基地建设，保证优良草种供应，搞好技术指导和服务，提高退耕还草工程质量。退耕还草任务完成后，由县级以上畜牧业行政主管部门核实登记，依法履行土地用途变更手续，由县级以上人民政府发放草原使用权证。

5. 积极推行禁牧休牧制度

《草原法》是草原保护建设的根本大法，明确规定“对严重退化、沙化、盐碱化、石漠化的草原和生态脆弱区的草原，实行禁牧、休牧制度”。《国务院关于加强草原保护与建设的若干意见》也明确提出推行禁牧休牧制度。各地要深入贯彻实施草原法，加强普法教育，加快配套法规建设，切实做到依法治草、依法治牧。

禁牧休牧制度是草原保护建设的重要制度。禁牧是对草原实行一年以上禁止放牧的措施。休牧是在一年内一定时期对草原实行短期禁止放牧利用的措施，主要有春季牧草返青期休牧和秋季牧草结实期休牧两种。为合理有效利用草原，在牧区推行草原划区轮牧；为保护牧草正常生长和繁殖，在春季牧草返青期和秋季牧草结实期实行季节性休牧；为恢复草原植被，在生态脆弱区和草原退化严重的地区实行围封禁牧。各地要积极引导，有计划、分步骤地组织实施划区轮牧、休牧和禁牧工作。地方各级畜牧业行政主管部门要从实际出发，因地制宜，制定切实可行的划区轮牧、休牧和禁牧方案。开展春季禁牧、休牧有利于牧草发育生长，增加产草量，提高草原生产力；有利于恢复草原植被，保护草原资源，维护生物多样性；有利于改善生态环境，促进人与自然和谐，实现经济、社会全面协调可持续发展。总之，实行禁牧休牧制度符合自然规律和经济规律，符合广大农牧民的长远利益，对于推动我国社会走上生产发展、生活富裕、生态良好的文明发展道路具有十分重要的意义。

近年来，各地深入贯彻落实《草原法》和《国务院关于加强草原保护与建设的若干意见》，出台了一系列政策，采取了多种措施，广泛宣传动员，层层落实责任，不断推进和完善禁牧休牧制度。截至2005年底，全国禁牧草原面积5.7亿亩，休牧草原面积5.4亿亩，取得了良好的生态、经济和社会效益。一是草原植被得到初步恢复，生态环境明显得到改善。内蒙古西部地区禁牧区草原植被覆盖率提高10%～20%，牧草高度增加5～25厘米，产草量提高15～25公斤。锡林郭勒盟牧草盖度提高7～10个百分点，牧草高度增加4～15厘米。二是畜牧业生产经营方式转变步伐加快，产业结构逐步优化。四川省白玉县因地制宜调整畜种结构，将牛、羊、马比例由6:3:1调整到5:4:1，户均养畜收入由844元提高到1250元，最高达到1500元。三是畜牧业生产效益不断提高，对农牧民增收的作用不断增强。西藏自治区禁牧、休牧区牛出栏率提高3%～5%，羊出栏率提高5%～8%，牧民户均增收744～1876元。四是农牧民对生态保护意识有了明显增强，参与草原保护的积极性空前提高。

6. 实行草畜平衡制度

根据区域内草原在一定时期提供的饲草饲料量，确定牲畜饲养量，实行草畜平衡。农业部要尽快制定草原载畜量标准和草畜平衡管理办法，加强对草畜平衡工作的指导和监督检查。省级畜牧业行政主管部门负责本行政区域内草畜平衡的组织落实和技术指导工作。县级畜牧业行政主管部门负责本行政区域内草畜平衡的具体管理工作，定期核定草原载畜量。地方各级人民政府要加强宣传，增强农牧民的生态保护意识，鼓励农牧民积极发展饲草饲料生产，改良牲畜品种，控制草原牲畜放养数量，按照因地制宜、发挥比较优势的原则，调整和优化草原畜牧业区域布局，逐步形成牧区繁育、农区和半农半牧区育肥的生产格局。牧区要突出对草原的保护，科学合理地控制载畜数量，加强天然草原和牲畜品种改良，提高牲畜的出栏率和商品率。半农半牧区要大力发展人工种草，实行草田轮作，推广秸秆养畜过腹还田技术。逐步解决草原超载过牧问题，实现草畜动态平衡。

第十一章　土地资源保护案例

内容提要

非法占用农用地罪，是指违反我国土地管理法的要求，非法占用农用地改作他用，数量较大，造成农地大量毁坏的行为。非法占用农用地的行为在城乡结合地带与农村并不少见，我们需要对此予以特别关注，保护我们的粮食安全。

35. 非法占用农用地应受法律制裁

案例35　承包商非法占用耕地获刑一年半

事情是这样的

2003年7月，李某与青浦区华新镇某村民委员会签订土地租赁协议，租赁位于该村李东生产队的土地30.15亩用于建木材加工厂。在未办理任何审批手续的情况下，李某在该农用地上非法建造起工业厂房、办公楼等非农用建筑物。2004年5月，国家有关部门到青浦区检查违规用地情况时发现这一问题，责令李某停止建房。此后，李某继续在该土地上建造房屋。2005年3月，上海市青浦区房屋土地管理局再次责令李某停止建房，李某仍未停止非法建房行为。经上海市农业保护监测站检验，李某已占用土地累计面积达29.67亩，其中18亩基本农田已遭严重毁坏，不能进行复耕。

上海市青浦区人民法院以非法占用农用地罪判处有期徒刑1年零6个月，并处罚金。李某不服，提出上诉。

上海市第二中级人民法院审理认为，李某虽然与村民委员会签订了租赁协议，但在未经政府职能部门批准的情况下将该地块用于非农业用途，所签订的土地租赁协议应认定为无效。在国家及本市有关部门两次责令停止建房的情况下，李某仍继续其非法建房行为，主观上具有非法占用农用地的故意。认定李某的行为已构成非法占用农用地罪，依法作出驳回上诉、维持原判的终审裁定。

律师专线

此案是典型的非法占用农用地的刑事案件，这种案件在农村经济发展过程中也比较普遍，特别是在城乡结合地带更为普遍，但真正能被法律追究刑事责任的比例不高。这种案件的表现形式较多，但都有一些共性。非法占用农用地罪，是指违反我国土地管理法的要求，非法占用农用地改作他用，数量较大，造成农地大量毁坏的行为。

在这个案件中，有几个问题必须明确：一、被告的行为是否构成犯罪？二、为什么李某与村民委员会签订了租赁协议，所签订的土地租赁协议被认定为无效？被告的行为为何构成犯罪在下面将有论述。这里重点回答第二个问题。

对于问题二，案例中李某的行为实际上是将农用地直接转为建设用地，但是其在将农用地转为建设用地的过程中仅仅只是与村民委员会签订了租赁协议，既没有按照土地管理法的规定办理农用地转用审批手续，也没有由当地县级人民政府登记造册，核发证书，确认建设用地使用权。因此，其行为违反了土地管理法的规定，其与村民小组的租赁协议是无效的。

法律规范

中华人民共和国刑法

（1997 年 3 月 14 日第八届全国人民代表大会第五次会议修订，自 1997 年 10 月 1 日起施行）

第四十五条　有期徒刑的期限，除本法第五十条、第六十九条规定外，为六个月以上十五年以下。

第四十七条　有期徒刑的刑期，从判决执行之日起计算；判决执行以前先行羁押的，羁押一日折抵刑期一日。

第五十二条　判处罚金，应当根据犯罪情节决定罚金数额。

第五十三条　罚金在判决指定的期限内一次或者分期缴纳。期满不缴纳的，强制缴纳。对于不能全部缴纳罚金的，人民法院在任何时候发现被执行人有可以执行的财产，应当随时追缴。如果由于遭遇不能抗拒的灾祸缴纳确实有困难的，可以酌情减少或者免除。

第三百四十二条　违反土地管理法规，非法占用耕地、林地等农用地，改变被占用土地用途，数量较大，造成耕地、林地等农用地大量毁坏的，处五年以下有期徒刑或者拘役，并处或者单处罚金。

中华人民共和国刑事诉讼法

（1979 年 7 月 1 日第五届全国人民代表大会第二次会议通过，1996 年 3 月 17 日第八届全国人民代表大会第四次会议修正）

第一百四十七条　基层人民法院、中级人民法院审判第一审案件，应当由审判员三人或者由审判员和人民陪审员共三人组成合议庭进行，但是基层人民法院适用简易程序的案件可以由审判员一人独任审判。

第一百七十四条　人民法院对于下列案件，可以适用简易程序，由审判员一人独任审判：

（一）对依法可能判处三年以下有期徒刑、拘役、管制、单处罚金的公诉案件，事实清楚、证据充分，人民检察院建议或者同意适用简易程序的；

……

第一百七十九条　人民法院在审理过程中，发现不宜适用简易程序的，应当按照本章第一节或者第二节的规定重新审理。

第一百八十九条　第二审人民法院对不服第一审判决的上诉、抗诉案件，经过审理后，应当按照下列情形分别处理：

……

（三）原判决事实不清楚或者证据不足的，可以在查清事实后改判；也可以裁定撤销原判，发回原审人民法院重新审判。

第一百九十一条　第二审人民法院发现第一审人民法院的审理有下列违反法律规定的诉讼程序的情形之一的，应当裁定撤销原判，发回原审人民法院重新审判：

……

（五）其他违反法律规定的诉讼程序，可能影响公正审判的。

最高人民法院、最高人民检察院关于执行《中华人民共和国刑法》确定罪名的补充规定

（最高人民法院审判委员会第1193次会议、最高人民检察院第九届检察委员会第100次会议通过，自2002年3月26日起施行）

第342条（《修正案二》）非法占用农用地罪（取消非法占用耕地罪罪名）。

中华人民共和国土地管理法

（1998年8月29日第九届全国人民代表大会常务委员会第四次会议修订通过，2004年8月28日第十届全国人民代表大会常务委员会第十一次会议修正）

第四条　国家实行土地用途管制制度。

国家编制土地利用总体规划，规定土地用途，将土地分为农用地、建设用地和未利用地。严格限制农用地转为建设用地，控制建设用地总量，对耕地实行特殊保护。

前款所称农用地是指直接用于农业生产的土地，包括耕地、林地、草地、农田水利用地、养殖水面等；建设用地是指建造建筑物、构筑物的土地，包括城乡住宅和公共设施用地、工矿用地、交通水利设施用地、旅游用地、军事设施用地等；未利用地是指农用地和建设用地以外的土地。

第十一条　农民集体所有的土地，由县级人民政府登记造册，核发证书，确认所有权。

农民集体所有的土地依法用于非农业建设的，由县级人民政府登记造册，核发证书，确认建设用地使用权。

第三十一条　国家保护耕地，严格控制耕地转为非耕地。

第三十六条　禁止占用耕地建窑、建坟或者擅自在耕地上建房、挖砂、采石、采矿、取土等。

第四十四条　建设占用土地，涉及农用地转为建设用地的，应当办理农用地转用审批手续。

第七十四条　违反本法规定，占用耕地建窑、建坟或者擅自在耕地上建房、挖砂、采石、采矿、取土等，破坏种植条件的，或者因开发土地造成土地荒漠

化、盐渍化的，由县级以上人民政府土地行政主管部门责令限期改正或者治理，可以并处罚款；构成犯罪的，依法追究刑事责任。

最高人民法院关于审理破坏土地资源刑事案件具体应用法律若干问题的解释

（2000年6月16日最高人民法院审判委员会第1119次会议通过，自2000年6月22日起施行）

第三条　违反土地管理法规，非法占用耕地改作他用，数量较大，造成耕地大量毁坏的，依照刑法第三百四十二条的规定，以非法占用耕地罪定罪处罚：

（一）非法占用耕地“数量较大”，是指非法占用基本农田五亩以上或者非法占用基本农田以外的耕地十亩以上。

（二）非法占用耕地“造成耕地大量毁坏”，是指行为人非法占用耕地建窑、建坟、建房、挖沙、采石、采矿、取土、堆放固体废弃物或者进行其他非农业建设，造成基本农田五亩以上或者基本农田以外的耕地十亩以上种植条件严重毁坏或者严重污染。

专家释惑

这里着重介绍什么是非法占用农用地罪。从犯罪构成的四个要件来看，第一，本罪侵犯的客体是国家的耕地管理制度。第二，本罪在客观方面表现为违反土地管理法规，非法占用耕地等农用地改作他用，数量较大，造成农用地大量毁坏的行为。违反土地管理法规，是指违反了《土地管理法》《土地管理法实施条例》《土地复垦规定》《关于制止农村建房用地的紧急通知》《基本农田保护条例》《国家建设征用土地条例》《水土保持法》和《农业法》等与土地管理相关的法规。非法占用耕地，是指未经法定程序审批、登记、核发证书、确认土地使用权，而占用耕地的行为。第三，本罪的主体既可以是自然人，也可以是单位。第四，本罪在主观方面表现为故意。即明知占用农用地改作他用的行为违反土地管理法规，而且对于占用农用地改作他用会造成大量农用地被毁坏的结果也是明知的。

因此，案例中，李某违反了《土地管理法》规定，在没有满足将农用地转为非农用地的相关条件下，占用土地累计面积29.67亩，其中18亩基本农田已遭严重毁坏，不能进行耕种。这些行为及后果符合刑法中的非法占用农用地罪中的相关规定。

提醒

一般人对于非法占用耕地、林地等农用地的行为并不十分了解，通常非法占用农用地的行为有：一、未经国家土地管理机关审理，并报经人民政府批准，擅自占用农用地的；二、少批多占农用地，即部分农用地的占用是经过合法批准的，但超过批准的数量多且占农用地的数量较大的；三、骗取批准而占用农用地的，主要是以提供虚假文件、谎报用途或借用、盗用他人的名义申请等欺骗手段取得批准手续而占用农用地，且数量较大的。改作他用是指改变农用地的种植用途而作其他方面使用，诸如开办企业、建造住宅、筑路、采石、采矿、采土、倾倒废物等。其中，非法占用农用地数量较大且造成农用地大量毁坏结果的，是构成非法占用农用地罪的必备要件。对于我国耕地的保护必须坚守18亿亩耕地的红线不动摇。在当今工业化、城市化加速的进程中，土地问题所承担的社会矛盾和关系已经远远超过土地本身的自然属性。管好土地的目标要更高，要合理利用、科学配置，要考虑生态、人文、经济社会发展的可持续利用。

36. 不能随意改变农村承包地的农业用途

案例36　丈夫擅自改变土地农业用途，妻子诉求承包合同无效获支持

事情是这样的

丈夫梁庆盛在未征得妻子韩美金同意的情况下，将与妻子共同承包的荒地转包给谢龙杰从事经营开采方块石，并且以妻子名义和谢龙杰签订《开采方块石合同书》，改变土地的农业用途，造成土地永久性灭失。

韩美金在劝说无效后将丈夫梁庆盛诉诸法院，要求解除转包约定，确认《开采方块石合同书》为无效合同。2008 年 3 月 19 日，广西上林县人民法院依法审结了这起合同纠纷案。

被告梁庆盛现年 40 岁，系广西上林县塘红乡人。2006 年 10 月 10 日，被告谢龙杰来到梁庆盛家中，在其妻子韩美金不在场的情况下，商量承包梁庆盛与妻子韩美金共同承包经营的弄骨山（地名）荒地开采方块石一事。梁庆盛与谢龙杰经协商一致，同意把自己与韩美金承包的弄骨山荒地转包给谢龙杰，从事经营开采方块石。且梁庆盛在未经妻子同意的情况下，以韩美金的名义与谢龙杰签订了《开采方块石合同书》。韩美金遂于2008 年 1 月向广西上林县人民法院提起诉讼，要求确认丈夫梁庆盛以妻子韩美金的名义与谢龙杰于 2006 年 10 月 10 日签订的《开采方块石合同书》为无效合同。

2008 年 3 月 19 日，广西上林县人民法院经审理查明认为，我国《物权法》规定："土地承包经营权人依照农村土地承包法的规定，有权将土地承包经营权采取转包、互换、转让等方式流转。"可见，农村土地承包合同的转包是有法可依的，但梁庆盛将自己的承包地转包给谢龙杰是从事矿石开采，矿石的开采必将对土地的地表皮造成破坏，而且被破坏后的土地会永远灭失，从而影响到发包方对土地所有权的主张，而且，谢龙杰把转包回来的土地不是用于农业用途开发和经营，违反了《农村土地承包法》的规定。据此，法院依照相关法律法规，确认梁庆盛和谢龙杰于2006 年 10 月 10 日订立的土地转包合同无效，该判决已发生法律效力。

律师专线

本案的法律关系相对简单，其关键点在于被告人梁庆盛在将与妻子共同承包的荒地转包给谢龙杰从事经营开采方块石时，没有遵守法律的规定，也没有遵守合同的约定。其一，按照我国《物权法》《土地管理法》及农村《土地承包法》中的规定，农用地的承包必须把握不能擅自改变农用地的用途，而在本案中，被告人之一的梁庆盛私自将农业用地转包给他人的行为违反了法律的强制性要求，改变土地的农业用途（将农业用地用于采石），造成土地永久性灭失。其二，梁庆盛与其妻韩美金共同承包的荒地应属于共同共有关系，共有人之一的梁庆盛无权处分与其妻共同共有的不动产，因为依照《物权法》的规定处分共有的不动产，应当经占份额三分之二以上的按份共有人或者全体共同共有人同意，但本案中，共有人仅有其妻与梁庆盛本人，依照法律规定，梁庆盛是无权私自处分这块荒地的使用权的，即梁庆盛无权独自转包荒地给谢龙杰。其三，依据我国《合同法》的规定，违反法律、行政法规的强制性规定的合同自始无效，因此，其妻主张转包合同无效能够得到法律支持。

法律规范

中华人民共和国物权法

（2007 年 3 月 16 日第十届全国人民代表大会第五次会议通过，自 2007 年 10 月 1 日起施行）

第三十七条　侵害物权，造成权利人损害的，权利人可以请求损害赔偿，也可以请求承担其他民事责任。

第一百二十八条　土地承包经营权人依照农村土地承包法的规定，有权将土地承包经营权采取转包、互换、转让等方式流转。流转的期限不得超过承包期的剩余期限。未经依法批准，不得将承包地用于非农建设。

中华人民共和国土地管理法

（1998 年 8 月 29 日第九届全国人民代表大会常务委员会第四次会议修订通过，2004 年 8 月 28 日第十届全国人民代表大会常务委员会第十一次会议修正）

第四条　国家实行土地用途管制制度。

国家编制土地利用总体规划，规定土地用途，将土地分为农用地、建设用地和未利用地。严格限制农用地转为建设用地，控制建设用地总量，对耕地实行特殊保护。

前款所称农用地是指直接用于农业生产的土地，包括耕地、林地、草地、农田水利用地、养殖水面等；建设用地是指建造建筑物、构筑物的土地，包括城乡住宅和公共设施用地、工矿用地、交通水利设施用地、旅游用地、军事设施用地等；未利用地是指农用地和建设用地以外的土地。

第十四条　农民集体所有的土地由本集体经济组织的成员承包经营，从事种植业、林业、畜牧业、渔业生产。土地承包经营期限为三十年。发包方和承包方应当订立承包合同，约定双方的权利和义务。承包经营土地的农民有保护和按照承包合同约定的用途合理利用土地的义务。农民的土地承包经营权受法律保护。

第七十四条　违反本法规定，占用耕地建窑、建坟或者擅自在耕地上建房、挖砂、采石、采矿、取土等，破坏种植条件的，或者因开发土地造成土地荒漠化、盐渍化的，由县级以上人民政府土地行政主管部门责令限期改正或者治理，可以并处罚款；构成犯罪的，依法追究刑事责任。

中华人民共和国农村土地承包法

（2002 年 8 月 29 日第九届全国人民代表大会常务委员会第二十九次会议通过，自 2003 年 3 月 1 日起施行）

第十六条　承包方享有下列权利：

（一）依法享有承包地使用、收益和土地承包经营权流转的权利，有权自主组织生产经营和处置产品；

（二）承包地被依法征用、占用的，有权依法获得相应的补偿；

……

第十七条　承包方承担下列义务：

（一）维持土地的农业用途，不得用于非农建设；

（二）依法保护和合理利用土地，不得给土地造成永久性损害；

……

第三十二条　通过家庭承包取得的土地承包经营权可以依法采取转包、出租、互换、转让或者其他方式流转。

第三十三条　土地承包经营权流转应当遵循以下原则：

……

（二）不得改变土地所有权的性质和土地的农业用途；

（三）流转的期限不得超过承包期的剩余期限；

……

第三十四条　土地承包经营权流转的主体是承包方。承包方有权依法自主决定土地承包经营权是否流转和流转的方式。

第三十六条　土地承包经营权流转的转包费、租金、转让费等，应当由当事人双方协商确定。流转的收益归承包方所有，任何组织和个人不得擅自截留、扣缴。

第三十七条　土地承包经营权采取转包、出租、互换、转让或者其他方式流转，当事人双方应当签订书面合同。采取转让方式流转的，应当经发包方同意；采取转包、出租、互换或者其他方式流转的，应当报发包方备案。

第四十六条　承包荒山、荒沟、荒丘、荒滩的，应当遵守有关法律、行政法规的规定，防止水土流失，保护生态环境。

第五十三条　任何组织和个人侵害承包方的土地承包经营权的，应当承担民事责任。

第五十四条　发包方有下列行为之一的，应当承担停止侵害、返还原物、恢复原状、排除妨害、消除危险、赔偿损失等民事责任：

（一）干涉承包方依法享有的生产经营自主权；

……

（八）其他侵害土地承包经营权的行为。

第六十条　承包方违法将承包地用于非农建设的，由县级以上地方人民政府有关行政主管部门依法予以处罚。

承包方给承包地造成永久性损害的，发包方有权制止，并有权要求承包方赔偿由此造成的损失。

中华人民共和国合同法

（1999 年 3 月 15 日第九届全国人民代表大会第二次会议通过，自 1999 年 10 月 1 日起施行）

第四十四条　依法成立的合同，自成立时生效。

法律、行政法规规定应当办理批准、登记等手续生效的，依照其规定。

第五十二条　有下列情形之一的，合同无效：

……

（二）恶意串通，损害国家、集体或者第三人利益；

……

（五）违反法律、行政法规的强制性规定。

专家释惑

尽管此案并不复杂，但其中所涉及的法律问题并不少，主要有：一、合同法中的权利义务关系对于农村土地承包夫妻双方的合同关系；二、作为农村土地承包主体的夫妻双方的财产权关系；三、承包土地的农民对于土地使用权及其权利的限制；四、土地资源的利用保护与管理关系。无论是《物权法》《土地承包法》，还是《土地管理法》都明确规定了农用地使用权并不是完全不受限制的，特别是对农用地转为非农用地有严格的法律规定，同时也要求农民在使用农用地时负有不破坏土地的自然生产力的法定义务。这样做主要是为了保障国家耕地安全与粮食安全，最终保障国家安全。《土地承包法》自实施以来，的确是保障了广大农民的权益，也给我国的土地利用及土地使用权的稳定带来了生机。但随着土地租赁、土地使用权流转的增加，也产生了许多法律问题。本案就是典型的法律问题之一，主要原因在于：一、土地市场还不健全，但农民致富的心情又十分迫切；二、广大农民对于土地法规并不了解；三、土地管理不到位；四、农村妇女的权益并没有得到充分的尊重等。

提醒

农业用地是指直接或间接为农业生产所利用的土地。主要包括耕地、园地、林地、牧草地、养捕水面、农田水利设施用地（如水库、闸坝、堤埝、排灌沟渠等），以及田间道路和其他一切农业生产性建筑物占用的土地等。目前我国《土地管理法》中将土地分成三类：农业用地、建设用地及未利用地，一般来说，农业用地的质量、数量都受国家法律的严格保护，特别是对于耕地的保护。但是，由于我国一方面在农村城镇化过程中没有处理好对农业用地的保护，另一方面在农村经济发展过程中，忽视了对农业用地及农村土壤的保护，导致我国目前出现了法律很严格，但农业用地破坏依然很严重的局面。其根本出路在于如何真正的让农民致富又能让他们树立严格的法律观念。

37. 治理西部土地沙化成为当务之急

案例 37　玛曲天然草地沙化案

事情是这样的

玛曲县属黄河流域的源头地区，海拔多在4000米左右，分布有大量天然草地。黄河流经这个县400多公里，水量增加约40%，因此生态专家称之为“黄河蓄水池”。

甘肃省林业厅治沙办公室相关负责人马立鹏介绍，玛曲县在20世纪50～60年代，沙化草地仅零星分布。60年代以后沙化速率开始加快，1990年达到3900多公顷，1999年增加到6000公顷，最新的监测数据显示，玛曲沙化草地面积已达到7100多公顷，有潜在沙化土地3600多公顷。

据介绍，从植被覆盖率和景观特征来评定，植被覆盖率低于10%的极重度沙化面积、植被覆盖度低于25%的重度沙化面积两项合计占到玛曲县沙化土地总面积的41%，这表明玛曲天然草地的沙化程度整体上属重度水平。

玛曲天然草地日益沙化是人为因素和自然因素共同作用的结果，其中人为因素的影响更大一些。有分析结果显示，与玛曲天然草地沙化面积变化相关最紧密的三个因素依次是牧业产值、人口数量、年均气温。

律师专线

《中华人民共和国国民经济和社会发展第十个五年计划纲要》已经明确指出：到2005年我国生态恶化趋势得到遏制，并且力争用5～10年时间，使西部地区生态环境建设有突破性进展。我国的沙化土地90%以上分布在西部地区，沙害是制约西部经济和社会发展的主要瓶颈之一。改善西部地区生态环境，最急迫、最主要的问题是防治土地沙化，防沙治沙是实施西部大开发战略最为重要的基础建设工程。

造成沙化土地扩展的原因是多方面的。西部地区是我国自然气候、生态环境、地理条件最为恶劣的地区，沙尘暴源区主要集中在河西走廊及阿拉善高原区、内蒙古中部农牧交错带及草原区、塔克拉玛干沙漠周边地区以及蒙陕宁长城沿线旱作农业区。但不合理的生产经营活动和防治措施不力是导致沙化迅猛扩展的主要因素。具体如下：

1. 土地沙化是水土流失、森林减少和草地退化等日益恶化的生态环境的伴生物

生态环境的恶化，除了气候变化、地理环境等自然原因外，主要还是由于不合理的人为活动引起的。如盲目开垦，过度放牧，乱采滥伐，破坏植被，导致土地沙化。目前，西部地区40%以上的土地已经出现水土流失，如黄河流域黄土高原地区的水土流失面积多达45万km^2，占其总面积的71%，其中严重流失区面积为28万km^2，平均每年流失1厘米厚的表土。青海省境内长江流域的水土流失面积为10.63万km^2，占其境内长江流域总面积的63%。而新疆全区的水土流失面积已达11万余km^2。水土流失使得土地蓄水保水能力减弱，土地贫瘠化加剧。据有关资料统计，长江上游原有森林总面积为3250万公顷，而如今仅剩463万公顷，比原有面积减少85%。森林覆盖率由建国初期的30%~40%减少到10%。另外，我国草地退化面积约占草地总面积的1/3，草地退化比例最高的是宁夏、陕西、甘肃，其次是新疆、内蒙古、青海。以新疆为例，全区80%以上的天然草场都出现了不同程度的退化，其中属严重退化的草场面积已超过1/3。

2. 水资源开发利用不合理，造成大面积土地沙化

首先，一方面，西部地区是我国干旱半干旱地区，自然降雨量小，常年缺水。另一方面西部许多地区还采用大水漫灌的落后的灌溉方式，既造成水资源浪费，又使土地盐渍化。据甘、宁、青、新四省区统计，已有236亿亩土地盐渍化。其次是上游大规模开垦，违反规划过量用水，修建水利工程拦蓄河水，造成下游水量减少，河水断流，植被死亡，大部分农田被迫撂荒，形成土地沙化。新疆塔里木河流域由于20世纪50年代以来上游不断地超量采水，使进入巴州境内的河水锐减，下游270km的河流断流，25万亩农田被迫弃耕，土地沙漠化加剧。再次，由于过度开采地下水，导致地下水位下降，造成植被衰退，土地沙化。如甘肃民勤绿洲70%以上的天然植被已经衰退。我国第二大优质天然草场——地处新疆塔城盆地的库鲁斯台大草原已经危在旦夕，草原植被呈荒

漠化发展。

3. 缺乏有力措施，土地沙化扩展的势头难以遏制

首先，没有专门的防沙治沙管理部门。《防沙治沙法》规定：在国务院领导下，国务院林业行政主管部门负责组织、协调、指导全国防沙治沙工作。国务院林业、农业、水利、土地、环境保护等行政主管部门和气象主管机构，按照有关法律规定的职责和国务院确定的职责分工，各负其责，密切配合，共同做好防沙治沙工作。县级以上地方人民政府组织、领导所属有关部门，按照职责分工，各负其责，密切配合，共同做好本行政区域的防沙治沙工作。这样，权力比较分散，不能有效规范治理活动。其次，缺乏制止滥垦、滥牧、滥采、滥用水资源等不合理人为活动的措施或措施不力，形成了不少地方"治理速度赶不上破坏速度"、"绿化赶不上沙化"的被动局面。特别是对造成土地沙化的行为处理不严，打击不力，致使破坏荒漠植被的现象屡禁不止。再次，资金投入严重不足，扶持、优惠政策措施不完善。全国防沙治沙工程每年国家投资约3000万元，按治理面积平均每亩投入仅2~3元，只能买两三株树苗。而沙区经济贫困，对国家实施的生态建设工程几乎没有配套能力，从而导致防沙治沙成效甚微。

法律规范

中华人民共和国防沙治沙法

（2001年8月31日第九届全国人民代表大会常务委员会第二十三次会议通过，自2002年1月1日起施行）

第二条　在中华人民共和国境内，从事土地沙化的预防、沙化土地的治理和开发利用活动，必须遵守本法。

土地沙化是指因气候变化和人类活动所导致的天然沙漠扩张和沙质土壤上植被破坏、沙土裸露的过程。

本法所称土地沙化，是指主要因人类不合理活动所导致的天然沙漠扩张和沙质土壤上植被及覆盖物被破坏，形成流沙及沙土裸露的过程。

本法所称沙化土地，包括已经沙化的土地和具有明显沙化趋势的土地。具体范围，由国务院批准的全国防沙治沙规划确定。

第十条　防沙治沙实行统一规划。从事防沙治沙活动，以及在沙化土地范围内从事开发利用活动，必须遵循防沙治沙规划。

防沙治沙规划应当对遏制土地沙化扩展趋势，逐步减少沙化土地的时限、步骤、措施等作出明确规定，并将具体实施方案纳入国民经济和社会发展五年计划和年度计划。

第十四条　国务院林业行政主管部门组织其他有关行政主管部门对全国土地沙化情况进行监测、统计和分析，并定期公布监测结果。

县级以上地方人民政府林业或者其他有关行政主管部门，应当按照土地沙化监测技术规程，对沙化土地进行监测，并将监测结果向本级人民政府及上一级林业或者其他有关行政主管部门报告。

第二十三条　沙化土地所在地区的地方各级人民政府，应当按照防沙治沙规划，组织有关部门、单位和个人，因地制宜地采取人工造林种草、飞机播种造林种草、封沙育林育草和合理调配生态用水等措施，恢复和增加植被，治理已经沙化的土地。

专家释惑

防治土地沙化应遵循“统一规划、因地制宜、分步实施、坚持区域防治与重点防治相结合”的原则，加强法制建设，依法重点解决扩展快、对社会经济影响大和易于治理地区的土地沙化问题；在治理措施上要坚持预防为主、防治结合、综合治理的原则，实行保护和恢复植被与合理利用自然资源相结合，改善生态环境与帮助农牧民脱贫致富相结合。建立完整的生态保护体系，保障防沙治沙者的合法权益。具体而言：

1. 加强法制建设，恢复植被和大力绿化相结合

由于西部沙区滥垦、滥牧、滥采、滥用水资源等不合理人为活动造成土地沙漠化和水土流失日益严重，因此必须加强法制建设，恢复植被和大力绿化相结合。一方面，要严格执行业已颁布实施的《防沙治沙法》，规范沙区土地资源、水资源开发利用行为，广泛采取滴灌、喷灌等节水措施，合理利用水资源；同步建设生态防护林，对其进行营造、抚育、保护和管理；逐步实行围栏放牧，提倡轮封

轮牧，以草定畜，使草地得到休养生息；禁止在沙化土地上砍挖灌木、药材及其他固沙植物等。同时，严格执行《森林法》《土地管理法》《水土保持法》《农业法》《水法》等有关法规，加大执法力度。严禁过度放牧、毁林毁草开垦、过度樵采、乱采滥伐等破坏沙区林草植被的行为，恢复沙区植被，并加大绿化力度，采取得力措施，巩固防治成果。

2. 实行统一规划，综合防治，协调管理

防沙治沙是一项复杂的系统工程，涉及自然、经济、社会多层面，动植物、生态、地质、气象等多学科，农、林、水等多部门，必然要求统一规划，对遏制土地沙化扩展趋势，逐步减少沙化土地的时限、步骤、措施等作出明确规定，并将具体实施方案纳入国民经济和社会发展五年计划和年度计划，实行综合防治。从公共管理的角度来看，管理权力主体愈分散，管理责任便愈为趋于松弛，对资源的保护就越无力，资源状况就越坏。反之，权力越是集中并趋向于单一中心，责任就越明确，对资源的管理就越有效。在我国防沙治沙过程中，必须在决策民主化的基础上实行统一指挥、加强调控、推行主要管理功能部门化，确立单一权力结构和单一行政领导系统，实行防沙治沙的集中管理，应明确防沙治沙部门在各部门的权力系统中占统治地位和主导地位。这样，以保证防沙治沙部门担负起统一管理的责任，保证管理的效率，真正实现防沙治沙的目标。当然，在防沙治沙过程中，将防沙治沙管理权力专门化的同时，应注意发挥其他部门的作用，集权和分权相适应，防止大一统的权力垄断，构建合理并有效的防沙治沙管理体制。

3. 明确各级政府及其主管部门的防沙治沙责任，落实地方行政首长负责制

沙区生态环境脆弱、土地利用不当极易导致土地沙化。但长期

以来经济增长是领导干部考核政绩的主要评价指标，导致一些干部以破坏生态为代价，进行掠夺式的开发、经营，造成环境不断恶化，沙化不断扩张。因此，应明确规定地方各级人民政府对本行政区域的生态质量负责，将防沙治沙纳入国民经济和社会发展计划，采取有效措施预防和治理沙化土地，并层层签订责任状，将沙区植被保护和沙化土地的治理作为考核领导干部政绩的重要内容，奖优罚劣，保证防沙治沙工作的顺利开展。

4. 转变政府职能，引进市场机制，调动广大人民群众防沙治沙的积极性

防沙治沙活动投资大、周期长、条件差、效益低，因此，能否调动广大农牧民防沙治沙的积极性就成为整个防沙治沙工作的重中之重。政府应当集中精力搞好宏观调控和创造良好的体制、政策、市场环境。把“退耕还林（草）、封山绿化、以粮代赈、个体承包”的政策制定成法律，鼓励、支持个体工商户、私营企业、外资企业、合资企业、机关企事业单位等多种经济成分以承包、租赁、合作、股份制等多种方式，投资防沙治沙。以法律的形式明晰产权关系，调整利益分配机制，实行谁治理、谁所有、谁受益的原则；国家向退耕户无偿提供粮食、种苗，给予补助；把防风固沙林纳入公益林管理，从森林生态效益补助资金中拿出一部分资金，用于对防风固沙林经营、管理或给予所有者贡献生态效益的补偿，以法律保护退耕户和绿化户的切身利益，如《防沙治沙法》规定：在防沙治沙工作中作出显著成绩的单位和个人，由人民政府给予表彰和奖励；对保护和改善生态质量作出突出贡献的，应当给予重奖。充分调动其防沙治沙的积极性。

5. 建立土地沙化预报预防、灾情监测和紧急救援体系，提高防灾减灾能力

加强土地沙化灾害的紧急处置，包括预警和应急两个方面。预警主要是指防沙治沙管理部门应预先制定土地沙化监测预报方案和灾害应急方案，加强信息检测、传递、分析处理和对可能发生土地沙化的地点、程度等情况的预测，并组织实施，努力减少对生态利益的影响和人们生命财产的损失。在土地沙化应急处理实践经验总结的基础上，借鉴国外经验，应至少从以下几方面进行规定：（1）对有关防沙治沙监督管理部门的事故调查、监测、处理、报告和通报及应急措施进行规定，切实发挥其作用，在事故发生之初立即采取措施予以制止，同时通报可能受到沙化危害的单位和个人，避免或减少对人体健康、生命安全的危害和经济损失。（2）对发生或可能发生跨行政区域危害的土地沙化的通报制度作出规定。实行防沙治沙的联合行动，及时采取措施，预防或减少对人体生命健康的损害和财产的损失。（3）在立法中强烈要求制定土地沙化灾害应急方案，并应当有较多的条款，对此作出明确、具体的专门规定。

事故和灾害应急措施制度的主要内容至少应当包括：（1）明确规定土地沙化灾害应急抢险救灾工作，实行各级人民政府行政首长负责制，统一指挥和组织有关部门、单位，动员社会力量，各部门、单位和个人必须服从应急抢险救灾指挥机构的指挥，执行应急抢险救灾的紧急措施。（2）实行土地沙化灾害防灾应急预案制度，以保证抢险救灾应急活动顺利、有效地进行。（3）为保证灾害、灾情报告的准确、具体、可靠，为抢险救灾应急提供真实情况，保证社会稳定，应当实行土地沙化灾害预报的统一发布制度。（4）实行抢险救灾强制应急措施制度，包括险（灾）情确认，划定灾区范围，调集抢险救灾人员，临时征用装备物资，组织人员疏散安置和财产转移，实行交通管制和隔离、关闭、封锁等措施。（5）规定抢险救灾强制应急的善后工作的指导原则。

第十二章 野生动植物资源保护案例

内容提要

在美丽多彩的自然界，生长着众多可爱的野生生物。它们是没有国界的“居民”，是地球的守护神，是大自然生态的平衡点，也是人类的宝贵财富。保护这些野生生物，特别是保护一、二级野生动植物，是全世界人民共同的责任。可是，竟有一些不法分子，他们为了谋取暴利，大肆猎杀、走私濒危野生动物，大量砍伐、运输、贩卖濒危野生植物及其制品。我们应当高举法律的利剑，对这些不法分子予以应有的惩处。

38. 保护与我们共同生存在地球上的物种

案例 38 珍稀动物面临灭绝的危险

自然、动物和人之间的平衡关系十分重要，它不仅直接影响着地球物种的发展变化，而且将对人类自身的生存产生重大的影响。令人痛惜的是近几个世纪以来每一个物种都有一个心碎的故事，这些无一例外全部都是与周围的环境尤其是人类的杀戮有关。

据统计，300 年前地球上大约有 25 亿个物种，到现今只剩下 1 亿个！在已灭绝的24 亿个物种里，有60%是本世纪灭绝的。而在仅存的1 亿个物种里，动物还在以每天 1 种的速度加入“死亡”的队伍。对此，动物保护人士纷纷疾呼：照此下去，整个地球上的物种包括我们人类还能存在多久？于是，围绕着保护中国国土上珍稀动物的这一特殊战斗，我们的海关、边防、公安、检验检疫等涉外管理部门与走私珍禽异兽的犯罪分子展开了殊死的较量。

事情是这样的

一、跨国走私倒卖东北虎

1994 年 11 月，黑龙江省无业人员孔凡涛、姜燕奇、冯典刚和秦小娟等 4 人在俄罗斯倒卖服装期间，经乌苏里克市的“犹拉”介绍，结识了另一位俄罗斯人“黛拉”，经一番讨价还价，最后以 1200 万卢布（折合人民币约 3 万元）从其手里买一副虎骨和一张虎皮。先用 1 万元人民币买通一名俄方警察免检出关，又以 1000 元人民币买通国际列车服务员王萍将货带回国内并将其暂存在哈尔滨的家中。后由冯典刚等人取走，先后在山东、天津等地寻找买主，均未如愿。1995 年 3 月，冯典刚等人来到铁岭市冒图县与王来利、王洪利、周云臣等人相互勾结，进行了这笔肮脏交易。不久被人举报，3 月 22 日，被公安机关破获。次日，由省野生动物管理部门和省药品检验所的技术人员对虎骨和虎皮进行了鉴定，虎皮长 2. 25 米，尾长 1. 1 米，虎骨共有 119 块、11 公斤，经确定此系一完整的 54 龄以上的雄性东北虎皮，大约在 1993 年被枪杀。

二、鹿角走私梦断福州

1995 年 5 月，福州海关调查处情报部门获悉一名不法台湾商人准备把一批数量巨大的鹿角运进马尾港，再从马尾港偷运到台湾。

6 月 8 日凌晨，调查处耿副处长被一阵急促的铃声惊醒。据有关内线报告，有人正在马尾区某一仓库内鬼鬼祟祟地卸一批货物，形迹可疑，耿副处长马上分析这个月来掌握的情况，初步判定，这批货物可能就是那批准备走私出境的鹿角。事不宜迟，耿副处长迅速通知几名缉私队员和司机，同时也通知了警方，他们以最快的速度赶到案发地点。

耿副处长向值班的冷冻仓库负责人、调度员和保卫人员出示了调查证，简单介绍了一下情况，提请他们配合缉私人员办案。

据了解，这个容量10万吨的大型仓库现存有货物9万吨，不同货主的货物堆积如山，零下10多度的低温让人不住地哆嗦。耿副处长他们都穿上了仓库搬运工的大衣，在幽暗的灯光下沿着又长又窄的过道逐个搜查。直到中午12点，仍无收获。

耿副处长先让大家撤了出来，他们一边用干面包就着矿泉水填着饥饿的肚子，一边分析搜查的情况。从下半夜和整个上午搜查的情况看，鹿角存放在这个库的可能性不大。但是，货物藏在哪儿呢？

说来也巧，正准备行动时，关员小王说到库房后方便一下。然而，没过一会儿他却兴冲冲地折回来报告，他发现仓库后有条小道能直接通向几间小冷库。

这一发现，立刻引起耿副处长他们的高度重视，马上与仓库保管员联系打开小冷库检查。第一间没有发现异常，第二间也没有，第三间门一打开，马上在门口发现有货物刚搬运过的痕迹。在库房的深处，一大堆外形特征与情报相符的货物就在眼前，随意打开三包，血淋淋的鹿角就在里面。经现场清点，共有鹿角127箱，毛重3630公斤。送交专家初步鉴定，全是国家一级鹿类动物。根据有关规定，鹿角的进出口或在国内的经销，均需有关部门的批准。

货物存单只登记存货人林某，存放香菇210箱，但林某既无地址，又无电话。看来只有找到林某才有新突破，他们通力协作，连续作战，第三天终于查到了林某的行踪。据林某交待，这批货是一个台湾的船长让他存放的香菇。

几天后的深夜，两艘缉私艇悄悄地守伏在闽江口。

午夜时分，当一艘百来吨重的货船，熄灭了灯在江心蜿蜒蛇行时，缉私人员发出了停船接受检查的信号。而那船看来做贼心虚，立马加大油门，企图冲出一条生路。早有准备的缉私艇横过船舷，一步步把这艘金门103号的台湾船逼上一个小码头——人赃俱获，台湾的船长不得不承认了偷运鹿角的非法行为。

原来1998年12月，他与一个在福州做生意的台湾人，就策划把从内地不法分子手里收购的鹿角运到台湾。但他们也心知肚明，鹿角不论是在台湾还是在大陆，都是海关缉查的重点物品，根本不可能办理正常的通关手续。为了牟取暴利，于是就铤而走险，采取偷运手段。谁知策划了几次都半途而废，更没有想到最终还是被福州海关盯上了。

三、熊掌熊皮昭示犯罪

云南，四季如春的气候，茂密厚实的森林，给野熊提供了优良的天然生活环境，由此成为我国熊类动物最聚集的乐土。同时这里又成为猎杀走私熊类动物最猖獗的地区，与缅、老、越接壤的数千公里长的边境线更成了走私者的天堂。于是，我国的海关、边防、商检、动检与犯罪分子展开了一幕幕惊心动魄的较量。前不久，记者来到这里采访。找到调查科的何科长，刚说明来意，何科长抬起手腕看了看手表，说道："正合适，走，我们到黑山去。"

"我们这里人手太少，边境线又长，走私情况非常复杂。"何科长向我们解释说，"所以我们只能采取'打点带面'的战术，哪里有情况就打哪里，不然光凭我们这几个人，怎么能守得住这么长的边境线呢！刚才我们根据经验判断前往芒市的客车该到黑山门了，我们去查一下，说不定能给你抓点活素材呢！"

黑山门，分别通向不远的两个边境口岸畹町桥和瑞丽，是车辆从边境开往内地的必经之地。陡峭的公路上一辆辆汽车缓缓行驶，既便于缉私人员的观察，发现情况也有作出反应的余地，选择这个地方设卡，本身就是一个查缉经验的说明。

国道上，一辆又一辆的汽车安然而过，何科长却突然向身边的关员下令："截住那辆红色大客车！"

面对车上的30多名乘客，关员们有的负责警戒，有的检查行李，态度和蔼，秩序井然。突然从车顶上跳下来的关员把何科长拉到车外，低声说道，"车顶上有几只箱子，装的是竹虫，但却活得很，恐怕有问题。”

何科长不由自主地攥紧了腰间的枪把，问：“打开看过没有？”

“我用通条插过，插不进去，里面有硬东西。”

何科长紧张起来，对同伴们下令：“各就各位，有情况！”然后，上车向所有乘客宣布：“我们是中国畹町海关，依法到这边履行公务，请大家不要紧张！车顶上的几只白色箱子是哪位的？请打开让我们检查。其余乘客，请坐在原来的位置上，别走动！”30多张脸，面面相觑。有惊讶、有冷漠、也有茫然，但一个也不说话。关员们逐一询问，却无人承认是自己的行李。请司机指认，可司机看了一阵子，说：“托运箱子的人不在车厢里。”

既然如此，那就更引起了海关的怀疑。明显是一起典型的人货分离走私案。

“打开！”那是8只全部用胶带密封的塑料箱子。掀开箱盖，表面装的是一层冰冻成块的白色竹虫。用铁锤砸开后往下一搜，里面藏匿着12只硕大的黑熊掌！还藏匿着250公斤的熊肉和3张熊皮。

那是珍稀动物血淋淋的骨肉，毛茸茸的肢体！

走私分子生怕自己铤而走险被“人赃俱获”，就设法雇用马仔押运过关。自然，马仔遇到海关时装聋作哑，怕的是锒铛入狱，面对无主的走私熊掌、熊肉和熊皮，海关人员的心在滴血……

四、猎隼获救丝绸古道

在濒危动物中心一排排高高的铁丝网里，忽地跃起一只似秃鹫又似雏鹰的飞禽。一问才知道，这是猎隼。中心的管理人员老王介绍说，这是北京国际机场出入境检验检疫部门查获的走私“货”。

猎隼是《濒危野生动植物物种国际贸易公约》中予以保护的珍稀动物，我国也是协约国之一。

据北京出入境检验检疫部门透露，自他们1995年1月破获首起猎隼走私案件以来，至今已相继查处20多起同类案件。特别是近几年来增加了北京至中东的航线，经北京过境或转机的走私猎隼案明显增多，迄今为止已收缴猎隼208只。末了，这位管理人员还感叹到：“走私猎隼真正最猖獗的地方，那是在大西北的新疆一带。”

1999年10月4日晚8点40分，乌鲁木齐国际机场，只见准备从这里乘坐班机前往加沙的旅客，正提包携袋，陆续来到联检“窗口”办理验放手续。8点50分，一名身穿深灰色西服的青年男子，手提两个行李箱，疾步绕过联检通道入口处，一闪身，钻进联检人员专用通道，径直朝隔离区的候机大厅匆匆走去。

“请问，这箱子里装的是什么?”

青年男子闻声大惊，眼前是一位身着动检制服的官员。

“啊，没……没……什么……”虽嘴说没什么，腿却不由自主地哆嗦起来。

“那好，请你跟我来一下。”两个箱子终于打开了：16只经过特殊包装的猎隼抖了出来，怪不得他要逃检呢!

就在这一走私猎隼案件刚刚发生的第9天，红旗拉甫海关也查获了一起更为严重的猎隼走私案。

凌晨时分，当海关工作人员的车子行至离口岸联检区近两公里处时，突然发现一辆白色的奥迪车在公路右边的便道上行使。那条道坑坑洼洼，以致影响了车子的速度。几分钟后，奥迪车迅速拐上了公路，突然加速朝边境方向疾驶。大清早，绕过商检、动植检、海关等联检单位朝边界直奔，这是极不正常的。

“追!”海关售货员夏克尔当机立断地命令道。越野车卷起一股风尘赶了过去。1公里、2公里、3公里……奥迪车看着有人追了上来，更加大油门拼命向边境狂奔。

经验告诉夏克尔他们，这更说明了奥迪车里必定有“鬼”——不是走私，就是非法越境！眼看离国境线越来越近，情况万分紧急。绝不能让犯罪分子阴谋得逞！夏克尔立即掏出手枪，准备采取非常措施……

“叭”的一声枪响，奥迪车的右后胎瞬间“蔫”了下来。越野车乘势拦截过去。

“请你们下车接受海关检查!”随着包围上来的关员们一声大喊，车内两男一女乖乖地都下了车。

奥迪车的车门、后厢盖都相继被打开了。经搜查，21个小木箱里藏匿着43只被“绑架”的猎隼，其中有几只已经被压得快要气绝身亡了。在铁的事实面前，走私分子们像他们坐车下的轮胎全都“蔫”了!

五、天津特大猎隼走私案

2000年9月，天津的一对夫妇偷偷购买了44只国家珍贵的二级保护动物——猎隼，企图通过与机场个别工作人员勾结将其走私到阿联酋，从中获得上百倍的利润，他们得逞了吗?

2000年9月13日，天津滨海国际机场，由天津飞往香港转至阿联酋的CA103客机已经开始缓慢滑行。就在这时，对旅客的行李物品早已检查完毕的机场海关人员，却突然接到边防检查站打来的电话。他们怀疑飞机上有人逃避海关监控进行走私。

此时，时间是上午8点30分，离飞机起飞剩下不到5分钟。面对这一紧急情况，海关人员迅速赶到舱门口，从里面取出4个箱子，当场查验并向有关人员进行了咨询。

没料到，查获的竟是国家保护的珍贵动物，海关调查人员立即抓获箱子携带者王玉华。经确认，他正是被边检人员一直注视的可疑人物。

同时，海关人员联系专家进行现场鉴定。上午10点多，鉴定结果出来了，箱内偷运的是国家二级保护动物——猎隼。猎隼在我国大多栖息在新疆、青海等地，由于西北荒漠地区沙鼠较多，使仅有的草地也被沙鼠严重地啃啮，这对自然环境造成了很大的破坏。而一只猎隼一年就能捕捉1000多只沙鼠。因而，猎隼的存在对维护西北的环境、延缓草地的沙化有着重要的作用。可近几年，由于一些不法分子的大量捕捉和走私，导致猎隼每年减少近千只。因此，我国法律已明确规定，走私猎隼数量在6只以上就构成情节特别严重的大案。可此时查获的总量竟高达44只。同时发现，由于偷运措施不当，已造成8只死亡。

海关人员："主要当事人是谁？住在哪儿？"和这件事有关的机场民警左西广不讲。后来他的BP机响了，显示号码是655×××。10分钟以后反馈过来，这个电话是红桥区××地区×街×号，具体地址都有了，很快找到了这个地方，找到了张英，还有她的几个哥哥。他们正在商量这事怎么办。

下午4点多，海关人员终于将此案的具体组织策划者张英，负责制箱包装的黄华春在家中抓获。通过对张英等人的审讯，案件又有了重大突破。原来，张英以前一直是做服装生意的，日子过得不错。1999年11月，她和丈夫黄华秋带着儿子黄烨去阿联酋旅游，到了那儿，夫妻俩发现了一个赚钱的好机会——就是当地人以猎隼为荣耀，认为拥有它就是拥有尊贵地位的象征。因此，猎隼在当地的价格非常昂贵，一般在1万到10万美元之间。而在中国，偷偷购买一只只需花不到1000元的人民币。算起来，这是上百倍的利润。对于已经决定把儿子黄烨留下来读书的夫妻俩，这时不由动了心思。临走时，他们就在当地购买了许多猎隼眼罩等专用品。回国后，丈夫黄华秋就开始积极着手联系购买猎隼之事。

黄华秋说："货主给我打电话，告诉我有鹰。到那儿就拿来了，拿来就搁家养着，计40多只，大约花了4万多块钱。"

2000年9月，黄华秋把分3批先后购买的44只猎隼放到妹夫王玉华家中进行饲养，同时开始努力寻找进行偷运出境的办法。

黄华秋说："通过朋友，找到一个人。机场的人说，得通过检疫和海关。我说大约需要多长时间？他说需要半个月。我说那样都饿死了，不行，看看有没有简便手续？我那朋友说，星期一再说吧！"

可就在黄华秋为此事奔波之际，9月7日，他却因另外一件事，以涉嫌妨碍公务被公安局红桥分局刑事拘留。在这关键时刻丈夫被抓，而猎隼偷运的事是不能拖延的，心急万分的张英于是决定由她去和丈夫已经约好的机场民警左西广和机场安检人员冯建宏在太亨酒家碰面。熟知机场情况的左西广授意张英把2个木箱改制成4个，以方便偷运。而在安检站工作的冯建宏则提供了4个安检封。这样木箱才能正常托运。

在双方谈妥了交付5万元的条件之后，就开始分头行动。张英等人商定，由妹夫王玉华和儿子黄烨携带猎隼去阿联酋。9月13日早上6点30分，张英、王玉华、黄烨、黄华春等人早早地来到机场，因为按照规定，正常的出境旅客登机时，携带的物品需要经过机场的安全检查和海关检查，旅客身份需要经过边防检查。可早已在此等候的左西广为了帮助张英等人逃避这些程序，在安检和海关人员都未上班之前，利用自己是机场公安处民警的身份，把4个箱子偷偷放到办理登机手续对面的一个搁置杂物的小屋内。一切进展得那么顺利。

张英等人看到箱子已经安全地上了飞机，总算是松了一口气。但令他们做梦也没有想到的是，他们的行踪全部被机场内的监视器录制了下来。

由于及时截获，偷运猎隼的行动以失败而告终。张英等人发财的美梦破灭了。自案发到9月29日，张英一家3口，以及妹夫王玉华、大伯黄华春，机场工作人员左西广、冯建宏，共7人全部落网。

在海关人员的当场检查中，已经死亡的8只猎隼被送到天津自然博物馆保留。为了使剩余的36只尽快地恢复健康，它们被送到天津动物园进行喂养。当时有的体质比较弱，有的比较小，40天后，猎隼慢慢健壮了，可因为笼舍小了，撞死了6只。后来就剩下30只。

为了保证最后的30只猎隼更好地存活，天津海关作出重大决定，把它们送回栖息地新疆。2000年10月26日，经过长途的旅行之后，猎隼终于到达目的地——新疆野生动物保护区。历经波折的30只猎隼，终于回到属于它们的家园，回到了美丽的大自然。在这里，猎隼们可以自由地飞翔了。

律师专线

以上五起野生动物走私都触犯了我国《刑法》第151条规定，构成了非法走私珍贵野生动物及制品罪。首先，从这些案件来看，犯罪嫌疑人都违反了《海关法》的规定，构成了走私行为。按照《海关法》和《刑法》的规定，以及最高人民法院颁布的走私罪条款司法解释，他（她）们已经触犯了刑法，构成了走私珍贵动物罪，而且属于比较严重的走私国家重点保护的野生动物的犯罪行为。这个案件所涉及的猎隼，是国家的二级保护动物，是禁止进出口的。《刑法》第151条规定，情节较轻的处5年以下有期徒刑和罚款。只要走私10只以上，就视为情节较重，应该处无期徒刑或者死刑。

其次，他们的行为违反了我国《野生动物保护法》。《野生动物保护法》第22条规定："禁止出售、收购国家重点保护野生动物或者其产品。因科学研究、驯养繁殖、展览等特殊情况，需要出售、收购、利用国家一级保护野生动物或者其产品的，必须经国务院野生动物行政主管部门或者其授权的单位批准。"第23条规定："运输、携带国家重点保护野生动物或者其产品出县境的，必须经省、自治区、直辖市政府野生动物行政主管部门或者其授权的单位批准。"1992年国务院又发出《关于禁止犀牛角和虎骨贸易的通知》，这说明，进出口、运输、携带、从事虎骨交易，都是我国法律明令禁止的，凡非法走私、倒卖象牙、东北虎这样的国家一级保护动物及其产品的，根据我国有关法律，可以依法对案犯处以有期徒刑直至死刑。这样的严惩，有些人不是不知道，正如上述一案案犯冯典刚被捕以后自白道："我们也知道一旦事发后会受到严惩的，甚至会掉脑袋，可我们了解到，若将虎骨和虎皮卖到深圳，可得到几百万元，若卖到香港则可高达800万港币……"从中可见，国际野生动物非法交易是境内近几年非法捕杀、走私、倒卖野生动物猖獗的一个重要原因，因此各国严格履行《濒危野生动植物种国际贸易公约》中确立的各项义务，加强各国在跨国走私，倒卖珍贵、濒危野生动物及其产品方面打击的合作，是保护野生动物所面临的又一课题。

法律规范

中华人民共和国海关法

（1987年1月22日第六届全国人民代表大会常务委员会第十九次会议通过

根据2000年7月8日第九届全国人民代表大会常务委员会第十六次会议《关于修改〈中华人民共和国海关法〉的决定》修正）

第八十二条　违反本法及有关法律、行政法规，逃避海关监管，偷逃应纳税款、逃避国家有关进出境的禁止性或者限制性管理，有下列情形之一的，是走私行为：

（一）运输、携带、邮寄国家禁止或者限制进出境货物、物品或者依法应当缴纳税款的货物、物品进出境的；

……

有第一款所列行为之一，构成犯罪的，依法追究刑事责任。

第八十三条　有下列行为之一的，按走私行为论处，依照本法第八十二条的规定处罚：

……

（二）在内海、领海、界河、界湖，船舶及所载人员运输、收购、贩卖国家禁止或者限制进出境的货物、物品，或者运输、收购、贩卖依法应当缴纳税款的货物，没有合法证明的。

中华人民共和国刑法

（1997年3月14日第八届全国人民代表大会第五次会议修订，自1997年10月1日起施行）

第一百五十一条　走私国家禁止出口的文物、黄金、白银和其他贵重金属或者国家禁止进出口的珍贵动物及其制品的，处五年以上有期徒刑，并处罚金；情节较轻的，处五年以下有期徒刑，并处罚金。

第三百四十一条　非法猎捕、杀害国家重点保护的珍贵、濒危野生动物的，或者非法收购、运输、出售国家重点保护的珍贵、濒危野生动物及其制品的，处五年以下有期徒刑或者拘役，并处罚金；情节严重的，处五年以上十年以下有期徒刑，并处罚金；情节特别严重的，处十年以上有期徒刑，并处罚金或者没收财产。

最高人民法院关于审理破坏野生动物资源刑事案件具体应用法律若干问题的解释

（2000 年 11 月 27 日最高人民法律审判委员会第 1141 次会议通过，自 2000 年 12 月 11 日起施行）

第三条　非法猎捕、杀害、收购、运输、出售珍贵、濒危野生动物具有下列情形之一的，属于“情节严重”：

（一）达到本解释附表所列相应数量标准的；

（二）非法猎捕、杀害、收购、运输、出售不同种类的珍贵、濒危野生动物，其中两种以上分别达到附表所列“情节严重”数量标准一半以上的。

非法猎捕、杀害、收购、运输、出售珍贵、濒危野生动物具有下列情形之一的，属于“情节特别严重”：

（一）达到本解释附表所列相应数量标准的；

（二）非法猎捕、杀害、收购、运输、出售不同种类的珍贵、濒危野生动物，其中两种以上分别达到附表所列“情节特别严重”数量标准一半以上的。

第四条　非法猎捕、杀害、收购、运输、出售珍贵、濒危野生动物构成犯罪，具有下列情形之一的，可以认定为“情节严重”；非法猎捕、杀害、收购、运输、出售珍贵、濒危野生动物符合本解释第三条第一款的规定，并具有下列情形之一的，可以认定为“情节特别严重”：

（一）犯罪集团的首要分子；

（二）严重影响对野生动物的科研、养殖等工作顺利进行的；

（三）以武装掩护方法实施犯罪的；

（四）使用特种车、军用车等交通工具实施犯罪的；

（五）造成其他重大损失的。

第五条　非法收购、运输、出售珍贵、濒危野生动物制品具有下列情形之一的，属于“情节严重”：

（一）价值在十万元以上的；

（二）非法获利五万元以上的；

（三）具有其他严重情节的。

非法收购、运输、出售珍贵、濒危野生动物制品具有下列情形之一的，属于“情节特别严重”：

（一）价值在二十万元以上的；

（二）非法获利十万元以上的；

（三）具有其他特别严重情节的。

附表：非法猎捕、杀害、收购、运输、出售珍贵、濒危野生动物刑事案件“情节严重”、“情节特别严重”数量认定标准。

中文名	拉丁文名	级别	情节严重	情节特别严重
马来熊	Helarctos malayanus	Ⅰ	2	3
大熊猫	Ailuropoda melanoleuca	Ⅰ		1
貂熊	Gulo gulo	Ⅰ	2	3
虎	Panthera tigris	Ⅰ		1
黑麂	Muntiacus crinifrons	Ⅰ	1	2
白唇鹿	Cervus albirostris	Ⅰ	1	2
坡鹿	Cervus eldi	Ⅰ	1	2
梅花鹿	Cervus nippon	Ⅰ	2	3
豚鹿	Cervus porcinus	Ⅰ	2	3
麋鹿	Elaphurus davidianus	Ⅰ	1	2
隼科（所有种）	Falconidae	Ⅱ	6	10

专家释惑

在这五个与野生动物有关的案件中，主要涉及两个方面的问题：一是野生动物的走私行为和走私罪的认定，二是关于刑罚处罚中的罪数问题，因为在以上五个野生动物的走私案中同时涉及野生动物的收购、出售与走私等行为。准确地区分罪数，有利于准确定罪量刑。另外，我们应该准确区分走私野生动物罪与走私野生动物的一般违法行为。走私珍贵野生动物罪是指违反海关法规，逃避海关监管，非法携带、运输、邮寄珍贵动物进出国（边）境的行为。在此所指珍贵野生动物是指我国《野生动物保护法》规定保护的野生动物，指珍贵、濒危的陆生、水生野生动物和有益的，或者有重要经济、科学研究价值的陆生野生动物。走私野生动物的行为是指违反海关法及有关法律、行政法规，逃避海关监管，偷逃应纳税款、逃避国家有关进出境的禁止性或者限制性管理，运输、携带、邮寄国家禁止或者限制进出境的珍贵野生动物进出境的行为。二者从走私的数量、走私野生动物的种类、犯罪情节等方面都有质的区别。

走私野生动物罪依据其犯罪形态可以分为犯罪未遂、犯罪中止与犯罪既遂。上述五起野生动物走私案都构成犯罪既遂，应受我国刑罚处罚。《刑法》第151条第2款规定：走私国家禁止进出口的珍贵动物及其制品的，处5年以上有期徒刑，并处罚金；情节较轻的，处5年以下有期徒刑，并处罚金。野生动物走私最大也是最直接的动力就是经济利益的驱动，因此，用经济手段进行处罚不失为一种比较恰当的方式。但对于野生动物的保护由于受到人类几千年的“人类中心主义”传统伦理观的影响，不论是我国还是其他发达国家都没有将对动物的保护提高到一个应有的高度。从一定意义上说，对野生动物的保护不仅仅只是保护地球上的遗传资源、生物多样性、地球生态平衡，更多的是为保护人类本身。从自然进化过程和结果来看，许多存在的动物和人类都是自然选择的结果，也是地球生态物种平衡选择的结果，我们人类也只是在地球生命漫长历史过程中出现的一个小群体，人类的行为必须尊重自然规律，否则会导致不可逆转的生态灾难，一种动物的消失所带来的影响目前我们还不能完全了解，但生物物种的变化会导致自然的变化，这是不可否认的，因此我们必须保护与我们共同生活在这片土地上的其他生物，给予它们的关怀就是给予人类自己的关怀。

39. 嘴下留情　合法经营

案例 39　酒店经营野生保护动物应依法处罚

事情是这样的

日前，浙江省乐清市林业局对两家非法经营出售野生动物的新世纪大酒店作出处罚，没收两家被查获的野生动物，予以放生；处以国际大酒店 5850 元的罚款，责令其补缴野生动物保护资源管理费 195 元；处以新世纪大酒店 11.74 万元的经济处罚，同时责令其补缴野生动物保护资源管理费 7505 元。

1999 年 10 月 27 日，乐清市林业局野生动物保护办公室和公安局林业公安科对市区内部分酒店进行了突击检查。在国际大酒店，检查人员查出该店非法经营眼镜蛇（省重点保护动物资源）8 条。在新世纪大酒店，查出该店非法经营蓝孔雀（国家一级保护动物）1 只、眼镜蛇 11 条、陆龟（省重点保护动物）2 只、虎纹蛙（国家二级保护动物）20 只、蛇蛙 6 公斤，另有黑尾锦蛇（省重点保护动物）26 条、乌梢蛇 3 条、灰鼠蛇 2 条、油菜花蛇 1 条、同东老鼠 5 只。

就国际大酒店非法经营野生保护动物一事，乐清市野生保护办公室进行了调查，查实该店已经取得陆生野生动物经营利用核准证，但是经营浙江省野生保护动物眼镜蛇，属于超出核准证规定范围从事陆生野生动物经营利用活动。为此，该办公室依据《浙江省陆生野生动物保护条例》第 39 条之规定对其作出了处罚。

新世纪大酒店被查获非法经营国家一级野生保护动物蓝孔雀和国家二级保护动物虎纹蛙，案情较为复杂，也备受众人关注。乐清市野生动物保护办公室首先就野生动物是通过什么渠道购进的进行了调查。

据新世纪大酒店的股东之一、负责餐厅采购的林某某回答，蓝孔雀是从柳市镇阳光珍禽养殖场借来的，放在酒店里面让人观赏并不现售。眼镜蛇是福建人送来的，陆龟是从温州花 30 元一只买来的，黑尾锦蛇是与温州一家酒店合伙从湖南省益阳市桃江县采购来的，一共买了50公斤，新世纪大酒店只分了18.5公斤。

为此，乐清市林业局要求阳光养殖场领回蓝孔雀，不对其进行经济处罚，但要求其不能出售其驯养的野生动物。

对于新世纪大酒店非法经营出售国家二级保护动物虎纹蛙20只一事，乐清市林业局专门向温州市林业局作了请示。因为根据《林业部、公安部关于陆生野生动物刑事案件的管辖及其立案标准的规定》第4条第3项之规定：非法收购、出售国家一级保护野生动物3只以上或者国家二级保护陆生野生动物12只以上的，应当立为特别重大案件（该法规于1994年发布，现已被2001年5月9日公布施行的《国家林业局、公安部关于森林和陆生野生动物刑事案件管辖及立案标准》所废止）。温州市林业局的答复是，念其初犯，不追究其刑事责任。但是新世纪大酒店非法经营国家二级保护动物及多次出售浙江省重点保护野生动物(1999年10月9日林业局也在该酒店查获浙江省重点保护动物眼镜蛇8条)，其行为已严重违反了《浙江省陆生野生动物保护条例》第28条之规定，林业局根据《浙江省陆生野生动物保护条例》第36条的规定，给予其处罚。

该酒店须于接到处罚决定书之日起5日内缴纳罚金。被处罚人如不服决定，可在接到本决定书之日起15日内向乐清市人民政府或温州市林业局申请复议，也可直接向乐清市人民法院起诉。逾期不申请复议或不起诉又不履行决定的，林业局将申请乐清市人民法院强制执行。

律师专线

本案中新世纪大酒店违法收购并出售国家重点保护的野生动物的行为违反国家《野生动物保护法》。乐清市林业局给予其行政处罚，并给予相应的罚款处罚，就本案酒店的行为来看，属于处罚过轻。根据《野生动物保护法》《刑法》《国家林业局、公安部关于森林和陆生野生动物刑事案件的管辖及其立案标准的规定》等相关法律、法规的规定，新世纪大酒店的行为已经构成了犯罪，应受刑罚处罚。而且，本案的行政处罚决定书也不符合法律规定，既然是由乐清市林业局作出的行政处罚，对新世纪大酒店征收的也只能是罚款，而不是罚金。当然在本案中，决不能用罚款来取代刑罚处罚。因此，就本案而言，行政机关应将案件移送处理，依据《行政处罚法》的规定，违法行为构成犯罪的，行政机关必须将案件移送司法机关，依法追究其刑事责任。

注意

罚金与罚款是两个不同的法律概念。罚金是人民法院判处犯罪分子向国家缴纳一定数额金钱的刑罚方法，适用的对象是违反刑法的犯罪分子，具体刑罚种类的确立由人民法院判决生效，其他机关无权决定。罚款是行政机关对行政违法行为人强制收取一定数量的金钱，剥夺一定财产权利的制裁方法，它适用于对多种行政违法行为的制裁，行政处罚的实施机关可以是行政主管机关、法律法规授权的组织或行政机关委托的组织。

法律规范

中华人民共和国刑法

（1979 年 7 月 1 日第五届全国人民代表大会第二次会议通过，1997 年 3 月 14 日第八届全国人民代表大会第五次会议修订，自 1997 年 10 月 1 日起施行）

第三百四十一条　非法猎捕、杀害国家重点保护的珍贵、濒危野生动物的，或者非法收购、运输、出售国家重点保护的珍贵、濒危野生动物及其制品的，处五年以下有期徒刑或者拘役，并处罚金；情节严重的，处五年以上十年以下有期徒刑，并处罚金；情节特别严重的，处十年以上有期徒刑，并处罚金或者没收财产。

中华人民共和国野生动物保护法

（1988 年 11 月 8 日第七届全国人民代表大会常务委员会第四次会议通过，2004 年 8 月 24 日第十届全国人民代表大会常务委员会第十一次会议修订并公布施行）

第九条　国家对珍贵、濒危的野生动物实行重点保护。国家重点保护的野生动物分为一级保护野生动物和二级保护野生动物。国家重点保护的野生动物名录及其调整，由国务院野生动物行政主管部门制定，报国务院批准公布。

地方重点保护野生动物，是指国家重点保护野生动物以外，由省、自治区、直辖市重点保护的野生动物。地方重点保护的野生动物名录，由省、自治区、直辖市政府制定并公布，报国务院备案。

第二十二条　禁止出售、收购国家重点保护野生动物或者其产品。因科学研究、驯养繁殖、展览等特殊情况，需要出售、收购、利用国家一级保护野生动物或者其产品的，必须经国务院野生动物行政主管部门或者其授权的单位批准；需要出售、收购、利用国家二级保护野生动物或者其产品的，必须经省、自治区、直辖市政府野生动物行政主管部门或者其授权的单位批准。

专家释惑

对本案而言，乐清市林业局的处罚明显过轻。根据我国法律规定，新世纪大酒店的行为触犯了我国《刑法》，应受刑罚处罚。乐清市应当根据国家法律的规定，而不是仅仅依照上级机关温州市林业局的指示来处理案件。

我国《刑法》明确规定，因科学研究、驯养繁殖、展览等特殊情况，需要出售、收购、利用国家一级保护野生动物或者其产品的，必须经国务院野生动物行政主管部门或者其授权的单位批准；需要出售、收购、利用国家二级保护野生动物或者其产品的，必须经省、自治区、直辖市政府野生动物行政主管部门或者其授权的单位批准。在本案中，首先，乐清市新世纪大酒店并没有经过相关主管部门的批准，显然违反了《野生动物保护法》的规定；其次是在数量上已经达到刑罚处罚的数额，依据《国家林业局、公安部关于森林和陆生野生动物刑事案件管辖及立案标准》第 2 条第 9 款可知，本案中，新世纪大酒店的行为已经构成特别重大案件，因为该酒店被查出非法经营蓝孔雀（国家一级保护动物）1 只、眼镜蛇 11 条、陆龟（省重点保护动物）2 只、虎纹蛙（国家二级保护动物）20 只、蛇蛙 6 公斤，另有黑尾锦蛇（省重点保护动物）26 条、乌梢蛇 3 条、灰鼠蛇2条、油菜花蛇1条、同东老鼠5只。显然该酒店的行为已经触犯了国家刑法规定，应受刑罚处罚。乐清市林业局在对该案作出明确的认定后，应将案件移交国家司法机关依法进行刑罚处罚，而不应通过向上级请示来解决问题。案件移送是指有行政处罚权的行政机关认为自己所管辖的案件中的违法行为已经构成犯罪，因而把案件移送给处理犯罪案件的司法机关处理的制度。

酒店经营野生动物是野生动物减少、灭绝的重要原因之一。野生动物不仅仅只是地球中的重要成员，也是我们生存、繁衍、发展和进化的重要伙伴，对于野生动物的保护不仅仅只是为了人类的生存，更重要的是为了人类与动物在这个地球上的和谐共处与共存。另外，野生动物体内也带有许多未知的可能对人体有害的病原体，“病从口入”，2003年春天的“非典”事件我们记忆犹新，对于野生动物，我们消费者也应该自觉抵制其食用，没有了消费市场，酒店也自然不会再从事此项经营了！

40. 误杀国家一级保护动物要承担刑事责任

案例40 此“鹿”非彼“麂”，“鹿”、“麂”应分清

事情是这样的

1999年2月4日，湖南省某县农民张某，邀请奉某等3人，携带鸟枪一同来到相邻的司门前镇淘金山狩猎。当他们在搜索猎物时，猛然发现一黑色小动物受惊窜出丛林，张某马上举枪射击，猎物当即倒地身亡。此事很快被当地林业派出所发现，猎物被依法收缴。经县野生动物协会委托有关专家鉴定，确认张某射杀的是一只毛冠鹿。毛冠鹿是湖南省二级保护动物，根据公安部、国家林业局的有关规定，应依法对其进行治安处罚。林业派出所的同志在办理案件过程中，对动物的皮毛进行认真的查看，觉得张某射杀的不像是一头毛冠鹿，而是一头黑麂。为了避免出现错案，派出所委托湖南省野生动物保护协会重新鉴定。结果证

实，张某射杀的野生动物不是毛冠鹿，而是一头黑麂。黑麂是鹿的一个珍稀品种，属于国家一级保护动物。张某的行为构成了非法杀害珍贵野生动物罪，行政机关依法将该案移交给了司法机关。

律师专线

本案涉及野生动物的认定和行政处罚案件的移送问题。本案对野生动物的认定，使案件的性质发生了改变，由一般的行政案件转换成刑事案件，从社会危害性来说，也发生了改变。在案件发生后当地林业派出所认定张某所射杀的是省级二级保护动物，并依此作出治安处罚。后经专业部门鉴定，张某所射杀的是国家一级保护动物黑麂，张某的行为触犯了刑法，构成了非法杀害野生动物罪。依据我国《行政处罚法》的规定，违法行为构成犯罪的，行政机关必须将案件移交司法机关，依法追究刑事责任。

就本案而言，张某因涉嫌射杀一般性保护动物毛冠鹿而应被行政处罚。但经重新鉴定，确认其射杀的并非毛冠鹿，而是国家一级保护动物黑麂。张某的行为触犯了刑法，应由行政机关移送司法机关处理。

注意

在处理行政违法行为是否构成犯罪行为时，应注意以下问题：第一，违法行为达到何种程度才构成犯罪，需要由司法机关处理。同时，行政行为达到何种程度构成行政违法行为，需要对其进行行政处罚，法律、法规和行政规章通常作了明确规定。由此，划清了应受行政处罚与不应受行政处罚、应追究刑事责任与应受行政处罚的界限。第二，违法行为构成犯罪的，应移送司法机关追究刑事责任，但应视具体情况，在移送的同时，追究其行政责任。第三，经司法机关审理后，认为该违法行为不构成犯罪的，有关行政机关应及时实施行政处罚。

法律规范

中华人民共和国野生动物保护法

（1988 年 11 月 8 日第七届全国人民代表大会常务委员会第四次会议通过，2004 年 8 月 24 日第十届全国人民代表大会常务委会员第十一次会议修订并公布施行）

第八条　国家保护野生动物及其生存环境，禁止任何单位和个人非法猎捕或者破坏。

第九条　国家对珍贵、濒危的野生动物实行重点保护。国家重点保护的野生动物分为一级保护野生动物和二级保护野生动物。……

第十六条　禁止猎捕、杀害国家重点保护野生动物。……

第三十一条　非法捕杀国家重点保护野生动物的，依照关于惩治捕杀国家重点保护的珍贵、濒危野生动物犯罪的补充规定追究刑事责任。

中华人民共和国刑法

（1997 年 3 月 14 日第八届全国人民代表大会第五次会议修订，自 1997 年 10 月 1 日起施行）

第三百四十一条　非法猎捕、杀害国家重点保护的珍贵、濒危野生动物的，或者非法收购、运输、出售国家重点保护的珍贵、濒危野生动物及其制品的，处五年以下有期徒刑或者拘役，并处罚金；情节严重的，处五年以上十年以下有期徒刑，并处罚金；情节特别严重的，处十年以上有期徒刑，并处罚金或者没收财产。

中华人民共和国行政处罚法

（1996 年 3 月 17 日第八届全国人民代表大会第四次会议通过，1996 年 3 月 17 日中华人民共和国主席令第 63 号公布，自 1996 年 10 月 1 日起施行）

第二十二条　违法行为构成犯罪的，行政机关必须将案件移送司法机关，依法追究刑事责任。

专家释惑

案件移送是指有行政处罚权的行政机关认为自己所管辖的案件中的违法行为已经构成犯罪，因而把案件移送给处理犯罪案件的司法机关处理的制度。关于案件移送，有以下几个问题需要明确：第一，移送条件。行政机关准备对其给予行政处罚的违法当事人的违法行为已构成犯罪，这是行政处罚案件移送的前提条件。第二，移送对象。行政处罚案件移送的对象是司法机关。在我国，人民法院、检察院、公安机关通常都被称为司法机关。三机关在行使司法权方面各有分工。行政机关应当依照三机关各自不同的司法管辖权限将案件向其中的一个司法机关移送。第三，移送的目的。行政处罚案件移送的目的是依法追究犯罪人的刑事责任，防止行政机关以行政处罚代替刑事处罚。第四，对移送案件的处理。当行政机关将案件移送给司法机关，司法机关认为移送的案件中的违法行为不构成犯罪，则应将案件退回移送来的行政机关，行政机关应依法确定是否给予行政处罚。对移送的案件，司法机关认为案件中的违法行为确已构成犯罪，则应依法追究犯罪人的刑事责任。

41. 野生植物保护需要从每个环节做起

案例 41　非法收购、运输国家重点保护植物制品也犯罪

事情是这样的

2002 年 11 月至 2003 年 3 月间，被告人赖敏亮在上杭县蛟洋乡先后向江西张某购得无正当手续的楠木（俗名）方料 459 片，存放在该乡蛟洋村一平房里。2003 年 4 月 1 日，被告人赖敏亮雇请被告人赖汝功拟将该木材运往本省漳州市出售。当晚，被告人赖汝功驾驶闽 F 08366 货车随同被告人赖敏亮到上杭县地界“吊钟岩”某氢钙厂购装氢钙 2 吨，后驾车到蛟洋村卸下氢钙，装上上述木材后，再装上氢钙覆盖在木材上用以伪装。被告人赖汝功意识到如此伪装运输木材是运输无手续的木材的，但为了赚取运费仍予承运。次日凌晨，两被告人运输该木材途经新罗区龙门镇路段时，被福建省龙岩林业检查站查获。经鉴定，该 459 片方料其中属国家二级保护的珍贵树木香樟 453 片，原木材积 11.1238 立方米，折立木材积 22.2476 立方米；属国家二级保护的珍贵树木闽楠 6 片，原木材积 0.4631 立方米，折立木材积 0.9262 立方米。案发后，该木材被森林公安机关扣押，现暂存放在新罗区林业局仓库。两被告人在运输途中被龙岩林业检查站查获后，在该站林政执法人员盘问时即主动交待了无证运输楠木的犯罪事实。

上述事实有下列证据证明：

1. 树种鉴定书、木材材积鉴定书、林政管理部门的证明，证实被告人所运输的系楠木、香樟，系国家二级保护珍贵植物，以及木材积事实。

2. 现场勘察笔录及照片，证实赃物存放的地点的事实。

3. 证人博文庆的证言，证实被告人赖敏亮租其房子但不知道是用来放木材的事实。

4. 两被告人的第一次讯问笔录及历次供述，证实两被告人在首次被讯问时主动交待了违法运输的事实，被告人赖敏亮在林业行政执法人员盘问时主动交待的其无证运输的犯罪事实；被告人赖汝功在公安机关首次讯问时主动交待的非法运输非一般木材的犯罪事实。

福建省龙岩市新罗区人民法院依照《中华人民共和国刑法》第344条，第25条第1款，第45条，第52条，第53条，第61条，第64条，第67条，第72条，第73条第2、3款的规定，判决如下：

1. 赖敏亮犯非法收购、运输国家重点保护植物制品罪，判处有期徒刑一年零六个月，缓刑二年；并处罚金10000元（已缴）。缓刑考验期限，从判决确定之日起计算。

2. 赖汝功犯非法收购、运输国家重点保护植物制品罪，判处有期徒刑一年，缓刑一年零六个月；并处罚金8000元（已缴）。缓刑考验期限，从判决之日起计算。

3. 扣押在龙岩市公安局新罗森林分局的赃物：香樟453片，计原木材积11.1238立方米；闽楠6片，计原木材积0.4631立方米，予以没收，上缴国库。

律师专线

本案涉及野生植物的保护和处罚问题。本案被告人中的赖敏亮购买了明知没有正当手续的珍贵树木（属国家二级保护的珍贵树木香樟与国家二级保护的珍贵闽楠），雇请赖汝功运输，欲运往漳州市出售，且树木的量较大，在此案中，赖敏亮的行为既有主观故意，又有客观行为，由此看出：赖敏亮违反森林保护法规，非法购买无正当手续的珍贵树木，并雇请被告人赖汝功伪装运输，欲运往本省漳州市出售，其行为已构成非法收购、运输国家重点保护植物制品罪。

本案被告人赖汝功已经意识到是运输没有手续的木材，且主观上明知其受雇伪装运输的系非一般木材，为了赚取运费仍然受雇予以伪装运输，从案件的证据中可以推断出，其明知所运输的不是普通木材，从一般的常理来推断，与普通木材相对的是珍贵树木，从这里看赖汝功应当是明知其此次运输的目的与动机的，因此其行为已经构成非法运输国家重点保护植物罪。但是法院判决赖汝功犯非法收购国家重点保护植物制品罪是没有事实依据的，因为赖汝功与赖敏亮只是在运输珍贵树木上有共同的故意，其并没有收购行为的存在，所以法院判决于法无据。

法律规范

中华人民共和国刑法

（1997 年 3 月 14 日第八届全国人民代表大会第五次会议修订，自 1997 年 10 月 1 日起施行）

第二十五条　共同犯罪是指二人以上共同故意犯罪。

第四十五条　有期徒刑的期限，除本法第五十条、第六十九条规定外，为六个月以上十五年以下。

第五十二条　判处罚金，应当根据犯罪情节决定罚金数额。

第五十三条　罚金在判决指定的期限内一次或者分期缴纳。期满不缴纳的，强制缴纳。对于不能全部缴纳罚金的，人民法院在任何时候发现被执行人有可以执行的财产，应当随时追缴。如果由于遭遇不能抗拒的灾祸缴纳确实有困难的，可以酌情减少或者免除。

第六十一条　对于犯罪分子决定刑罚的时候，应当根据犯罪的事实、犯罪的性质、情节和对于社会的危害程度，依照本法的有关规定判处。

第六十四条　犯罪分子违法所得的一切财物，应当予以追缴或者责令退赔；对被害人的合法财产，应当及时返还；违禁品和供犯罪所用的本人财物，应当予以没收。没收的财物和罚金，一律上缴国库，不得挪用和自行处理。

第六十七条　犯罪以后自动投案，如实供述自己的罪行的，是自首。对于自首的犯罪分子，可以从轻或者减轻处罚。其中，犯罪较轻的，可以免除处罚。

被采取强制措施的犯罪嫌疑人、被告人和正在服刑的罪犯，如实供述司法机关还未掌握的本人其他罪行的，以自首论。

第七十二条　对于被判处拘役、三年以下有期徒刑的犯罪分子，根据犯罪分子的犯罪情节和悔罪表现，适用缓刑确实不致再危害社会的，可以宣告缓刑。

被宣告缓刑的犯罪分子，如果被判处附加刑，附加刑仍须执行。

第七十三条　拘役的缓刑考验期限为原判刑期以上一年以下，但是不能少于二个月。

有期徒刑的缓刑考验期限为原判刑期以上五年以下，但是不能少于一年。

第三百四十四条　违反国家规定，非法采伐、毁坏珍贵树木……处三年以下有期徒刑、拘役或者管制，并处罚金；情节严重的，处三年以上七年以下有期徒刑，并处罚金。

中华人民共和国刑法修正案（四）

（2002 年 12 月 28 日第九届全国人民代表大会常务委员会第三十一次会议通过并公布施行）

六、将刑法第三百四十四条修改为："违反国家规定，非法采伐、毁坏珍贵树木或者国家重点保护的其他植物的，或者非法收购、运输、加工、出售珍贵树木或者国家重点保护的其他植物及其制品的，处三年以下有期徒刑、拘役或者管制，并处罚金；情节严重的，处三年以上七年以下有期徒刑，并处罚金。"

中华人民共和国野生植物保护条例

（自 1997 年 1 月 1 日起施行）

第十条　野生植物分为国家重点保护野生植物和地方重点保护野生植物。

……国家重点保护野生植物名录，由国务院林业行政主管部门、农业行政主管部门（以下简称国务院野生植物行政主管部门）商国务院环境保护、建设等有关部门制定，报国务院批准公布。

地方重点保护野生植物，是指国家重点保护野生植物以外，由省、自治区、直辖市保护的野生植物。地方重点保护野生植物名录，由省、自治区、直辖市人民政府制定并公布，报国务院备案。

第二十四条　违反本条例规定，出售、收购国家重点保护野生植物的，由工商行政管理部门或者野生植物行政主管部门按照职责分工没收野生植物和违法所得，可以并处违法所得10倍以下的罚款。

第二十八条　违反本条例规定，构成犯罪的，依法追究刑事责任。

最高人民法院关于审理破坏森林资源刑事案件具体应用法律若干问题的解释

（法释〔2000〕36号）

第一条　刑法第三百四十四条规定的“珍贵树木”，包括由省级以上林业主管部门或者其他部门确定的具有重大历史纪念意义、科学研究价值或者年代久远的古树名木，国家禁止、限制出口的珍贵树木以及列入国家重点保护野生植物名录的树木。

最高人民法院、最高人民检察院关于执行《中华人民共和国刑法》确定罪名的补充规定（二）

（2003年8月6日最高人民法院审判委员会第1283次会议，2003年8月12日最高人民检察院第十届检察委员会第7次会议通过）

第三百四十四条（《刑法修正案（四）》第6条）非法采伐、毁坏国家重点保护植物罪；非法收购、运输、加工、出售国家重点保护植物、国家重点保护植物制品罪。（取消非法采伐、毁坏珍贵树木罪罪名）

专家释惑

非法收购国家重点保护植物制品罪是我国《刑法修正案（四）》新增加的一个罪名，是指违反森林法的规定，非法采伐、毁坏珍贵树木或者国家重点保护的其他植物，或者非法收购、运输、加工出售珍贵树木或者国家重点保护的其他植物及其制品的行为。国家制定本罪的立法目的在于以刑罚的手段来遏制和预防破坏国家重点保护植物的犯罪，从而达到保护国家珍稀、濒危植物，维护生态平衡和自然环境的目的。

以非法收购国家重点保护植物制品罪的罪名来追究公民的刑事

责任，必须同时具备以下两个条件：第一，行为人收购了国家重点保护植物制成的物品；第二，行为人的收购行为违反了国家有关规定，属于“非法收购”。目前，对这一罪名而言，我国林业行政主管部门虽然制定了《野生植物保护条例》《野生植物保护办法》，对国家一级野生保护植物的采伐、运输作出了明确的禁止性规定，对二级野生保护植物的采伐、运输作出了相应的报批规定，但现在法律上所说的国家重点保护的植物一般是指国家保护的一、二级植物而言，对于野生植物的制品，法律并没有明确指明。

第十三章　非物质文化遗产和旅游资源保护案例

内容提要

随着全球化趋势的加强和现代化进程的加快，非物质文化遗产保护正面临着严峻的挑战，大量的非物质文化遗产正在被遗忘、破坏乃至消亡，许多非物质文化遗产的开发和利用陷入商业化的误区。加强非物质文化遗产保护，已经刻不容缓。

人们在开发利用自然保护区旅游资源过程中，应树立可持续发展思想，充分考证它对其他资源、其他要素及整个旅游环境的影响；兼顾代内公平和代际公平原则，对当代人和后代人负起同样的道德义务，为他们能够享受旅游乐趣留下充分的余地。

42．加强非物质文化遗产的保护

案例 42　华县皮影戏的保护

事情是这样的

唱戏的老人叫潘京乐，已经 80 岁了，他被陕西华县称为皮影戏的活化石，皮影戏中不管你是男的女的，戏剧里面多少人物，唱也好对白也好，生旦净末丑都是他一个人唱。潘京乐的父亲原来也是演皮影戏的，后来就把演皮影的手艺传给了他。这么多年，潘京乐这（手指）一卷就七八个小时，一天天下来，这两个指头就歪了。

在华县，一个皮影戏的戏班子也就五个人，所以也叫做“五人耍”，唱腔是流行于陕西、山西一代的碗碗腔。拉硬弦的也叫做二弦，是一种配奏乐器，后槽也叫后台，拉这个板胡的这叫下档，也叫拉板胡，皮影戏里边这五个人配合得都要相当默契、严谨，五个人多一个人没有用处，少一个人就根本演不成一台戏。过去村里有了红白喜事就会请潘京乐他们去搭台唱几出皮影戏，而现在这些也都被流行歌曲取代了。

这天，潘京乐的师嫂去世了，潘京乐被请来唱皮影。听说是潘京乐唱戏，所以来了很多人，不过除了孩子大多数都是老人。“侬爱他，眉目清秀；侬爱他，言语温柔。临行一步三回首，丹青难描，丹青难描那风流。你看一般女娃，女的，这说调皮话，说的那字都连着……”

潘京乐 15 岁开始学演皮影戏，5 个月后就登台演出，他天生一副好嗓子，很快就成了红透华县的皮影艺人，可如今已经没有人知道他的艺名叫“五月红”，他这辈儿的皮影戏老艺人也就只剩下他一个人了。

中国是世界皮影戏的故乡，华县皮影戏历史也相当悠久。800 多年前，皮影戏就随着元朝西征的军队传到了中亚细亚一带，700 多年前传到了波斯，后来又陆续传到埃及、土耳其、法国等国家，法国的乔治撒杜尔在《电影通史》中把中国的皮影戏称为“电影的前驱”。可 2000 年之后，皮影戏在华县的农村逐渐地被电视、电影取代，再也没有年轻人来学习皮影戏了。潘京乐唯一的徒弟吕崇德今年也已经 60 岁了。吕崇德在皮影戏中地位仅次于潘京乐，他是华县的第二个领军人物，一般潘老在不出台以后就轮到他（吕崇德）挑大梁了，吕崇德这几年倒是经常有演出，但大多不是在当地而是在香港、台湾和国外。

吕崇德说，2001 年在德国演出非常火爆、非常成功，他拿出当时中德文化年时候的节目单，德国文化局的局长曾找他签名。每晚开场前，他们坐在剧场舞台前面伴奏，观众进门的时候就可以看到皮影的场面。吕崇德说当时他们为法国人排的节目《后羿射日》，老人们给他们配曲子配调子，对方挑选皮影，用法文唱皮影，两方合作演出很火爆。陕西的皮影还曾在台湾的瑰丽戏剧学校公演一场。

吕崇德说他们不光到国外去演戏，还在国外收了不少洋徒弟。这里有一个美国人，已经学了6个月，他起了个中国名字叫王仁中。虽说吕崇德已经带了好几个外国徒弟，但是在华县却没有一个人愿意和他学戏。吕崇德说如今没人学戏是因为演戏挣不到什么钱，没法儿养家糊口，就连他自己平时也不能靠演戏生活。

没有戏演的时候，潘京乐就只能一个人待在家，旱烟就是他的伴儿，徒弟给他找不到徒孙他也发愁，因为他手里还有不少祖宗留下的宝贝要传下去。这祖辈留下的本子，《刘备祭灵》有上百年了，《刘备祭灵》老人就演了二百来本。潘京乐说他能唱200本戏，但是目前华县留存下来的手抄本只有60多本，就算潘京乐还能记住其他的100多本的戏词，可整理一个剧本怎么也得一个月的时间，前前后后就得需要10年，到那个时候潘京乐恐怕有90多岁了。这些年，请他们唱皮影戏的人慢慢少了。演皮影光有剧本还不行，配合才是最关键的。这关键就是个词，剩下的东西全都是靠自己发挥了。演皮影的老人是没有乐谱的，什么时候该敲纯粹靠感觉，这一套东西必须是一帮一，再没有其他办法，就是说每一个老人都要带一个年轻人共同一起来练习。

其实像皮影戏这样的非物质文化遗产的传承也是知识产权保护工作的重要组成部分，于是华县县政府出台了皮影戏老艺人的收徒奖励办法，每带一个徒弟，老艺人能得到政府2000元的奖励，还在生活上给予帮助。过去华县有一大批热爱皮影的老艺人，是一个无组织、无次序的状态，现在他们把这些皮影老艺人组织到一块，出台了一个奖励办法，每月补助50块钱。可即使这样，也没人愿意和吕崇德学皮影，好不容易来了个想学的，可吕崇德却不怎么愿意教。

来的人叫吕芳玲，是当地的农民，吕崇德不愿意收她为徒是因为自古以来华县皮影戏都是男的唱，可是吕芳玲说她就是要拜吕崇德为师，成立一个女子皮影剧团。其实吕崇德不想收吕芳玲还有另外的原因，华县的皮影除了演唱和对白之外还要有操纵皮影的人和乐器手，操持着二弦、板胡、月琴、碗、锣、鼓、唢呐、号等20多件乐器。每个人都要充当4个以上的人来使，更让人叫绝的还是他们的挑线手，也就是操纵皮影的人，外地的皮影至少得2个人操作，可华县皮影则是一人操作，数十个乃至上百个皮影造型临乱不惊、游刃有余，堪称一绝，不光是技术活还是体力活，所以这5个人个个都得身怀绝技，如今要把这些都交给个女孩子，怎么能让他放心呢？

在政府的协调下，目前华县已经将潘京乐、吕崇德等皮影戏老艺人组成了3个剧团，这些老艺人每月都有固定的收入，而且固定在华县义务演出，但是到现在还是没有一个年轻的男娃来学皮影。

律师专线

“非物质文化遗产”一词最早正式出现于1998年联合国教科文组织颁布的《人类口头和非物质遗产代表作条例》，条例将来自某一文化社区的全部创作，具体如语言、口头文学、音乐、舞蹈、游戏、竞技、神话、礼仪、风俗习惯、手工艺、建筑术及其他艺术定义为“人类口头和非物质遗产”。根据《保护非物质文化遗产公约》（以下简称《公约》）第2条对非物质文化遗产所下定义，非物质文化遗产是指“被各群体、团体、有时为个人视为其文化遗产的各种实践、表演、表现形式、知识和技能及其有关的工具、实物、工艺品和文化场所”。其具体范围包括：（1）口头传说和表述，包括作为非物质文化遗产媒介的语言；（2）表演艺术；（3）社会风俗、礼仪、节庆；（4）有关自然界和宇宙的知识和实践；（5）传统的手工艺技能。

作为保护知识产权的重要组成部分，2007年6月5日，我国文化部公布了第一批国家级非物质文化遗产项目，代表性传承人名单包括民间美术、传统工艺、传统医药等5大类，共226位代表性传承人。

法律规范

国务院办公厅关于加强我国非物质文化遗产保护工作的意见

（国办发〔2005〕18号附件，自发布之日起施行）

第二条　非物质文化遗产指各族人民世代相承的、与群众生活密切相关的各种传统文化表现形式（如民俗活动、表演艺术、传统知识和技能，以及与之相关的器具、实物、手工制品等）和文化空间。

第三条　非物质文化遗产可分为两类：（1）传统的文化表现形式，如民俗活动、表演艺术、传统知识和技能等；（2）文化空间，即定期举行传统文化活动或集中展现传统文化表现形式的场所，兼具空间性和时间性。

非物质文化遗产的范围包括：

（一）口头传统，包括作为文化载体的语言；

（二）传统表演艺术；

（三）民俗活动、礼仪、节庆；

（四）有关自然界和宇宙的民间传统知识和实践；

（五）传统手工艺技能；

（六）与上述表现形式相关的文化空间。

第七条　申报项目须提出切实可行的十年保护计划，并承诺采取相应的具体措施，进行切实保护。这些措施主要包括：

（一）建档：通过搜集、记录、分类、编目等方式，为申报项目建立完整的档案；

（二）保存：用文字、录音、录像、数字化多媒体等手段，对保护对象进行真实、全面、系统的记录，并积极搜集有关实物资料，选定有关机构妥善保存并合理利用；

（三）传承：通过社会教育和学校教育等途径，使该项非物质文化遗产的传承后继有人，能够继续作为活的文化传统在相关社区尤其是青少年当中得到继承和发扬；

（四）传播：利用节日活动、展览、观摩、培训、专业性研讨等形式，通过大众传媒和互联网的宣传，加深公众对该项遗产的了解和认识，促进社会共享；

（五）保护：采取切实可行的具体措施，以保证该项非物质文化遗产及其智力成果得到保存、传承和发展，保护该项遗产的传承人（团体）对其世代相传的文化表现形式和文化空间所享有的权益，尤其要防止对非物质文化遗产的误解、歪曲或滥用。

专家释惑

法律的功能在于运用自己的价值判断来发现和解决社会生活中出现的需要解决的问题。法律通过使权利人获得法律救济、义务人明了自己的行为限度的规则机制而实现法律的正义。在现有的国际法律框架下，如果不把非物质文化遗产纳入知识产权法体系，优秀的遗产就会成为各国争相掠夺的目标，根据《美国知识产权法》的定义，“法律没有明确规定予以保护的智力成果，从一开始就处于公有领域中，任何人都可以自由使用、抄袭或模仿。创造者的任何辩解，包括资金、人力和创造性智力劳动的投入，都不能改变这种状况”。由于知识产权最大的贡献是确立了清晰的产权主体，建立了权利和利益的分享机制，因此，很有必要完善具有知识产权保护理念的法律制度来支撑我国的非物质文化遗产保护工作。

1. 建立非物质文化遗产名录体系

明确非物质文化遗产的范围是法律保护的前提。2004 年 8 月，我国政府正式加入了联合国教科文组织《保护非物质文化遗产公约》，为履行《保护非物质文化遗产公约》的义务，国务院办公厅印发了《关于加强我国非物质文化遗产保护工作的意见》（国办发〔2005〕18 号），要求建立中国非物质文化遗产代表作国家名录，对非物质文化遗产进行保护。具体而言，应当建立有效的非物质文化遗产保护机制；提倡各地建立非物质文化遗产专题博物馆或展示中心，妥善保存和展示与非物质文化遗产有关的实物、资料；开展非物质文化遗产资源普查；申报国家级非物质文化遗产代表作，建立各级（国家级、省级、市县级）非物质文化遗产代表作名录体系，为非物质文化遗产的知识产权保护提供依据。

2. 建立以权利主体为核心的传承制度

非物质文化遗产需要通过传承人的表达才能让人们感受到它的

存在，这也是随着传承者因失去了遗产生存的环境慢慢消亡、流失或退化，最终导致许多非物质文化遗产濒临灭绝的根本原因。因此，以知识产权保护非物质文化遗产，首要的是对现有的知识产权主体制度进行创新。

世界知识产权组织则用非物质文化遗产所有人这一概念来概括非物质文化遗产的权利主体，即非物质文化遗产的所有人，是指根据某群体、部落或社区的习惯法和做法，得到该群体、部落或社区人民认可，委托由其作为文化表现形式的监护人或保护人的群体、部落或社区或人群、或个人。《保护非物质文化遗产公约》的宗旨之一是“尊重有关群体、团体和个人的非物质文化遗产”。因此，在确认非物质文化遗产的权利主体时，依具体情况，该权利主体可以是个人，也可以是某个群体或组织，甚至是国家。如确认由遗产传承人、整理人等作为遗产的知识产权人，通过一定的方式获得著作权、取得邻接权、拥有专利权、拥有排他性专有权，对该遗产进行合理的开发利用，并阻止或授权外人的商业性利用，必将促进该遗产的保护与传播等。当非物质文化遗产的权利人是社区或族群之类的集体时，需要建立一种集体管理的机制和机构，或者采用代理、信托制度，由一个特定的机构代为行使权利，包括发放许可、参与诉讼、分配利益并维护遗产客体等。

3. 完善几种具体的权利保障制度

非物质文化遗产保护需要知识产权理念的支撑，可以通过完善知识产权法律制度来予以保障。具体而言：

(1) 著作权保护制度

到目前为止，世界上在著作权法或地区性著作权条约中明文规定保护民间文艺的国家已经超过40个。当非物质文化遗产成果表现为故事、诗歌、音乐、舞蹈、戏剧、雕刻、影视作品和音像制品等形式时，就可借鉴联合国教科文组织——世界知识产权组织的示范条款、世界知识产权组织版权条约以及表演和录制品条约，采用独特的保护非物质文化表达的体制。国内根据《著作权法》和《民间文学艺术作品保护条例》，通过保护表演者权间接保护歌、舞、木偶等民间文艺。这样，建立强有力的保护非物质文化表达的版权和相关权利机制，促进非物质文化遗产的保护。

(2) 专利权保护制度

目前，肯尼亚已经通过了一项允许传统医药知识申请小专利的法律。而传统的手工产品如家具、服装、皮革、木器等的设计和形状可获得外观设计的保护。哈萨克斯坦已经开始将外观设计保护模式用于头饰和地毯等非物质文化遗产的保护。当非物质文化遗产成果表现为本民族在农业、科学及医学方面代代相传的手工技艺、铸锻技巧、织染技术、手工艺品、蜡染和民族医药等等时，国内通过《专利法》的有关规定进行保护，并且应在“申遗”的基础上建立非物质文化遗产文献制度。当专利申请所涉及的发明对非物质文化有特定的文化和精神意义，或这种申请有可能被认为侵犯这种社区文化时，应根据TRIPS协议中的道德要求拒绝该申请。

(3) 商标权保护制度

对于本民族的图腾或充满浓郁民族民间文化色彩的图形符号用做商标时应根据商标权予以保护，如保护土著社区特殊符号和标记。商标权保护制度具有很多优点，如成本低廉、可以提供一个能够续展的保护期、促进非物质文化遗产的商品化开发等。因此，许多传统社区正在寻求注册集体商标和证明商标的方式来达到保护目的，以振兴非物质文化遗产。如四川泸州老窖企业运用泸州老窖酒酿制技艺推出“国窖1573”系列，使该酒的酿制技艺得到更好的保护，非物质文化遗产的烙印使泸州老窖更具有文化品牌魅力，从而推动了该企业的发展。

此外，当商标的注册和使用可能侵犯非物质文化的重要组成部分时，或商标由虚假表示而形成与非物质文化相联系的事项构成，或商标对其造成侮辱或有损名誉时，国家应拒绝注册该商标或在任何时候都可撤销该商标。

(4) 地理标志保护制度

地理标志保护制度和非物质文化遗产联系紧密。一些传统社区或者传承人开始依据 TRIPS 协议第 22 条第 1 款和《保护原产地名称及其国际注册里斯本协定》注册地理标志，立法中应将地理标志的认证和注册体系扩大到能够以地理产地标识的对国家具有重要经济和文化意义的各种产品，如手工艺品、农产品等，以加强对非物质文化地理标志保护的力度。

4. 建设非物质文化遗产信息交流制度

实行非物质文化遗产的开发利用首要前提是信息共享、联合研究，以达成共识，消除认识上的差异和文化上的冲突。由于非物质文化遗产的开发利用中普遍存在信息障碍，往往容易扭曲事实真相，因此，需要建立信息平台。信息平台的建立必然要求建立便于检索的电子的或者纸面的非物质文化遗产数据库，数据库在非物质文化遗产的开发和应用上，可以极大地促进企业对所需要的非物质文化遗产信息的查询，为企业有的放矢地开发非物质文化遗产提供数字化技术手段，促进信息交换与情报交流，以及正确的决策支持系统，以减少决策中的不确定性。同时，通过信息交换与情报交流，还可以有效地避免和解决纠纷。

5. 建立法律保障和责任制度

在开发、运用非物质文化遗产推动经济发展的同时，要使人们了解非物质文化遗产，形成全社会的自觉保护意识。传承非物质文化遗产，促进精神文明建设，实现保护与区域经济发展的和谐统一。因此，可以建立区域非物质文化遗产联合监督机制，加强政府监管，打击跨省区的侵权行为，防止非物质文化遗产在开发过程中因片面追求经济效益而遭到破坏，避免只顾眼前利益的破坏型开发、利用行为的发生。应当考虑设立两个具体制度：一是警告制度，由专门委员会对疏于保护非物质文化遗产的行为人发出警告和限期矫正公告；二是对无视警告进而造成非物质文化遗产遭到严重破坏甚至灭失者，适用民事责任、行政责任乃至刑事责任追究制度。建议在相应的法律规范中对非物质文化遗产保护作出必要的制度补充。

43. 发展生态旅游成为必然

案例 43　九寨沟的资源保护与旅游业的发展

事情是这样的

游客对于九寨沟的破坏主要来自三个方面：首先游客进入森林后，对林区土地的践踏，对树木的触摸等，这些是对景区生态环境最直接的破坏影响；其次，大量的游客到达九寨沟后，食、住、行所产生的废水、废气和生活垃圾，以及当地居民为了接待游客而过度地消耗当地自然资源，这些是间接的破坏影响；除此以外还有噪音等其他因素，也会对九寨沟的动植物正常生长有所影响。通过实地考察，发现九寨沟管理部门针对这些问题都采取了相应的措施。在九寨沟正式对外开放之前，有关方面就曾提出“沟内游、沟外住”的构想，但是由于早期一窝蜂式的发展，这项措施一直没有得到严格的执行。2001 年 5 月 1 日起，九寨沟管理局下了死命令：景区内的宾馆、饭店一律关闭，游客一律“沟内游、沟外住”。投资近百万元的跑马场也在一片责骂声中被拆除。管理局从每年的门票收入中拨钱给当地居民作生活保障费，同时安排当地人给景区打工。沟里 1000 多居民绝大部分在景区内找到了保洁、护林、消防、票务等工作。有了稳定的收入，农民自觉地退耕还林还草，

64000公顷的保护区，森林覆盖率恢复到63.5%。从2001年7月1日起，九寨沟管理局又实行“限量旅游”，限制每天进沟的人数。所有旅行社都必须在网上预订，给沟内减压。

为了避免游人直接践踏林区，九寨沟管理部门投资了数千万元在各景区建立起人行栈道，游人全部在栈道上行进，既能不受干扰地观赏美景，又可避免直接接触景区。为了满足游人接触自然的愿望，有关部门在一些次森林地带用铁丝网圈出一定的区域，让游人在限定的范围内直接“下地”，而更多的原始森林则被封闭在游人活动范围之外，这样以较小的代价在发展旅游与保护生态间取得一个平衡点。同时在景区栈道、景点（不影响景观）已修建17处钢架结构游人休息厅，集观光、休息、购物（限饮料、干杂食品）于一体，每个休息厅可容纳50至100人。为了解决游客的吃饭问题，管理局在沟口兴建了唯一的一个带环保设施的餐厅。

车辆不得进入景区，游客一律乘坐环保大巴。目前各候车点已安装了7个隔离栏，做到人车分离，有序排队上车。改变以往乘车时拥挤、争位的现象，保障游客乘车秩序，便于观光车灵活调度。

景区内还采用了不少国内甚至国际领先的环保设施。景区内原本是旱厕，游人的排泄物就地处理。现在28座生态厕所取而代之。这些环保厕所采用电子监控，自动更换保洁用袋，排泄物通过自动打包后，由专用清洁车运出景区进行处理，还有8辆车载式流动厕所。

原本在九寨沟沟内设有垃圾厂，景区内产生的垃圾就地埋在山里，这对九寨沟的破坏可想而知。现在诺日朗、火花海两座现代化污水处理厂启用，景区内的生活垃圾也一律运出沟外处理。管理局还委托四川省环境科学院制订了九寨沟环境保护规划和景区污染防治规划，建立了九寨沟环境监测站，开展水质、大气和噪声等监测。

尽管景区的环保工作十分出色，但由于各种无法预料或者控制的因素，九寨沟的环保不能说没有一点问题。人行栈道的修建，确实在很大程度上保护了林区，但是游人活动的范围也因此缩小了，在旅游高峰时期，栈道将会十分拥挤，游人的安全性也许存在一定的隐患。由于九寨沟内人行栈道的建设，使原本是一个整体的两栖动物觅食、繁殖地被一块块分割开，破坏了动物原来的生存地，造成很多动物无法正常觅食、繁殖，进而使大量个体死亡或迁徙。另外，涂有涂料的人行栈道紧贴地面，这些涂料可能形成化学隔离带，影响周围爬行类动物的活动。而且有个别素质不高的游客，无视景区规定，私自离开栈道，进入林区。还有一些游人将喝剩的饮料倒入湖水中，直接影响了水质。为此，当地部门曾经在湖泊周围设了铁丝网，就是为了防止游人向湖泊内投掷鱼食、垃圾等物，影响水质。但由于这些铁丝网网眼过小，动物无法穿越铁丝网到湖泊中饮水，有迁徙习惯的动物也因铁丝网的阻碍无法顺利迁徙，这给青蛙等两栖动物的生存和繁衍造成一定隐患。

律师专线

旅游业是当今世界发展最快、最具活力的一项新兴产业，常被人们称为从第三产业中分离出的第四产业。经过 20 年的飞速发展，中国成为世界第 5 大客源目的地，在国际旅游市场上排名第 6 位，中国国际旅游收入从 1978 年的 2. 63 亿美元增加至 1999 年的 141 亿美元。与此同时，国内旅游和出境旅游均得到长足的发展。20 世纪 90 年代以来，国际旅游收入平均递增率为 24. 4%，国内旅游收入平均递增率为 39. 2%，1998 年我国旅游业产值占 GDP 的 4. 2%。我国旅游业已初步形成了以国际旅游为主导、国内旅游为基础、出境旅游为补充的发展格局。根据目前的发展势头，到 2020 年，中国国际旅游收入有可能达到 635 亿美元左右，旅游总收入占 GDP 的比重会增至 8%，旅游业将真正成为我国的支柱产业。随着旅游业的迅猛发展，我国大部分自然保护区进行了旅游开发，给自然保护区的发展带来了生机和活力，但同时也给生态环境造成许多的污染和破坏。因而，为实现自然保护区旅游业和生态环境的“双赢”，发展生态旅游业成为必然选择。

法律规范

中华人民共和国自然保护区条例

（1994 年 9 月 2 日国务院第 24 次常务会议讨论通过，1994 年 10 月 9 日中华人民共和国国务院令第 167 号发布，自 1994 年 12 月 1 日起施行）

第二十九条　在国家级自然保护区的实验区开展参观、旅游活动的，由自然保护区管理机构提出方案，经省、自治区、直辖市人民政府有关自然保护区行政主管部门审核后，报国务院有关自然保护区行政主管部门批准；在地方级自然保护区的实验区开展参观、旅游活动的，由自然保护区管理机构提出方案，经省、自治区、直辖市人民政府有关自然保护区行政主管部门批准。

在自然保护区组织参观、旅游活动的，必须按照批准的方案进行，并加强管理；进入自然保护区参观、旅游的单位和个人，应当服从自然保护区管理机构的管理。

严禁开设与自然保护区保护方向不一致的参观、旅游项目。

第三十三条　因发生事故或者其他突然性事件，造成或者可能造成自然保护区污染或者破坏的单位和个人，必须立即采取措施处理，及时通报可能受到危害的单位和居民，并向自然保护区管理机构、当地环境保护行政主管部门和自然保护区行政主管部门报告，接受调查处理。

专家释惑

1. 以可持续发展为指导思想

1990 年在加拿大举行的“全球可持续发展大会”提出了《旅游持续发展行动战略》，1995 年西班牙“可持续旅游发展世界会议”通过的《可持续旅游发展宪章》《可持续旅游发展行动计划》标志着旅游业可持续发展得到各级政府部门、非政府机构以及旅游者的认可和重视。《关于旅游业的 21 世纪议程》也认为：“在维持可持续系统承载力范围内生活的同时改善人类生活的质量——如果一项活动是可持续性的，实际上它可以永远地延续下去。”这实质上要求旅游与自然、文化和人类生存环境构成一个有机协调的整体。因而，人们在开发利用自然保护区旅游资源过程中，应树立可持续发展思想，充分考证它对其他资源、其他要素及其整个旅游环境的影响；兼顾代内公平和代际公平原则，对当代人和后代人负起同样的道德义务，为他们能够享受旅游乐趣留下充分的余地。

2. 制定有效的法律法规来进行规范

自然保护区生态旅游业是一个复合交叉型产业，需要完备的法律法规来进行规范。这是防止背离科学规律和市场经济原则而导致盲目性、随意性、无序性和不稳定性的有力举措。现行《自然保护区条例》《环境保护法》《森林法》等已不能满足其发展要求，应制定《自然保护区旅游开发法》，界定自然保护区旅游开发的战略地位、对策、步骤、目标及各级政府权限职责等。使自然保护区旅游开发从长远利益出发，立足生态环境承受力和旅游资源永续利用，在保护环境前提下进行适度开发与建设，防止破坏性建设和建设性破坏的短期行为，把严格保护、合理开发和科学管理纳入法制化轨道，积极探寻旅游业与社会文化、生态环境协调发展的模式，促进人与人之间、人与自然之间的和谐共进。

3. 合理建立各级生态旅游规划

自然保护区生态旅游并不是简单回归自然的旅游活动，而是利用生态发展旅游、通过旅游保护生态的双向促进的特殊旅游形式，因此，必须进行生态旅游规划。

为避免旅游活动对保护对象造成破坏，同时也为了对游客进行分流以及使旅游资源得以优化利用，实行生态旅游的自然保护区应合理进行功能分区。自然保护区应分为核心区、缓冲区和实验区。核心区禁止任何单位和个人进入，除依法定程序和条件经批准外，也不允许进入从事科学研究活动；缓冲区只准进入从事科学研究观测活动；实验区可以进入从事科学试验、教学实行、参观考察、旅游等活动。严格执行功能分区的规定，对自然保护区旅游资源进行切实有效的管理，实现生态环境保护和旅游业的协调发展。

在规划阶段应对各项建设项目进行环境影响评价：既要考虑生态旅游资源开发建设、合理布局设施和维护生态平衡等，又要紧密结合区域所在地的重点发展项目、相关行业配套，减少实施中的盲目性、局限性和短期性造成的不必要损失。采取有效措施，如预约制、票价调节制、增设配套景点、拓展新旅游景点和增设多类型旅游项目等，减轻对自然保护区生态环境的压力，将游人分流，维护自然保护区生态平衡，实现自然保护区生态旅游业的可持续发展。

4. 健全强大的资金支撑体系，完善财税支持系统

自然保护区生态旅游业的发展需要资金作为后盾和保障。通过国际组织贷款、政府贷款、外商直接投资项目融资和创建境外旅游产业基金融资等多元融资方式，积极利用外资开发专向旅游产品，保护旅游资源；运用中央和地方财政手段引导和控制旅游建设项目投资资金流向，促进旅游产业结构调整和合理发展；借鉴国外经验，新辟旅游税和旅游资源税，所得款项专门用于旅游基础设施建设、旅游资源开发与生态环境保护，实现短期利益与长远利益、经济建设与生态建设、环境效益与社会效益的有机统一。

据调查，我国自然保护区的资金主要来源于政府拨款，因而金额极其有限：如我国自然保护区投资每百公顷为 0.5 美元，仅为世界平均水平的 1/25，平均每个自然保护区建设费用缺口占需求额的 60%，管理费用缺口占需求额的 26%。由于资金的极度缺乏，许多自然保护区仅仅停留在简单看护上，对于自然保护区发展所必需的环境监测、科学研究、环境教育等无法开展。生态旅游业为自然保护区的发展开辟了新的融资途径，一方面使得自然保护区以环境保护为目标的设施得以建立，使环境保护工作落到实处；另一方面生态环境质量的提高也保证了旅游业的快速、健康发展。

5. 加强宣传教育，提高公众生态旅游意识

生态旅游业的核心目标是把保护自然保护区的旅游资源和促进当地社会发展相结合。通过发展地方餐饮服务行业、住宿服务行业、土特产品市场，为当地居民提供就业机会，使其生活得到保障，在保护自然保护区生态环境的同时也能够脱贫致富。这样，才能缓解其“靠山吃山”的传统生活方式与保护自然环境之间的矛盾，减少偷猎、偷伐现象的发生，减轻自然保护区的压力，缓解自然保护区居民和周边居民与当地政府的关系，使直接受益居民参与生态旅游和自然保护工作，从而带动周边社区的发展。

自然保护区生态环境保护不仅仅是经营者和管理者的责任，而应使生态旅游者、经营者和管理者、当地居民积极参与自然保护区的环境保护，增强其责任感，使其逐渐认识到为什么要进行生态环境保护、生态环境保护和旅游业及经济发展之间的关系、如何开展自然保护工作。这样，才能从根本上杜绝环境破坏和污染事件的发生，才能解决当前经济发展、环境受损的“外部不经济性”症结，促进环境、经济、社会的可持续发展。

生态旅游开发不以牺牲生态环境为代价，它要求人们合理地利用自然资源并要保护自然资源和生态平衡。因而，为使人们明确生态旅游同传统旅游的区别、了解开展生态旅游的意义，应通过广泛的宣传教育来提高公众的生态旅游意识。首先，对自然保护区所在地的政府官员、开发商、旅游管理人员和从业人员进行培训，使他们认清当前旅游业发展趋势，在旅游开发经营中自觉运用生态学原理，推出真正的生态旅游产品，开展生态旅游；其次，提高游客的生态意识、环境意识和可持续发展意识，用生态学原则指导旅游活动；再次，对当地居民和社会公众进行宣传，通过标本、图片、影视、录像及其他宣传资料普及生态旅游知识，使之关注生态，提高

环保意识，自觉保护自然保护区生态环境，使生态旅游真正成为人与自然和谐统一的桥梁，促进自然保护区生态旅游产业的可持续发展。

第十四章　防震减灾案例

内容提要

我国是一个自然灾害多发国家，一直以来，我国对于自然灾害的防减都特别重视，相继颁布了《防震减灾法》《防洪法》《森林防火条例》等，这为我国预防自然灾害与减少人民损失提供了有力的法律保障。

44. 必须尽快建立雨雪灾害应急机制

案例 44　2008 年 1 月南方强暴风雪事件

事情是这样的

2008 年 1 月 12 日以来，受强冷空气影响，我国大部分地区出现入冬以来最大幅度的降温过程，十几个省份持续出现雨雪、冰冻等天气，部分地区出现大雪或暴雪，导致公路、民航等交通运输大范围受阻，旅客大量滞留，农副产品供应紧张，部分地方供水管道破裂，房屋损坏，一些牲畜被冻死，农作物遭受冻害，农牧业生产和群众生活受到严重影响。1 月 25 日至 27 日，西北地区东部、华北南部、黄淮、江淮、青藏高原、西南地区东部、江南、华南等地自西向东还将出现一次较明显的雨雪天气过程。

据 1 月 26 日报道：36 毫米，这是湖南会同县今年 1 月份冰冻直径的极值，其次的宁乡为 30 毫米。这是中部省份湖南自 1954 年以来冰冻范围最广、持续时间最长、影响程度最严重的一年。到 25 日为止，湘中、湘西有27个县市连续冰冻日数打破了当地最长连续冰冻日数的记录。湖南省气象局局长祝燕德介绍，1月27～28日，全省还将有一次明显的雨雪冰冻天气加强的过程。免费收到气象预报信息的手机用户范围将进一步扩大。大风、雨雪、冰凌，多种灾害性天气并发是此次湖南冰冻灾害的显著特点。翻查气象历史资料统计，祝燕德发现，这次“冰灾”中，部分县市的冰冻强度已超过有气象记录以来的历史极值。

从2008年1月13日凌晨至25日，受地面冷空气和西南暖湿气流共同影响，湖南共有92个县市相继出现冰冻，冰冻站次达721站次，湘中、湘西36个县市达重度冰冻灾害标准，34个县市达中等冰冻灾害标准，22个县市达轻度冰冻灾害标准，9个县市冰冻已维持10天以上，冰冻直径超过20毫米的有17县市。

湖南省气象局预计，未来一段时间全省将继续维持雨雪、冰冻、严寒天气（连续5天或以上日平均气温低于0℃），27～28日全省将有一次明显的雨雪冰冻天气加强的过程，并将维持到元月底。湖南省气象局将进一步扩大预报预警信息免费用户的数量，提高气象预警信息覆盖率。

律师专线

灾害性天气，如大风、暴雨、冰雹、龙卷风、寒潮、霜冻、雨凇、大雾等，对人民生命财产有严重威胁，对工农业和交通运输会造成重大损失。灾害性天气可发生在不同季节，一般具有突发性。

据中央气象台首席预报员乔林分析，全球变暖除了暖的现象，也会产生另外一个结果，那就是冷的现象。不管是暖还是冷，只有一个结果，那就是灾害性天气气候频率的增加。这次影响范围大、持续时间长的大雪、冻雨天气的原因是：赤道东太平洋上是海温偏低的，这在气候上称之为拉尼娜现象，是和厄尔尼诺现象相反的作用。在我国，降雨的异常使得西北副热带高压偏强，而来自西伯利亚的冷空气非常频繁和偏强，如此一来，南下的冷空气和暖温气流交会，形成明显的降雪。

北方不断的冷气流、南方频繁的暖气流，以及大气环流的相对稳定，造成了频繁和持续的降雪，尤其集中在长江中下游地区。一次次的冷、暖气流交会，就是一次次的降雪过程。贵州、湖南等地持续冻雨，是由于天空的云量很多，阻挡了太阳对地表的辐射，从而使地表温度很低，持续难以上升，在大气中是零摄氏度的话，地表就在零摄氏度以下，那么雨雪一落下就会成冰，持续冻雨。

法律规范

中华人民共和国突发事件应对法

（2007年8月30日第十届全国人民代表大会常务委员会第二十九次会议通过，自2007年11月1日起施行）

第六条　国家建立有效的社会动员机制，增强全民的公共安全和防范风险的意识，提高全社会的避险救助能力。

第七条　县级人民政府对本行政区域内突发事件的应对工作负责；涉及两个以上行政区域的，由有关行政区域共同的上一级人民政府负责，或者由各有关行政区域的上一级人民政府共同负责。

突发事件发生后，发生地县级人民政府应当立即采取措施控制事态发展，组织开展应急救援和处置工作，并立即向上一级人民政府报告，必要时可以越级上报。

突发事件发生地县级人民政府不能消除或者不能有效控制突发事件引起的严重社会危害的，应当及时向上级人民政府报告。上级人民政府应当及时采取措施，统一领导应急处置工作。

法律、行政法规规定由国务院有关部门对突发事件的应对工作负责的，从其规定；地方人民政府应当积极配合并提供必要的支持。

第十七条　国家建立健全突发事件应急预案体系。

国务院制定国家突发事件总体应急预案，组织制定国家突发事件专项应急预案；国务院有关部门根据各自的职责和国务院相关应急预案，制定国家突发事件部门应急预案。

地方各级人民政府和县级以上地方各级人民政府有关部门根据有关法律、法规、规章、上级人民政府及其有关部门的应急预案以及本地区的实际情况，制定相应的突发事件应急预案。

应急预案制定机关应当根据实际需要和情势变化，适时修订应急预案。应急预案的制定、修订程序由国务院规定。

第三十七条　国务院建立全国统一的突发事件信息系统。

县级以上地方各级人民政府应当建立或者确定本地区统一的突发事件信息系统，汇集、储存、分析、传输有关突发事件的信息，并与上级人民政府及其有关部门、下级人民政府及其有关部门、专业机构和监测网点的突发事件信息系统实现互联互通，加强跨部门、跨地区的信息交流与情报合作。

第四十二条　国家建立健全突发事件预警制度。

可以预警的自然灾害、事故灾难和公共卫生事件的预警级别，按照突发事件发生的紧急程度、发展势态和可能造成的危害程度分为一级、二级、三级和四级，分别用红色、橙色、黄色和蓝色标示，一级为最高级别。

预警级别的划分标准由国务院或者国务院确定的部门制定。

第四十八条　突发事件发生后，履行统一领导职责或者组织处置突发事件的人民政府应当针对其性质、特点和危害程度，立即组织有关部门，调动应急救援队伍和社会力量，依照本章的规定和有关法律、法规、规章的规定采取应急处置措施。

专家释惑

当出现和发生危害或可能危害人体健康时，必须紧急启动并实施应急行动。国外和国际社会的法律调控中对此特别关注和重视。《美国饮用水法》的规定较为完善："在对污染物出现或可能进入公共水系统或公共水源，并对人体健康引起或可能引起重大危害，而且有关州和地方机关未采取应急措施的情况下，联邦环保局有权采取它认为保护人体健康所必需的任何行动。"此外，《日本水质污染法》（1970）第 18 条也规定了防止公用水域污染的紧急措施。《英国水源法》第 7 章第 76 节对发生水污染后的紧急措施亦作了专门规定。2005 年发生在松花江的污染事故也给我们敲响了警钟，这关系到人民生命健康、社会安定和国际关系的问题，必须引起足够的重视和警惕。2008 年的大规模雨雪天气也是如此。确立预警和危险事件紧急处置制度之必要和必需在于"防患于未然"或将危害减少到最低程度，切实保障人们的生命健康，体现把人作为首要目标的宗旨。

加强事故和灾害的预警和紧急处置，包括预警和应急两个方面。

（一）预警

安全预警机制就是将预警的理论、方法予以具体的应用。从分析系统要素和功能（过程）出发，探求维护系统安全的关键性要素和过程，通过对安全诊断指标的对比分析，划分安全等级，制定不同安全等级的预警标准。安全预警强调人的积极主导作用，对社会、经济、环境的协调发展具有重要意义。具体地讲，安全预警机制的逻辑过程主要应包括以下四个阶段：明确警情、寻找警源、分析警兆和预报警度。从警源存在到警情发生必然有各种征兆，这也就是我们所说的警兆。安全预警的目的就是根据警兆变动来预报警情。即预警主要是指管理部门应预先制定监测预报方案和事故、灾害应急方案，加强信息检测、传递、分析处理和对可能发生事故的地点、程度等情况的预测，并组织实施，努力减少对生态利益的影响和人们生命财产的损失。在对污染应急处理实践经验总结的基础上，借鉴国外经验，应至少从以下几方面进行规定：

1. 对有关监督管理部门的事故调查、监测、处理、报告和通报及应急措施进行规定，切实发挥其作用，预防污染事故的发生，在事故发生之初立即采取措施予以制止，同时通报可能受到污染和破坏危害的单位和个人，避免或减少对人体健康、生命安全的危害和经济损失。

2. 对发生或可能发生跨行政区危害的污染事故的通报制度作出规定。实行联合保护，上游地区发生污染事故通报下游地区，使下游地区能及时采取措施，预防或减少对人体生命健康的损害和财产的损失。

3. 在立法中强制要求制定污染事故和灾害预警方案，并应当有较多的条款，对此作出明确、具体的专门规定。这方面可以借鉴1999年《加拿大环境保护法》的做法。其第194条规定，环境紧急事件出现以下情况时，应急职责才能实施或履行：一是对环境有或可能有直接的、长期的有害影响；二是对人的生命得以依赖的环境构成或可能构成威胁；三是在加拿大境内对人的生命或健康构成或可能构成威胁。在我国灾害应急立法中，污染事故和灾害预警方案包括监测突发事件和环境急剧变化所影响的地区的环境状况，并进行准确、快捷的评估，在规定的期限内向有关部门报告，一旦超过预警标准，便由系统发出预警警报，启动应急预警工作方案，切实预防或将灾害减少到最小。

（二）应急

应急在减轻灾害活动中承担的工作，是一项复杂的系统工程，应用范围特别广泛且同时涉及社会的许多方面，需要不同领域的共同努力。应急的目的是：阻止灾害发生，当灾害不可避免时应使受灾系统免受或少受损害；防止灾害恶化，遏制灾害扩大，尽快恢复受灾系统初步有序。根据灾害特性以及对于受灾体的作用过程，在非常有限的时间，实现决定性的减灾目标。由此可见，应急任务在减轻灾害工作中占据重要地位。

事故和灾害应急措施制度的主要内容至少应当包括：

1. 明确规定污染事故和灾害应急抢险救灾工作的应急机构，分中央和地方两级。在中央一级，一些国家规定了专门的应急管理机构，如美国成立了联邦紧急管理局，俄罗斯成立了紧急事务部。为了更好地指导与协调全国突发环境污染事件的应急处理工作，我国的国家环境保护总局经批准成立了环境应急与事故调查中心；在地方一级，实行各级人民政府行政首长负责制，统一指挥和组织有关部门、单位，动员社会力量，各部门、单位和个人必须服从应急抢险救灾指挥机构的指挥，执行应急抢险救灾的紧急措施。

2. 实行污染事故和灾害防灾应急预案制度，以保证应急抢险救灾应急活动及时、顺利、有效进行。污染事故和灾害防灾应急预案制度体现了预防为主和防治结合的基本原则，包括以下主要内容：应急处理指挥部的组成和相关部门的职责，军事反应部队的组成、任命和训练，信息收集、分析、报告与通报，应急监测机构及其任务，突发污染事故的预防、现场控制，应急设施、设备、救治药品和医疗器械以及其他物资和技术的储备与调度，突发事件应急处理专业队伍的建设和培训，为了使应急预案制度落到实处，应急立法应规定相应的法律后果等。

3. 为保证灾害、灾情报告的准确、具体、可靠，为抢险救灾应急提供真实的情况，保证社会稳定，应当实行污染事故和灾害预报的信息报告、通报、通知与统一发布制度。信息报告的对象是同级人民政府和上级主管部门；信息通报的对象包括国际组织、外国政府、国内不同的政府部门和不同的行政区域；通知的对象是受事件影响的公民和单位；信息发布的对象是公众和媒体。为了使该项制度具有可操作性，应急立法应规定信息沟通的时限、程序和具体内容。如《黄河重大水污染事件应急调查处理规定》对水污染事件报告与处理的时限性、程序和内容做了严格的规定：水文等基层单位如发现发生在本单位管辖河段、工作现场或驻守地附近的重大水污染事件，应立即报告本单位负责人。本单位负责人应组织初步核查，在核实后30分钟内用电话报水资源保护局，并按《黄河重大水污染事件报告办法》上报，在监测、调查人员未到达现场前，继续监视事件的发展，并及时报告；水资源保护局接到重大水污染事件报告或从其他途径获取此类信息后，应立即进行核实。经核实确认后，及时上报，并在对报告的事件进行初步分析判断后，30 分钟内向水文局下达应急水质监测和调查通知；基层水文水资源局在接到应急水质监测和调查通知后，必须在 1 小时内出发，现场监测数据立即报水资源保护局，在现场测试的同时采集样品进行实验室分析，实验室分析结果在样品到实验室后 2 小时内将结果报水资源保护局。同时规定，在启动预案和预警分析的基础上，以最快的速度将事件情况、意见建议上报水利部，并通报沿黄有关省区政府部门。在饮用水源保护立法中，明确规定加强信息的报告、通报、通知与统一发布，使得饮用水源保护工作有序进行和取得实效。

4．实行抢险救灾强制应急措施制度，包括险（灾）情确认，划定灾区范围，调集抢险救灾人员，临时征用装备物资，组织人员疏散安置和财产转移，实行交通管制和水域隔离、关闭、封锁，开辟备用水源和应急供水，控制和消除污染等措施。

5．规定抢险救灾强制应急善后工作的指导原则和具体措施，将救济和救助工作落到实处。救济和救助工作主要是指应急职责机构为受灾者提供必要的生产和生活便利和资助，保险公司及时地为受灾者发放理赔资金。如在 2000 年美国新墨西哥州森林火灾事件的应急处理中，联邦紧急管理局宣称，将向受灾居民提供包括住房补贴和生产救济在内的特别拨款，并向未保险的住房提供低息贷款；同时国民警卫队还在圣菲建立了紧急服务中心，向灾民提供临时住宿服务。这样，才能够真正和更好地帮助受灾者渡过难关。

45．学校图书馆未做地震安全性评价工作，法律责任应如何承担？

案例 45　学校新建图书馆未设防抗震是否合法？

事情是这样的

河南省南阳市中医药学校在新建的图书馆中，没有进行地震安全性评价工作，未设地震防护。2004 年 1 月 16 日，河南省南阳市中级人民法院作出终审判决，责令其补做地震安全性评价工作，并处以 7 万元罚款。

2001 年 1 月 15 日，河南省南阳市中医药学校建设图书馆综合楼工程，批准建筑面积为 1.3 万平方米。该校相继领取了建设工程规划许可证、建筑工程施工图设计文件审查批准书、建设用地规划许可证及建设工程施工许可证，但未进行任何地震防设工作。2002 年 4 月 24 日，南阳市地震局向该校下发了建设工程抗震设防行政处罚案件听证通知书。同年 8 月 23 日举行了听证会，9 月 17 日，南阳市地震局对南阳市中医药学校下达（2002）宛震罚字第 013 号地震行政处罚决定书：1. 责令该校补做地震安全性评价工作；2. 处以罚款 7 万元整。

处罚决定下发后，南阳市中医药学校不服，于 2002 年 12 月 5 日一纸诉状将南阳市地震局告到了南阳市卧龙区人民法院，学校认为处罚错误，要求人民法院撤销该处罚决定。

南阳市卧龙区人民法院审理认为，南阳市地震局作为地震行政主管部门，有权对辖区内防震减灾工作行使管理权。根据有关法律、法规的规定，在建设工程施工前应当进行地震安全性评价，并根据地震安全性评价的结果，进行抗震设防。南阳市中医药学校图书馆综合楼工程于 2002 年 2 月动工兴建，在施工前未进行地震安全性评价工作，南阳市地震局对其下达建设工程抗震设防要求管理通知后，仍未进行地震安全性评价，其行为违反有关法律、法规等规定。为此，南阳市地震局对其进行行政处罚事实清楚，适用法律正确，程序合法，应予维持。

南阳市中医药学校不服，上诉至南阳市中级人民法院。南阳市中级人民法院审理认为，《中华人民共和国防震减灾法》第 8 条明确规定，任何单位和个人都有依法参加防震减灾活动的义务；第 24 条规定，新建、扩建、改建建设工程，应当避免对地震监测设施和地震观测环境造成危害。河南省地震局在《管理办法》中规定位于地震烈度分界线两侧各8公里区域的建设工程，应通过地震安全性评价确定抗震设防要求。南阳市中医药学校位于抗震设防的范围之内，学校建设工程应当由地震业务部门进行地震安全性评价。南阳市地震局的具体行政行为是正确的，是依法行政，二审法院依法应予支持，遂作出判决驳回上诉，维持原判。

律师专线

本案争议的关键点是：建设工程是否应当进行地震安全性评价。南阳市中医药学校新建图书馆是否要做地震安全性评价，必须满足《中华人民共和国防震减灾法》及其相应的地方性法规的规定，按照《中华人民共和国防震减灾法》与《河南省实施〈中华人民共和国防震减灾法〉办法》的规定，从南阳市中医药学校新建图书馆所处的位置来看，该校必须做地震安全性评价，所以地震局对该校的处罚是合法的。但该案中，南阳市中医药学校被罚款7万元是否合理？按照《行政处罚法》的规定来看，这属于行政机关的自由裁量权范围内，当然若是其处罚显失公平，则法院可以判决变更。

法律规范

中华人民共和国防震减灾法

（1997年12月29日第八届全国人民代表大会常务委员会第二十九次会议通过，2008年12月27日第十一届全国人民代表大会常务委员会第六次会议修订，自2009年5月1日起施行）

第二十四条　新建、扩建、改建建设工程，应当避免对地震监测设施和地震观测环境造成危害。建设国家重点工程，确实无法避免对地震监测设施和地震观测环境造成危害的，建设单位应当按照县级以上地方人民政府负责管理地震工作的部门或者机构的要求，增建抗干扰设施；不能增建抗干扰设施的，应当新建地震监测设施。

对地震观测环境保护范围内的建设工程项目，城乡规划主管部门在依法核发选址意见书时，应当征求负责管理地震工作的部门或者机构的意见；不需要核发选址意见书的，城乡规划主管部门在依法核发建设用地规划许可证或者乡村建设规划许可证时，应当征求负责管理地震工作的部门或者机构的意见。

第三十五条　新建、扩建、改建建设工程，应当达到抗震设防要求。

重大建设工程和可能发生严重次生灾害的建设工程，应当按照国务院有关规定进行地震安全性评价，并按照经审定的地震安全性评价报告所确定的抗震设防要求进行抗震设防。建设工程的地震安全性评价单位应当按照国家有关标准进行地震安全性评价，并对地震安全性评价报告的质量负责。

前款规定以外的建设工程，应当按照地震烈度区划图或者地震动参数区划图所确定的抗震设防要求进行抗震设防；对学校、医院等人员密集场所的建设工程，应当按照高于当地房屋建筑的抗震设防要求进行设计和施工，采取有效措施，增强抗震设防能力。

第八十七条　未依法进行地震安全性评价，或者未按照地震安全性评价报告所确定的抗震设防要求进行抗震设防的，由国务院地震工作主管部门或者县级以上地方人民政府负责管理地震工作的部门或者机构责令限期改正；逾期不改正的，处三万元以上三十万元以下的罚款。

河南省实施《中华人民共和国防震减灾法》办法

（2000 年 7 月 29 日河南省第九届人民代表大会常务委员会第十七次会议通过，2000 年 10 月 1 日起施行）

第十三条　下列建设工程和地区必须进行地震安全性评价，并由省地震工作主管部门根据地震安全性评价结果，确定抗震设防要求：

……

（四）位于地震烈度（或地震动参数）分界线两侧各八公里内的新建工程；

……

地震安全性评价结果，必须经省级以上地震安全性评定委员会评审。

第二十八条　违反本办法规定的行为，由地震工作主管部门或其他有关部门依照《中华人民共和国防震减灾法》和国家有关法律、法规的规定处罚。

专家释惑

对于《防震减灾法》中规定的是否要求做地震安全性评价，这一点对于行政相对人而言，要知道有一定的难度。因此，要求相关的地震工作的主管部门能够对此有明确的规定，并且在新建、扩建、改建建设工程动工前能够主动执法，因为一般人很少能够明确知道哪些是处于地震烈度（或地震动参数）分界线两侧各8公里内的范围。对于防震的工作需要地震管理部门积极主动执法，也需要建设单位认真了解建设工程的地质状况、建设项目的内容等再作出合理的建议。

行政处罚是一种行政执法活动。行政执法活动中必须遵守的两项基本原则，即行政执法的合法性原则和合理性原则。合法性原则是指行政执法机关依法履行执法职能，并对行政管理相对人的一切违法但不构成犯罪的行为予以追究。合法性原则要求行政执法机关及工作人员必须严格按照法律、法规和规章的规定开展执法活动，依法对行政管理相对人的违法行为进行处理。行政执法的合理性原则是指对于行政执法机关可以自由裁量的行为，必须依法恰当、公正地处理。所谓自由裁量的行政执法行为是指法律规范不对执法行为进行详细的规定，而是在一定幅度和范围内给予执法者选择的余地。因此，行政执法机关或人员根据违法者的情节、手段在一定幅度和范围内具体确定时，应当恰当、公正。所谓恰当就是使所受的处理与所实施的违法行为的情节相适应，轻重有度。所谓公正就是处理具有同一违法行为、同样或类似情节的不同对象时，应当公正，体现“法律面前人人平等”的社会主义法制原则。

依据《防震减灾法》第87条规定，未依法进行地震安全性评价，或者未按照地震安全性评价报告所确定的抗震设防要求进行抗震设防的，由国务院地震工作主管部门或者县级以上地方人民政府负责管理地震工作的部门或者机构责令限期改正；逾期不改正的，处3万元以上30万元以下的罚款。但是，行政机关执法的目的不在于罚款，而在于对方能否按照法律规定来做地震安全性评价，这种重罚的方式并不是法律目的所指。同时，虽然法院对行政机关可以采取自由裁量的行为，不从司法角度审查行政行为的合理性，但是《行政诉讼法》同时规定对显失公正的行政处罚，法院可以判决变更，因此行政机关决不应当滥用自由裁量权，行政执法应当具备合理性。

46. 必须加强我国地震灾害应急法律调控

案例 46　四川地震灾情的启示

事情是这样的

据国家地震台网测定，2008 年 5 月 12 日 14 时 28 分，四川省汶川县（温江西北 55 公里，北纬 31.0 度，东经 103.4 度）发生里氏 7.8 级强烈地震，中国地震局新闻发言人张宏卫说，此次地震强度大，波及面广。最新测得的震级为 8.0 级，震中位于阿坝州汶川县，全国大部分地区有明显震感，如宁夏、青海、甘肃、河南、山西、陕西、山东、云南、湖南、湖北、上海、重庆等省市均有震感。地震造成了严重的生命和财产损失，目前已有近万人死亡，数万人杳无音信，无数房屋垮塌。目前人民解放军已经开赴灾区救灾，温家宝总理也已在灾区第一线指挥救灾。

来自四川省地震重灾区北川县的消息称，北川道路因山体滑坡完全中断，县城受损非常严重，通讯中断，具体灾情尚不能完全确定。朱贵平是北川县曲山小学二年级二班班主任，他记得，12 日下午 2:30 左右，自己走上 3 楼教室的讲台，摊开书本，正要上课，突然只听到脚下轰的一声，房子轻微地摇晃了一下。不到一秒钟，他就反应过来，他立即大喝一声："地震了，快往操场跑。"学生们"哗"的一下起身，朱贵平拎住一个跑在前面的孩子，冲到门口操场上。由于教学楼依山而建，三楼和后面的操场正好是平的。朱贵平回忆，到了操场上，感到强烈的震波已经到了，"地动山摇，根本站不稳"，他本能地大喊一声，"快趴下"，"我也同时趴在地上，身子下面仿佛一股波在翻腾，人好像树叶一样飘起来。然后只觉得山崩地裂，什么感觉也没有了”。朱贵平仍记得当时的感觉。趴在地上2分钟后，朱贵平清醒过来，“我是近视眼，眼镜不见了，只看到周围笼罩在巨大的烟雾中，我抹了一下眼睛，整个县城已经不见了，没有一栋完整的房子”。

四川省副省长李成云说，截至5月13日16时的不完全统计，四川省内的灾情为：遇难人数已超过12000人，受伤人数26206人，被埋9404人，倒塌和损坏房屋346万间。在遇难人数中，阿坝藏族羌族自治州为161人，绵阳市为7395人，德阳市为2648人，成都市为959人，广元市为700人，雅安市、资阳市及甘孜藏族自治州等地也有不同程度的人员伤亡。

“5·12”汶川8.0级大地震，给四川等地人民群众的生命财产造成了巨大的损失，成千上万人死亡，数百万人无家可归，海内外各界纷纷捐款捐物，支援震区抗震救灾。据初步统计，截至5月13日24:00，社会各界针对地震捐赠共超过12亿元。

律师专线

所谓环境应急，是指针对可能或已发生的突发环境事件需要立即采取某些超出正常工作程序的行动，以避免事件发生或减轻事件后果的状态，也称为紧急状态；同时也泛指立即采取超出正常工作程序的行动。

针对四川汶川地震，中国地震局已启动一级预案，并派出第一批33人组成的国家地震现场应急工作队，与183人组成的国家地震灾害紧急救援队，共计216人，已于当天奔赴灾区实施现场应急和紧急救援。民政部当天已从西安中央救灾物资储备库紧急调拨5000顶救灾帐篷支援四川灾区。此外，国家减灾委针对汶川地震灾情于当天22时紧急启动一级救灾应急响应，民政部部长李学举已赶赴灾区，另组成救灾工作组即赴灾区，协助指导抗震救灾工作。由卫生部派出的10余支卫生应急队伍已启程赴汶川地震灾区开展救援工作。中国红十字会总会从中国红十字会成都备灾救灾中心迅速调拨了557顶单帐篷、2500床棉被等价值78万余元的救灾物资。此外，工业和信息化部、交通运输部、铁道部、民航局、国家电网公司、公安部、教育部、国土资源部、中国气象局、中华全国总工会、国家安全生产监督管理总局、外交部、国家旅游局也紧急启动应急机制。

法律规范

中华人民共和国防震减灾法

（1997年12月29日第八届全国人民代表大会常务委员会第二十九次会议通过，2008年12月27日第十一届全国人民代表大会常务委员会第六次会议修订，自2009年5月1日起施行）

第三条　防震减灾工作，实行预防为主、防御与救助相结合的方针。

第四条　县级以上人民政府应当加强对防震减灾工作的领导，将防震减灾工作纳入本级国民经济和社会发展规划，所需经费列入财政预算。

第十四条　防震减灾规划的内容应当包括：震情形势和防震减灾总体目标，地震监测台网建设布局，地震灾害预防措施，地震应急救援措施，以及防震减灾技术、信息、资金、物资等保障措施。

编制防震减灾规划，应当对地震重点监视防御区的地震监测台网建设、震情跟踪、地震灾害预防措施、地震应急准备、防震减灾知识宣传教育等作出具体安排。

第十七条　国家加强地震监测预报工作，建立多学科地震监测系统，逐步提高地震监测预报水平。

第二十九条　国家对地震预报意见实行统一发布制度。

第五十四条　国务院建立国家地震灾害紧急救援队伍。

第七十条　地震灾后恢复重建，应当统筹安排交通、铁路、水利、电力、通信、供水、供电等基础设施和市政公用设施，学校、医院、文化、商贸服务、防灾减灾、环境保护等公共服务设施，以及住房和无障碍设施的建设，合理确定建设规模和时序。

乡村的地震灾后恢复重建，应当尊重村民意愿，发挥村民自治组织的作用，以群众自建为主，政府补助、社会帮扶、对口支援，因地制宜，节约和集约利用土地，保护耕地。

少数民族聚居的地方的地震灾后恢复重建，应当尊重当地群众的意愿。

中华人民共和国突发事件应对法

（2007年8月30日第十届全国人民代表大会常务委员会第二十九次会议通过，自2007年11月1日起施行）

第二条　突发事件的预防与应急准备、监测与预警、应急处置与救援、事后恢复与重建等应对活动，适用本法。

第三条　本法所称突发事件，是指突然发生，造成或者可能造成严重社会危害，需要采取应急处置措施予以应对的自然灾害、事故灾难、公共卫生事件和社会安全事件。

按照社会危害程度、影响范围等因素，自然灾害、事故灾难、公共卫生事件分为特别重大、重大、较大和一般四级。法律、行政法规或者国务院另有规定的，从其规定。

突发事件的分级标准由国务院或者国务院确定的部门制定。

第四条　国家建立统一领导、综合协调、分类管理、分级负责、属地管理为主的应急管理体制。

第五条　突发事件应对工作实行预防为主、预防与应急相结合的原则。国家建立重大突发事件风险评估体系，对可能发生的突发事件进行综合性评估，减少重大突发事件的发生，最大限度地减轻重大突发事件的影响。

专家释惑

地震等突发环境事件具有不可预测性、结果的不确定性和危害性等特点，加上科学技术在一定范围内的局限性，难以对许多有可能引起严重环境问题的行为作出确定的环境影响评价，在环境受到威胁的程度、风险危害的性质和严重程度或者因果关系等方面存在科学上的不确定性，严重地威胁和危及人类的生命和健康。这决定了需建立有效的风险防范机制并加强对应急管理的要求。

法律的宗旨是为了确认、保护和增进人们的正当利益，并在利益受损时提供救济，同时，抑制或否定非法利益。法律是众多的调控和调节手段中首要和最有效率的一种方式。为此，我国于2008年修订了《防震减灾法》，2007年颁布了《突发事件应对法》，进行了相应的法律调控。通过四川发生的这次大地震，对我国的应急管理法律调控进行考量，具体应当明确以下内容：

1. 切实保障人们的生命健康权

生命健康和生存权是基于特定物质生活条件而提出的。其作为法律概念通常不仅是指人的生命不受非法剥夺的权利，而且包括每一个生命得以延续的权利。据此，生命健康和生存权包括两方面的内容：一方面是生命权，即人的生命非经法律程序不得受到任何伤害和剥夺；另一方面是生命延续权，即人应当具备的基本生存条件，如衣、食、住、行等方面的物质保障。突发环境事件严重地威胁和危及人类的生命和健康，为了维持生命健康和生存所需的良好环境所产生的环境知情权、决策参与权等相关权利，急需进行应急管理的法律调控，国内外都采取了相应的应急管理措施，有效地保障了人的生命健康和生存权的实现。

2. 明确风险防范原则和应急管理的阶段

风险防范原则已被广泛作为国际环境法的一项基本原则，欧盟环境法主席亚历山大·基斯在其《国际环境法》著作中将风险防范原则列为国际环境法的原则之一。里约环境与发展大会标志着风险防范原则在国际法上的完全肯定，《里约宣言》15 条原则规定："为了保护环境，各国应根据其能力广泛运用预防的方法。在有严重或不可挽回的损害的威胁时，缺少充分的科学确定性不应被用来作为延迟采取防止环境恶化的有效措施的理由。"

应急管理是指当社会出现突发性公共事件时，政府必须采取有效措施进行快速应对，以使突发性公共事件对社会经济等方面的影响程度降到最低。简言之，应急管理就是风险管理，其目的是使社会能够承受环境、技术风险，应对环境、技术风险所导致的灾害。应急管理的过程包括预防、应急、恢复和减灾四个阶段。这四个阶段循环往复，以达到有效避免危机发生和将危机损失减少到最低限度的目的。为了实现这些目标，在“危机生命周期”的每一个阶段，应急管理系统都要进行必要的指挥与支持。

如美国联邦政府非常重视制定国家灾难风险防御计划，以减少人员伤亡、财产损失、疾病、经济瓦解等导致的灾难救助方面的花费，并提供灾难风险防御的资源来资助州和地方政府执行有效的风险防御措施，以便维持灾难发生后的基本服务和设施功能。该灾难防御计划包括：灾难防御计划中为灾难减轻、警报、应急运转、灾难后恢复所需的准备；训练和演习；灾难后的批判和评估；计划的年度复查；联邦、国家和地方防御计划的协调；科学技术的应用；调查研究等。同时，州和地方政府也必须向联邦政府提交一份风险防御规划。根据各州和地方范围内的自然风险、危险及其脆弱点来制定各州和地方的风险防御规划，在获得有效资源时，确定各州的地方防御行动执行的优先次序。

我国也非常重视应急预案的作用。

3. 重视加强多方面的互助合作

许多国家都十分重视危机发生时的互助合作，并将这种合作以法律的形式固定下来，以便在必要时快捷、有序地调动各方面的资源，拯救人的生命，减少财产损失，恢复正常秩序，重建家园。

由于突发环境事件风险难以评估与预测，有必要进行各方面的协调合作。协调合作原则适用于两个方面：一是国际上的资源共享和互助。联合国对于成千上万被困于西南地区并受地震灾害影响的中国人民表示慰问。他们对此表示深切的担忧并对当前情况特别是受灾人数表示密切的关注。他们已经准备好支持中国政府为受灾人民提供赈灾帮助，并帮助受灾地区的长期重建工作。日本前首相福田通过日本驻北京大使馆传达讯息给胡锦涛和温家宝表达慰问之意，并且表示如果有必要的话，日本已备妥驰援的准备，会尽力而为。日本政府正在考虑提供粮食、饮用水、毛毯、帐篷等救援物资及医疗小组。二是国内各部门之间以及不同地区之间的分工与合作。我们要加强突发环境事件中的合作，这在国际条约得到了很好的体现。《里约宣言》强调了协调合作的重要性，宣告“各国应本着全球化的精神，为保存、保护和恢复地球生态系统的健康和完整进行合作”。在国内，环境保护部门、消防、水利、检疫、卫生等部门应在自己的职权范围内加强合作与交流，共同应对突发环境事件。

4. 完善信息收集和沟通系统

良好的沟通和有效的信息收集机制在政府环境突发环境事件的应急管理过程中发挥着十分重要的作用。某种意义上说，知情权是其他权利得以正确行使的先决性权利，只有知情权得到充分行使，当事人追求的其他权利才有可能充分实现。社会需要得到充分而全面的信息，通过畅通的信息传播机制，使信息能够迅速传递给社会公众和利益相关者，防止引起公众不理性的判断和行为混乱，增加应对突发环境事件的难度。

为了有效地防治突发环境事件，实现公众的知情权，以便其在突发环境事件中提高自救能力，我国应建立和完善环境信息收集和沟通机制，建立多元的信息系统，确保多元信息系统的常规运作。同时应确保建立一个高效的应急信息管理中心，确立信息报告的可信度和权威性，为政府在突发环境事件中作出正确、果断的决策提供保障。政府还应设立专门的危机信息收集机构，明确规定的信息报告方式，高度重视和充分利用各种信息，重视信息资源的共享性；充分利用各种渠道来收集信息，鼓励公众和社会团体参与应急管理，构建广泛的社会参与机制和评价激励机制；积极加强与国外主要国际组织与媒体的合作与交流，确保各项政策得到国内外各个方面的准确理解；加大国际应急管理资源的开发和使用力度，建立一个能与世界各国之间展开多方合作的应急管理国际互动平台，加强环境应急管理的国际合作与信息交流。

5. 完善预警监测制度

按照突发环境事件的严重性、紧急程度和影响范围等因素，突发环境事件的预警可分为四级，预警级别由低到高，依次分为一般环境事件、较大环境事件、重大环境事件和特别重大环境事件四级。灾害预警标识的颜色依次为蓝色、黄色、橙色、红色。根据事态的发展情况和采取措施的效果，预警颜色可以升级、降级或解除。实行分级预警监测机制，对不同地区、不同预警监测警报作出轻重缓急的区分，可以充分利用现有的科研、监测力量，提高工作效率，以应对不同程度的突发环境事件。

为了确保公众对环境灾害的有效预防，必须依法建立环境灾害预警监测信息专门发布系统。具体而言：第一，建立常规与非常规相结合的预警监测信息发布与传播平台体系。常规的预警监测信号发布平台能确保在专业机构作出需要预警监测的技术建议后，行政管理部门能立即就预警监测信息发布的方式、范围和时机做出决定，将预警监测信息尽快对社会公布。如联合国和欧盟联合成立的全球灾害警报及协调体制发出警告称，本次地震将带来较大影响。美国地质勘探局的专家表示这次地震会造成重大破坏。第二，科学合理设置预警信号。针对突发事件的预警，视突发环境事件影响的人数、严重程度、危险性等因素确定是否发出预警信号；针对监测数据的预警，看当前监测数据与标准数据的标准差分布决定是否发出预警信号。第三，制定不同的发布机制。一般的自然灾害，在政府授权之下，可以由相应的专业主管部门在第一时间发布。一般警示直接向公众发布；特别警示和危险警示应先报政府，经批准后由部门新闻发言人向公众发布。

6. 完善环境责任保险制度

环境责任保险越来越注重对灾害事故的预警防范和抢险救援。保险公司通过对多年来损失资料的综合分析，积极发挥专业技术优势，加强与水文、气象、消防、安全等部门的通力合作，定期不定期地对风险较为集中的投保企业进行安全辅导，对潜在风险隐患进行严密防范和及时排查，以便采取有效的措施来应对各种突发环境事件。

我国应加快建立突发环境事件社会保险机制，由于突发环境事件发生的不确定性和企业赔偿能力有限，保险公司事先以收取保险金的方式聚集资金，在发生突发环境事件后，保险公司用收取的保险金支付赔偿，这就是环境民事赔偿社会化的过程，即将损害赔偿责任分摊到成千上万的投保人，极大地降低了企业的经济负担，有利于企业投入资金用于突发环境事件的防治及受害者的补偿。同时还应当给环境应急工作人员办理意外伤害保险，对可能引起环境污染的企业事业单位，要依法办理相关责任险或其他险种，通过各类财产保险、责任保险、意外伤害保险的发展，为各类突发环境事件造成的损失提供经济补偿，维护社会的稳定。此外，还应提高企业的环境责任保险意识。保险公司通过制定一系列防灾措施来减少风险，包括向企业宣传和介绍如何防止危机损失，以此提高企业的防灾减灾意识。

47. 矿山安全应当重视

案例 47　山西省左云县新井煤矿井下透水事故

事情是这样的

2006 年 5 月 18 日，山西省左云县新井煤矿发生了 2006 年以来全国最大的一次井下透水事故。矿主不仅没有及时向上级汇报，还故意瞒报了被困矿工的人数。5月23日，记者赶到了发生矿难的左云县张家场乡新井煤矿，煤矿的井口围满了人群，七八名救援人员正准备下井。救援人员说，井下的排水设施发生了故障，水抽不上来，必须下井维修。已经是发生透水事故的第五天了，这样的消息让被困矿工的家属感到异常焦急，他们期盼见到亲人的心情越来越急切。河北人李建秋更是承受着双倍的担心，他们家是父子三人来矿上打工的，现在父亲和19岁的弟弟都在井下。在这起事故发生后，有关部门也迅速组成了调查组，而记者在采访的过程当中，调查组也证实这次的透水事故被困井下的矿工人数一共是56人。那么这次透水事故到底是怎么发生的？

据调查组的人员介绍说，出事的新井煤矿是一家乡属企业，近年来一直由当地的一个名叫李付元的矿主承包，当初国土部门只批准他开采4号煤层，但从2003年起，李付元却违法挖掘了下面的8号煤层和14号煤层。初步分析，这起事故很可能就是因为矿工用炸药爆破14号煤层时，炸通了附近废弃矿井的积水区导致的。

而据矿工们反映，早在事发前几天，矿井里就出现了透水迹象。当时工人们向矿上汇报了这种情况，如果矿上及时打眼放水，将水慢慢地放出，这起事故隐患就会消除，但是矿上并没有这么做。矿工李建秋告诉我们，当时矿方非但没采取措施，反而还逼他们下井，不下井就要罚款，矿工们只好继续下井干活。

在距离事发井口不到3米的墙上，记者发现了一张关于如何预防透水事故的宣传画，上面说明，发现有挂汗、空气变冷、出现雾气或产生渗水、水质浑浊这些征兆时要马上停止作业。显然作为矿方应该很清楚发生透水事故的迹象以及危害，由于事发后矿主李付元以及矿上相关的负责人都被刑事拘留，记者没能见到他们，当初面对井下严重的透水迹象，他们为何听之任之，矿工们的看法是，矿主管理不到位，一味追求利润，忽视了矿工们的生命安全。

对于这起矿难事故，最初的时候，说是共有5个人被困，随后被困的人数变成44人，再随后被困的人数变成56人，一个问题就出现了，为什么每次出现井下事故的时候都有人被瞒报，而矿主们到底又是用什么样的方法来瞒报被困人数呢？在事发后，矿方的一系列举动令人匪夷所思。李建秋被迫经历了接下来发生的更为残酷的现实。李建秋说，当他得知自己的父亲和弟弟都被困在井下，他试图下井营救时被矿方阻拦，而矿上也没有采取抢险措施，反倒提出了奇怪的要求。一个姓兰的老板要把他们转送到大同，矿上给每个家属赔偿30万。

李建秋所说的兰老板名叫兰仁伙，是矿主李付元手下的一个包工头，他是否跟矿工说过要隐瞒事故的话？又是谁让他这么说的？记者到达左云时，兰仁伙已被公安机关刑事拘留，记者在矿区找到了他的妻子。兰仁伙的妻子说，被困矿工大多数都是她丈夫手下的，当时矿主怕泄漏出去承担法律责任，就逼着她丈夫瞒报人数，看来矿方的确试图隐瞒矿难，并且在19日早上采取了进一步的行动，转移矿工家属。

但是接下来事态没有按照矿方的意愿发展。因为矿方先说去大同宾馆，但一些认识路的矿工发现不是去大同宾馆，知道受了骗，赶紧返回到矿上。同时当地有关部门也接到了群众举报。面对公安部门的询问，矿方只承认有5人被困井下，这和群众举报的人数有很大差距。隐瞒的事故被揭开，由中央、省市部门组成的抢险调查组进驻事故现场，新井煤矿更多的违法行为浮出水面。

据了解，新井煤矿是个核定年产量只有9万吨的小煤矿，按规定一个班下井人数不能超过29个人，一天只允许生产273吨煤，而实际上煤矿一个班下井人数至少在200人以上，日产煤接近3000吨。这样无论是下井人数还是煤产量都超过了规定近10倍，说到底还是利益驱动的问题。

经调查，新井煤矿仅去年下半年就产出煤14万吨，按照当时的价格粗略计算，矿主李付元赚取的纯利润至少在1000万以上，看来正是为了巨额的利润，矿主才不顾矿工的生命安全，大肆地违法超量开采。

按照法律规定，地方政府对煤矿安全生产负有监管责任，那么对于新井煤矿常年私挖乱采的情况，当地有关部门是否了解呢？

律师专线

这个案例中，第一，虽然国家采取了严厉的措施，但是仍然有一些人还是利欲熏心。政府为这些非法煤矿开绿灯，这些非法煤矿为某些腐败的官员提供钱财，所以他们结成了攻守同盟来挑战法律。第二，我们监管的措施和力度还没有完全到位，还有一些漏洞，也让这些非法的矿主们钻了空子。另外，对敢于以身试法的违法分子必须严惩不贷，依法从重处罚。

法律规范

中华人民共和国矿山安全法

（1992 年 11 月 7 日第七届全国人民代表大会常务委员会第二十八次会议通过，自 1993 年 5 月 1 日起施行）

第一条　为了保障矿山生产安全，防止矿山事故，保护矿山职工人身安全，促进采矿业的发展，制定本法。

第七条　矿山建设工程的安全设施必须和主体工程同时设计、同时施工、同时投入生产和使用。

第十三条　矿山开采必须具备保障安全生产的条件，执行开采不同矿种的矿山安全规程和行业技术规范。

第二十条　矿山企业必须建立、健全安全生产责任制。

矿长对本企业的安全生产工作负责。

第三十六条　发生矿山事故，矿山企业必须立即组织抢救，防止事故扩大，减少人员伤亡和财产损失，对伤亡事故必须立即如实报告劳动行政主管部门和管理矿山企业的主管部门。

第三十七条　发生一般矿山事故，由矿山企业负责调查和处理。

发生重大矿山事故，由政府及其有关部门、工会和矿山企业按照行政法规的规定进行调查和处理。

专家释惑

1992 年由全国人大常委会制定了《矿山安全法》，并于 1993 年

5月起实施，这是新中国成立以来第一部包括煤矿在内的各类矿山从事开采活动必须遵守的安全法律。为实施该法，1996年10月30日由劳动部发布了《矿山安全法实施条例》，对一些问题作了明确规定。要依据《矿山安全法》《安全生产法》《煤炭法》和《煤矿安全监察条例》等法律法规，对乡镇煤矿安全管理机构、安全生产责任制、煤矿安全设施设备等方方面面进行健全制度，落实责任，进行全面规范管理，实施全过程的安全管理，促进煤矿安全生产。

1．加强矿山企业的安全管理

安全管理是一项综合性、以人为中心的科学管理，是煤炭企业管理的一个重要环节，它反映了煤矿综合素质的高低。煤矿安全与否决定于人的安全行为和物的安全环境，而人的安全行为与人的安全心理密切相关。换句话说，煤矿安全管理，主要是对人、设备和矿井自然环境的安全防护管理，其中，对人的管理是核心，因为人的因素是主导，管理因素是关键，物的因素是基础，环境因素是条件。在安全生产的管理工作中，应由事后追查为主转变为事前预防为主，按照人的心理规律和客观规律制定安全预防措施，引入和运用心理科学这个手段更好地为煤矿安全管理服务，在此基础上建立起一个全新的安全管理体系。

2．加强矿山企业的安全评价和监控

安全评价是以系统工程理论为基础，运用科学、适用的定量或定性的评价方法，对煤矿存在的危险因素和有害因素进行识别、分析和评估，并提出合理可行的安全技术和安全管理对策。其基本出发点和目的是实现煤矿本质安全化，同时，为煤矿劳动安全卫生管理的系统化、标准化和科学化提供依据和条件，为安全监管部门实施监察、管理提供依据。对煤矿企业来说，开展安全评价，能够改变煤矿安全状况，保障煤矿职工的安全和健康，可进一步加强煤矿安全管理，防止和减少各类事故的发生。通过对煤矿安全生产综合评价，确定被评价矿井的安全可靠性和事故发生几率的大小，找出安全工作的重要性及主攻方向，提出相应的对策、措施，并以此来规范和制约不安全行为，使空间的安全管理、时间序列上的程序化检查和工人的标准化作业有机结合起来，使工人一上岗就进入管理状态，自觉上标准岗，干标准活。通过安全评价，把生产过程中的不安全因素和作业场所的隐患消灭在萌芽阶段。因此，要制订煤矿安全程度评价办法，包括采、掘、机、运、通、防治水等方面的规定，对整个矿井安全状况实施评价的制度，按照标准，对该煤矿作出安全度评估。

根据安全评价结果，将矿井划分为不同的安全等级，实行对重点矿井重点监控。把过去的以处理事故为主的被动监测转变为以消除隐患为主的主动监测。深化隐患排查治理，由“告知检查”向“随机抽查”转变，提高超前预防能力。针对重点地区和重大隐患，政府有关部门要重点抓，抓严、抓细、抓实，抓住不放，一抓到底。对由于投入不足使一些重大隐患长久得不到消除，不投入物力财力、不采取措施进行整改的，必须依法追究煤矿企业负责人及地方人民政府和有关部门的责任，预防重大事故的发生。

3. 完善矿山安全责任制

安全责任制，由“条目化”向“问责制”转变，提高全员执行力。严格实行责任追究制度，克服“高度重视下的麻痹松懈症”，是防止事故频发的必要举措。按照“谁主管、谁负责”的原则，逐级落实安全生产责任制，确保把安全生产法律法规、规章制度和各项措施落实到现场以及每一个岗位。严格落实值班跟班责任制，对于发生事故采取措施不及时、延误时机或因其他失职渎职行为而影响安全工作的有关人员，坚决严肃查处；对于发生事故而瞒报、谎报或拖延不报，造成事故进一步扩大的，要严厉追究其责任，确保矿山企业的安全管理。

4. 强化矿山事故责任承担制度

法律责任是指因违反法律义务而应当或必须承担的不利后果。法律责任设定的直接意图在于促使人们遵守规则，另一方面也是维护正义的需要。我国《矿山安全法》以行政责任、刑事责任为主，民事责任、经济责任处罚运用较少。而美国《1977 年联邦矿山安全与健康法》规定的责任种类包括刑事责任、民事责任、行政责任、经济责任，尤其是刑事责任和经济责任，规定得比较具体。煤矿安全问题往往是受利润所驱使，因而经济处罚手段的运用，往往更为有效。因此，应当制定明确的民事处罚规定，一切均依据经营者对待改正事故隐患的态度和所采取的防患措施来进行处理，故可有效地减少人为的因素和防止事故发生。增加矿山安全事故民事责任条款。发生矿山生产安全事故后，矿山企业理应对事故伤亡职工进行民事赔偿，《安全生产法》对此已有规定，作为行业安全法，《矿山安全法》也应该增加相应条款，明确规定矿山企业的民事赔偿责任。

其次，对煤矿发生任何事故都有明确的处罚标准，只要发生事故，不论是否对作业人员造成伤害，都需进行事故调查和找出引发事故的原因，依法处罚。我国的矿主本来是承担矿难赔偿责任的主体，但事后要么下落不明，要么隐匿、转移财产。由于我国部分矿山企业尚未建立劳动安全风险抵押金制度，因而给某些矿主提供了法律的空子，使得责任落空。据此，应当强化矿山事故责任承担制度的规定，矿长当然要对其职权范围内的决策和管理承担安全责任，但如果董事会的决议造成了安全隐患或者对造成的安全事故负有主要责任，则董事长和支持该决议的董事会成员都应该承担相应的法律责任。同时，矿山都应该缴纳煤矿安全生产风险抵押金，由政府统一管理。当矿山发生劳动安全事故时，该风险抵押金转作抢险救灾和事故善后处理工作所需资金。在事故抢救和善后处理工作结束后，发生事故的矿山企业要按照原核定标准，补足劳动安全风险抵押金，使得矿山安全的各项措施真正落到实处。

5. 完善矿山安全事故的预警和应急制度

各类矿山安全事故给我们敲响了警钟，这关系到人民生命健康、社会安定和国际关系的问题，必须引起足够的重视和警惕。确立预警和应急制度之必要和必需在于防患于未然或将危害减小到最低程度，切实保障人们的生命健康，体现把人作为首要目标的宗旨。对有关矿山安全监督管理部门的事故调查、监测、处理、报告和通报及应急措施进行规定，切实发挥其作用，预防矿山安全事故的发生，在事故发生之初立即采取措施予以制止，同时通报可能受到危害的单位和个人，避免或减少对人体健康、生命安全的危害和经济损失。在立法中强制要求制定矿山安全事故和灾害预警方案，并应当有较多的条款对此作出明确、具体的专门规定。劳动行政主管部门的矿山安全监督人员有权进入任何矿山生产车间，在现场检查安全状况，发现有危及职工安全的紧急险情时，可要求各矿山生产车间立即处理。如发生矿山事故，公司各部门必须立即组织和无条件地参与抢救，防止事故扩大，减少人员伤亡和财产损失，对伤亡事故必须立即如实报告劳动行政主管部门和管理矿山企业的主管部门。公司对矿山事故中伤亡的职工按照国家规定给予抚恤或者补偿。矿山事故发生后，应当尽快消除现场危险，查明事故原因，提出防范措施。现场危险消除后，方可恢复生产。

6. 鼓励公众参与

政府有关部门要加强煤矿安全监察执法和安全生产法律法规的宣传工作，要把安全生产法律法规宣传贯彻到各个方面、各个层次，引导乡镇煤矿企业自觉依法办矿，使各级人民政府和有关部门依法管矿。建立公告制度，对不具备安全生产条件的煤矿予以公布，让群众监督、舆论监督。向社会公布举报电话、举报信箱和电子邮箱，对群众举报的事故和重大隐患，特别是影响恶劣、群众反响强烈的，要限期认真追查，依法严肃处理。对影响大、性质恶劣的特大事故，及时将查处结果通过新闻媒体予以公布，在各级地方电视台、报纸等新闻媒体上予以曝光，营造良好的社会氛围和有利环境。

第十五章　环境执法和诉讼案例

内容提要

“徒法不足以自行。”环境执法是实现环境法治的有力保障，也是环境执法活动的后果及环境诉讼中最有证据力的。但是在环保执法中存在着执法人员业务能力有限、地方保护主义干扰环保执法、执法不到位、执法手段缺乏必要的强制性导致环境执法中存在许多问题，其中许多需要通过诉讼的途径予以解决。

48. 应具体规定轻微违法行为认定标准

案例48　环保部门对已经改正的违法行为作出处罚决定是否合法

事情是这样的

在环境行政处罚中，会遇到企业在行政处罚告知后履行义务，及时改正消除违法行为的现象，对此，是否可以认定为轻微违法行为；环保行政部门对已经改正的违法行为作出处罚决定，是否合理合法？这需要各级环保行政部门有一个统一的认定标准来规范行政执法。

某环保部门对从事纺织配件制造、加工并含有喷漆项目的个体企业甲发出排污申报通知，并送达了排污申报表格，要求甲如实申报污染物的排放情况。甲在接到排污申报表后未在申报规定的时间内办理申报手续。环境监察人员再次告知甲如实申报的义务，如拒绝申报将受到行政处罚的惩戒，并提出限期补办排污申报的现场监察要求。与此同时，环境监测人员对甲进行监督性监测，发现甲的厂界噪声超过国家噪声排放标准。

甲仍未在环境监察人员限定的时间内办理排污申报。两日后，环保部门作出行政处罚告知书，告知甲拒绝申报的违法事实、理由、依据及陈述、申辩的权利，告知拟处罚金3000元。甲接到告知书后3日内补办了排污申报手续，向环保部门陈述、申辩未及时办理排污申报的原因是未仔细了解申报要求与环境监察人员的监察要求，还有出差在外等因素。环保部门认定，甲的陈述、申辩的理由不成立，不予采纳，但考虑了甲在告知后及时补办申报手续情节，在随后的处罚决定中减轻了对甲的处罚，处以1000元的罚款。

甲接到处罚决定书后不服，在15日内向法院提起诉讼，理由一是在行政处罚决定前，甲已履行了申报手续，违法行为已消除，环保部门对已不存在的违法行为作出处罚不合法；二是根据《行政处罚法》第27条第2款规定，违法行为轻微，并及时纠正，没有造成危害后果的，不予行政处罚，拒报排污申报应属轻微违法行为，且及时改正，未造成危害结果，环保部门应该停止处罚。

环保部门对此进行答辩：拒绝申报是环境保护法律、法规设定的违法行为之一，在对甲告知前，环保部门针对甲拒绝申报的违法行为进行立案与调查终结，认定违法事实成立，对甲的行政处罚告知时，处罚程序已经开始。对甲补办排污申报手续，改正违法行为，处罚决定给予了减轻处罚。

法院审查后认定：甲在处罚告知后处罚决定前及时履行申报手续的行为，属从轻处罚情节，对甲认为的拒绝申报的违法行为属轻微违法行为，因甲没有证据证明，不予支持，判决维持环保部门的行政处罚决定。

律师专线

本案的关键有两个：一是拒绝申报是否属于轻微违法行为。此案法院对甲提出的拒绝申报属轻微违法行为，要求甲举证证明，但甲未能提供证据，所以法院不予支持。二是甲在行政处罚告知后履行义务，及时改正，消除了违法行为，环保行政部门对已经改正的违法行为作出处罚决定，是否合理合法。本案法院审查后认定，甲在告知后处罚决定前履行申报手续，属从轻处罚情节，这是维持环保部门处罚决定的重要因素。

法律规范

中华人民共和国大气污染防治法

（2000 年 4 月 29 日第九届全国人民代表大会常务委员会第十五次会议修订通过，自 2000 年 9 月 1 日起施行）

第十二条　向大气排放污染物的单位，必须按照国务院环境保护行政主管部门的规定向所在地的环境保护行政主管部门申报拥有的污染物排放设施、处理设施和在正常作业条件下排放污染物的种类、数量、浓度，并提供防治大气污染方面的有关技术资料。

前款规定的排污单位排放大气污染物的种类、数量、浓度有重大改变的，应当及时申报；其大气污染物处理设施必须保持正常使用，拆除或者闲置大气污染物处理设施的，必须事先报经所在地的县级以上地方人民政府环境保护行政主管部门批准。

第四十六条　违反本法规定，有下列行为之一的，环境保护行政主管部门或者本法第四条第二款规定的监督管理部门可以根据不同情节，责令停止违法行为，限期改正，给予警告或者处以五万元以下罚款：

（一）拒报或者谎报国务院环境保护行政主管部门规定的有关污染物排放申报事项的；

（二）拒绝环境保护行政主管部门或者其他监督管理部门现场检查或者在被检查时弄虚作假的；

（三）排污单位不正常使用大气污染物处理设施，或者未经环境保护行政主管部门批准，擅自拆除、闲置大气污染物处理设施的；

（四）未采取防燃、防尘措施，在人口集中地区存放煤炭、煤矸石、煤渣、煤灰、砂石、灰土等物料的。

专家释惑

本案虽是环保部门所处理案件中一件很普通的行政案件，但有两个问题应该引起重视。

一是轻微违法行为的法定问题。《行政处罚法》对轻微违法行为未作出具体说明，只作了笼统性规定，即第27条规定，违法行为轻微并及时改正，没有造成危害后果的，不予行政处罚；同时《行政处罚法》将轻微违法行为的认定权授予行政机关来行使，即第38条规定，调查终结，行政机关负责人应当对调查结果进行审查，根据不同情况，分别作出决定：违法行为轻微，依法可以不予行政处罚的，不予行政处罚。《环境保护行政处罚办法》对轻微违法行为的情形也未作出具体规定，第27条第1款只作了原则性规定。

本案中甲企业的行为符合不予行政处罚的及时纠正、没有造成危害后果的规定，如果甲能列举出行政部门对拒绝申报违法行为及时改正的不予处罚的现象，环保部门很有可能败诉。另外，法院对环保部门认定的拒绝申报不属于轻微违法行为，给予支持的原因是我国的各种环境法律、法规规定了对拒绝污染物申报违法行为的法律责任。笔者认为，《行政处罚法》将轻微违法行为的认定权由行政部门来行使，行政部门应该对轻微违法行为有一个统一的认定标准来规范行政执法。《环境保护行政处罚办法》应该对轻微违法行为作出具体规定，统一认定标准，增加可操作性。

二是事先告知与终结报告、处罚决定时间上的关系问题，以及行政处罚事先告知后是否必须作出处罚决定，特别是对当事人及时改正了的违法行为，未造成危害的，是否必须作出处罚决定的问题。笔者认为，环境行政主管部门在制作行政处罚事先告知书时，已经认定违法行为的事实存在。《行政处罚法》第38条第1项规定，调查终结，行政机关负责人应当对调查结果进行审查，对确有应受行政处罚的违法行为的，根据情节轻重及具体情况，作出行政处罚决定。而事先告知书是行政处罚的法定程序、必经程序，是环境执法机关必须执行的义务，也是当事人享有的法定权利。这就意味着在告知书送达当事人起，行政处罚程序已经开始，行政机关不得随意终止处罚程序，只要违法事实成立，证据确凿，程序合法，在综合考虑从轻、减轻处罚等情节的情况下，应当作出行政处罚决定。否则，就有可能出现有法不依、违法不究的不作为，造成监管缺位。

49. 责令改正与行政处罚视情况可同步进行

案例 49　射阳县环保局作出责令改正并处罚款的决定

事情是这样的

3 月 4 日，江苏省射阳县环境监察大队对一家热镀锌厂进行现场监察时发现，这一工厂在生产过程中，热镀锌项目的大气污染物处理设施未能正常使用。具体表现在工厂车间的房顶已损坏，废气直接外排，吸风罩未使用，碱液吸收装置内的吸收液显示中性（应当为碱性），根本达不到处理废气的效果。据此，射阳县环保局于 3 月 27 日下达了行政处罚事先告知书，要求这家工厂立即恢复大气污染处理设施正常使用，并拟作出罚款的行政处罚。

这家工厂接到告知书后，到县环保局进行陈述，表示接受整改的意见，已开始积极整改，但认为若在不整改的情况下给予处罚他们还能接受，但在要求整改的同时给予处罚不合理，因此请求免除处罚。射阳县环保局认为，这家工厂已违反了《大气污染防治法》的相关规定，依法应给予行政处罚，这家工厂的辩解理由不成立，于 4 月 16 日下达了行政处罚决定书。

律师专线

责令改正与行政处罚是两种不同而相互独立的具体行政行为。行政处罚是指行政主体对违反行政管理秩序的公民、法人或者其他组织实施的法律上的行政制裁。责令改正是指行政主体命令行政相对人改正违反行政管理秩序行为的具体行政行为。它们之间互相不能代替而且应同步进行。

法律规范

中华人民共和国大气污染防治法

(2000 年 4 月 29 日第九届全国人民代表大会常务委员会第十五次会议修订通过，自 2000 年 9 月 1 日起施行)

第十二条　向大气排放污染物的单位，必须按照国务院环境保护行政主管部门的规定向所在地的环境保护行政主管部门申报拥有的污染物排放设施、处理设施和在正常作业条件下排放污染物的种类、数量、浓度，并提供防治大气污染方面的有关技术资料。

前款规定的排污单位排放大气污染物的种类、数量、浓度有重大改变的，应当及时申报；其大气污染物处理设施必须保持正常使用，拆除或者闲置大气污染物处理设施的，必须事先报经所在地的县级以上地方人民政府环境保护行政主管部门批准。

第十三条　向大气排放污染物的，其污染物排放浓度不得超过国家和地方规定的排放标准。

第四十六条　违反本法规定，有下列行为之一的，环境保护行政主管部门或者本法第四条第二款规定的监督管理部门可以根据不同情节，责令停止违法行为，限期改正，给予警告或者处以五万元以下罚款：

（一）拒报或者谎报国务院环境保护行政主管部门规定的有关污染物排放申报事项的；

（二）拒绝环境保护行政主管部门或者其他监督管理部门现场检查或者在被检查时弄虚作假的；

（三）排污单位不正常使用大气污染物处理设施，或者未经环境保护行政主管部门批准，擅自拆除、闲置大气污染物处理设施的；

（四）未采取防燃、防尘措施，在人口集中地区存放煤炭、煤矸石、煤渣、煤灰、砂石、灰土等物料的。

专家释惑

如何正确理解责令改正与行政处罚的关系？具体来讲，有以下3种情形：

第一，行政处罚所依据的法律、法规直接规定了责令当事人改正违法行为的情形。

在这种情形下，应当依据相关法律、法规责令当事人改正或者限期改正违法行为。如在这一案件中，所依据的《大气污染防治法》第46条规定："违反本法规定，有下列行为之一的，环境保护行政主管部门或者本法第四条第二款规定的监督管理部门可以根据不同情节，责令停止违法行为，限期改正，给予警告或者处以五万元以下罚款……（三）排污单位不正常使用大气污染物处理设施，或者未经环境保护行政主管部门批准，擅自拆除、闲置大气污染物处理设施的。"因此，本案可直接依据此条，要求热镀锌厂立即恢复大气污染处理设施正常使用，并作出罚款的行政处罚。

第二，行政处罚所依据的法律、法规没有直接规定责令当事人改正违法行为的情形。

在这种情形下，则需依据《行政处罚法》的相关规定处理。《行政处罚法》第23条规定，行政机关实施行政处罚时，应当责令当事人改正或者限期改正违法行为。这里强调的是"实施行政处罚时"，不是处罚前或处罚后。如《环境保护法》第35条规定："违反本法规定，有下列行为之一的，环境保护行政主管部门或者其他依照法律规定行使环境监督管理权的部门可以根据不同情节，给予警告或者处以罚款……"则当事人违反此条规定情形予以行政处罚时，应同时责令当事人改正或者限期改正违法行为。

第三，行政处罚所依据的法律、法规规定了责令改正前置的情形。

此种情形即先责令当事人改正或者限期改正违法行为，当事人逾期不改正的，才给予行政处罚。如《环境影响评价法》第31条第1款规定："建设单位未依法报批建设项目环境影响评价文件，或者未依照本法第二十四条的规定重新报批或者报请重新审核环境影响评价文件，擅自开工建设的，由有权审批该项目环境影响评价文件的环境保护行政主管部门责令停止建设，限期补办手续；逾期不补办手续的，可以处五万元以上二十万元以下的罚款，对建设单位直接负责的主管人员和其他直接责任人员，依法给予行政处分。"这时，应首先作出责令改正的具体行政行为，即责令建设单位限期补办手续，逾期不补办的，才能作出行政处罚的具体行政行为。当然，责令改正前置是法律、法规有特别规定情况下的做法，并不影响责令改正与行政处罚同步进行的原则。

根据上述分析，结合本案，热镀锌厂认为责令改正不应与行政处罚同时作出的观点是错误的。

50. 环保非诉案件执行难问题如何解决？

案例50　江苏省无锡市惠山区环保局责令停产决定面临执行难

事情是这样的

来自江苏省无锡市惠山区人民法院的一份统计数据显示，2006年以来，惠山区人民法院共受理环保非诉执行案件54件，为前两年受理总数的3倍。这些案件的被执行人大都不愿自觉履行，非诉执行工作面临困难。

2005年11月，惠山区环保局经群众多次举报，对位于惠山区长安街道钱某的个体作业点进行了环保信访调查处检查。检查人员发现钱某在未经环保部门审批同意的情况下，擅自建设两条废旧塑料清洗线和两条塑料造粒线生产线用于生产经营，生产中塑料所散发的异味十分强烈，严重影响周围居民的正常生活。

据此，环保局于同年12月作出行政处罚决定，责令钱某立即停止上述生产线的生产。但钱某在法定期限内未履行行政处罚决定规定的义务，惠山区环保局遂于2006年6月向惠山区人民法院申请强制执行。惠山区人民法院行政庭经认真阅卷后，召集双方当事人进行听证，对行政处罚决定的合法性进行了审查，并作出了准予执行的裁定。

然而，被执行人钱某对环保局的处罚决定始终难以接受，并对相邻的十几家同样未经环保部门审批同意却从事同类生产的企业或作业点未被处理表示不理解，故拒不履行。针对这种情况，执行法官深入细致地做思想工作，通过透彻的析理说法，让钱某从思想上认识到其经营行为将对环境及居民生活带来严重危害，对其检举的其他同类企业未被处理的情况，引导其按照合法程序向有关部门进行反映投诉。

考虑到此案的特殊情况，惠山区人民法院多次与环保局、工商局、当地村委会共同进行协商，积极帮助钱某处理解决善后事宜，敦促其自觉履行。在办案人员的不懈努力下，慑于法律的威力，钱某终于承诺于2006年11月底前停止生产。2006年12月初，此案得到圆满解决。

钱某环保非诉执行一案，从群众举报、查处到法院执结，历时一年，为使案件得到妥善解决，法院执行法官做了大量工作，付出了巨大努力。在实际执行中，法院执行法官发现，环保非诉执行案件处理难度大，涉案影响面广，一旦处置不当，工作极易陷入被动。

惠山区人民法院通过深入分析、专题调研，认为环保非诉执行案件逐年上升的主要原因有以下几个方面：一是环保工作力度的不断加大，经群众举报及行政部门查处的环境行政处罚案件不断增多；二是许多企业或个体作业点未经环评审批同意，就擅自进行项目建设或生产，造成严重环境污染，受到行政处罚后，不少企业都置若罔闻；三是被处罚企业考虑到投资成本和经营现状，不少企业拒绝自觉履行行政处罚书内容，导致这些案件不得不进入法院强制执行环节。

律师专线

通过对造成环保非诉执行案件执行难的原因进行深层次研究，发现造成这种现象的主要因素有3个：一是相关政策和行政规范性文件中对一些涉及环保的生产工艺能否使用规定模糊，难以操作，致使许多企业在经营过程中继续使用一些会造成严重污染的生产工艺；二是被处罚企业中大多数为启动生产工艺投入了大量资金，若立即停止相关生产线的使用，不仅无法收回成本，还将遭受巨大经济损失，出于经济效益的考虑，被处罚企业能拖则拖，并偷偷继续生产；三是一些工业园区在创建初期为加大招商引资力度，针对部分企业在未获得环评审批同意的情况下，即已批准相关项目和生产线的建设，故被处罚企业认为其生产经营均是符合标准的，对环保行政处罚不予理睬。

法律规范

中华人民共和国环境影响评价法

（2002年10月28日第九届全国人民代表大会常务委员会第三十次会议通过，自2003年9月1日起施行）

第十六条　国家根据建设项目对环境的影响程度，对建设项目的环境影响评价实行分类管理。

建设单位应当按照下列规定组织编制环境影响报告书、环境影响报告表或者填报环境影响登记表（以下统称环境影响评价文件）：

（一）可能造成重大环境影响的，应当编制环境影响报告书，对产生的环境影响进行全面评价；

（二）可能造成轻度环境影响的，应当编制环境影响报告表，对产生的环境影响进行分析或者专项评价；

（三）对环境影响很小、不需要进行环境影响评价的，应当填报环境影响登记表。

建设项目的环境影响评价分类管理名录，由国务院环境保护行政主管部门制定并公布。

第十七条　建设项目的环境影响报告书应当包括下列内容：

（一）建设项目概况；

（二）建设项目周围环境现状；

（三）建设项目对环境可能造成影响的分析、预测和评估；

（四）建设项目环境保护措施及其技术、经济论证；

（五）建设项目对环境影响的经济损益分析；

（六）对建设项目实施环境监测的建议；

（七）环境影响评价的结论。

涉及水土保持的建设项目，还必须有经水行政主管部门审查同意的水土保持方案。

环境影响报告表和环境影响登记表的内容和格式，由国务院环境保护行政主管部门制定。

第三十一条　建设单位未依法报批建设项目环境影响评价文件，或者未依照本法第二十四条的规定重新报批或者报请重新审核环境影响评价文件，擅自开工建设的，由有权审批该项目环境影响评价文件的环境保护行政主管部门责令停止建设，限期补办手续；逾期不补办手续的，可以处五万元以上二十万元以下的罚款，对建设单位直接负责的主管人员和其他直接责任人员，依法给予行政处分。

建设项目环境影响评价文件未经批准或者未经原审批部门重新审核同意，建设单位擅自开工建设的，由有权审批该项目环境影响评价文件的环境保护行政主管部门责令停止建设，可以处五万元以上二十万元以下的罚款，对建设单位直接负责的主管人员和其他直接责任人员，依法给予行政处分。

海洋工程建设项目的建设单位有前两款所列违法行为的，依照《中华人民共和国海洋环境保护法》的规定处罚。

建设项目环境保护管理条例

（1998 年 11 月 18 日国务院第 10 次常务会议通过）

第十六条　建设项目需要配套建设的环境保护设施，必须与主体工程同时设计、同时施工、同时投产使用。

第二十条　建设项目竣工后，建设单位应当向审批该建设项目环境影响报告书、环境影响报告表或者环境影响登记表的环境保护行政主管部门，申请该建设项目需要配套建设的环境保护设施竣工验收。

环境保护设施竣工验收，应当与主体工程竣工验收同时进行。需要进行试生产的建设项目，建设单位应当自建设项目投入试生产之日起3个月内，向审批该建设项目环境影响报告书、环境影响报告表或者环境影响登记表的环境保护行政主管部门，申请该建设项目需要配套建设的环境保护设施竣工验收。

第二十三条　建设项目需要配套建设的环境保护设施经验收合格，该建设项目方可正式投入生产或者使用。

第二十四条　违反本条例规定，有下列行为之一的，由负责审批建设项目环境影响报告书、环境影响报告表或者环境影响登记表的环境保护行政主管部门责令限期补办手续；逾期不补办手续，擅自开工建设的，责令停止建设，可以处10万元以下的罚款：

（一）未报批建设项目环境影响报告书、环境影响报告表或者环境影响登记表的；

（二）建设项目的性质、规模、地点或者采用的生产工艺发生重大变化，未重新报批建设项目环境影响报告书、环境影响报告表或者环境影响登记表的；

（三）建设项目环境影响报告书、环境影响报告表或者环境影响登记表自批准之日起满5年，建设项目方开工建设，其环境影响报告书、环境影响报告表或者环境影响登记表未报原审批机关重新审核的。

第二十六条　违反本条例规定，试生产建设项目配套建设的环境保护设施未与主体工程同时投入试运行的，由审批该建设项目环境影响报告书、环境影响报告表或者环境影响登记表的环境保护行政主管部门责令限期改正；逾期不改正的，责令停止试生产，可以处5万元以下的罚款。

第二十八条　违反本条例规定，建设项目需要配套建设的环境保护设施未建成、未经验收或者经验收不合格，主体工程正式投入生产或者使用的，由审批该建设项目环境影响报告书、环境影响报告表或者环境影响登记表的环境保护行政主管部门责令停止生产或者使用，可以处10万元以下的罚款。

专家释惑

经济要发展，环境要保护，如何在两者间寻求统一，实现“双赢”结局，是摆在政府管理者面前的一个重大课题。为有效预防和减少环保非诉执行案件，建议：

首先，狠抓源头，规范操作。对凡是要使用涉及环保问题的生产工艺，一律要获得环评审批同意后，才能进行相关项目和生产线的建设，严禁违规操作或私自投产。

其次，投入设施，创造条件。对目前已投入生产的工艺或已被处罚的企业，在执行结束后，政府及相关部门应积极创造条件，完善有关设施，敦促被处罚企业补办手续，尽早通过环评审批后恢复生产或进行再生产。

第三，加强宣传，引起重视。司法部门要与环保、经贸等政府相关部门和企业积极沟通，及时发出司法建议，进一步加大法制宣传力度，使广大群众和企业经营者能充分重视环境保护问题，自觉保护环境，自觉遵守法律。

51. 行政处罚决定在复议期内能否先予执行?

案例 51　无锡市某灯饰公司拒不执行行政处罚决定案件

事情是这样的

2007 年 3 月，江苏省无锡市惠山区环保局在进行环境监察检查时发现，无锡市某灯饰有限公司未经环评审批同意擅自开始进行电镀前处理镀铜、镀镍、镀铬和喷涂等生产线建设和生产。

4 月 25 日，无锡市惠山区环保局以这一公司的上述行为违反了《建设项目环境保护管理条例》第 9 条为由，依据《建设项目环境保护管理条例》第 28 条对这家公司作出如下行政处罚：1. 责令立即停止所有生产线的建设和生产，办理环评审批手续，未经环评审批同意或虽经环评审批同意但未通过项目“三同时”验收，不得进行现有生产线的建设和生产；2. 罚款 5 万元。同时，行政处罚决定书上载明：如无锡市某灯饰有限公司对本行政处罚决定不服，可以在收到本行政处罚决定书之日起 60 日内向无锡市环保局或无锡市惠山区人民政府申请复议，也可在 15 日内直接向人民法院起诉，逾期不申请复议，也不向人民法院起诉，又不履行行政处罚决定的，将申请人民法院强制执行。

行政处罚决定书生效后，这家公司既未在规定限期内履行处罚书规定的内容，也未申请行政复议或提起行政诉讼。8 月 15 日，无锡市惠山区环保局向无锡市惠山区人民法院申请强制执行，法院行政审判庭对此行政处罚决定进行了听证审查。审查期间，无锡市某灯饰有限公司缴纳了罚款 5 万元，但对行政处罚决定第一条仍未自觉履行。9 月 5 日，法院行政审判庭作出行政裁定：准予执行行政处罚决定书。随后，此案移送至法院执行庭执行。

律师专线

本案从环保部门作出行政处罚决定到申请法院强制执行，历时 4 个多月，尽管在申请强制执行前，被执行人已履行了罚款的处罚，但对停止生产线的处罚仍未履行。换言之，在遭到环保部门的行政处罚后，被执行人仍将违法行为继续了 4 个多月。在这个过程中，行政机关无法采取积极有效的措施应对，只能在复议期限届满后依法申请人民法院强制执行，而有关执法部门也未能够对企业在这一期间的违法行政作出其他有效的制止措施。导致产生上述现象的原因，主要包括以下 3 个方面：

首先，立法不明确造成复议期间污染行为难制止。

《行政诉讼法》第 37 条规定，对属于人民法院受案范围的行政案件，公民、法人或者其他组织可以先向上一级行政机关或者法律、法规规定的行政机关申请复议，对复议不服的，再向人民法院提起诉讼；也可以直接向人民法院提起诉讼。这一条规定，既明确了行政机关的告知义务，也明确了当事人不服行政机关处罚决定可以主张权利的途径。从立法的本意上理解，设立行政复议的初衷是为了进一步确保行政机关依法行使行政职权更加公正，是行政机关内部监督，防止和纠正违法或者不当具体行政行为的重要途径。

《行政复议法》第 9 条又规定，申请复议期限一般为 60 日内。行政机关对其作出的行政处罚决定到复议期限届满后才能申请人民法院强制执行。

综合这些规定，我们不难看出，行政机关申请人民法院强制执行必须满足“在法定期限内”、“不提起诉讼”和“不履行”这些必备条件，如果不满足上述条件，行政机关在行政处罚决定复议期间就不能向人民法院申请强制执行，这也是造成企业对行政处罚决定不能自觉履行的原因之一。

其次，企业一般不会主动执行停业、停产处罚决定。

当行政机关对企业的违法行为作出行政处罚后，被处罚企业一般既不履行行政机关作出的行政处罚决定，也不主动申请复议或是向人民法院提起诉讼，而是利用法律赋予的复议权及期限，继续从事已被禁止的违法行为。在实际操作中，违法企业对行政处罚中的罚款一般都会缴纳，罚款不会影响到企业的生产经营，但是对停产、停业等处罚，企业考虑到自身的经济利益及损失，一般不会主动进行停业、停产，这也是造成企业对行政处罚决定不能自觉履行的重要原因之一。

第三，行政机关自行实施的执行措施十分有限。

行政机关一旦对违法企业作出行政处罚决定后，只能按照法定程序进行，虽然《行政复议法》第 21 条规定：行政复议期间具体行政行为不停止执行，这是因为具体行为一经有效成立，便具有约束力、确定力、执行力。

根据《行政处罚法》第 51 条规定：当事人逾期不履行行政处罚决定的，作出行政处罚决定的行政机关可以采取下列措施：1. 到期不缴纳罚款的，每日按罚款数额的 3% 加处罚款；2. 根据法律规定，将查封、扣押的财物拍卖或者将冻结的存款划拨抵缴罚款；3. 申请人民法院强制执行。

尽管有这样的法律规定，但行政机关自行可以实施的执行措施还是有限的，特别是对企业作出的停业、停产等行为处罚并没有具体的执行措施。因此，当行政处罚决定作出后，在复议期间，即使当事人不自觉履行，继续从事违法行为，行政机关也不能有效去制止，只能按程序等待复议期限届满后申请人民法院强制执行，这也是长期困扰基层行政执法部门的一个问题。

通过这一案件的剖析，我们不难看出，如果行政机关在复议期限内可以采取积极有效的措施或可以向人民法院申请强制执行的话，那么被执行人的违法行为就可以得到及时的处置，对社会及环境的危害也将进一步减少。然而在现实操作中，《行政诉讼法》及相关法律、法规，并没有明确行政机关作出的行政处罚决定后在复议期限内的执行措施。

法律规范

中华人民共和国环境影响评价法

（2002年10月28日第九届全国人民代表大会常务委员会第三十次会议通过，自2003年9月1日起施行）

第十六条　国家根据建设项目对环境的影响程度，对建设项目的环境影响评价实行分类管理。

建设单位应当按照下列规定组织编制环境影响报告书、环境影响报告表或者填报环境影响登记表（以下统称环境影响评价文件）：

（一）可能造成重大环境影响的，应当编制环境影响报告书，对产生的环境影响进行全面评价；

（二）可能造成轻度环境影响的，应当编制环境影响报告表，对产生的环境影响进行分析或者专项评价；

（三）对环境影响很小、不需要进行环境影响评价的，应当填报环境影响登记表。

建设项目的环境影响评价分类管理名录，由国务院环境保护行政主管部门制定并公布。

第十七条　建设项目的环境影响报告书应当包括下列内容：

（一）建设项目概况；

（二）建设项目周围环境现状；

（三）建设项目对环境可能造成影响的分析、预测和评估；

（四）建设项目环境保护措施及其技术、经济论证；

（五）建设项目对环境影响的经济损益分析；

（六）对建设项目实施环境监测的建议；

（七）环境影响评价的结论。

涉及水土保持的建设项目，还必须有经水行政主管部门审查同意的水土保持方案。

环境影响报告表和环境影响登记表的内容和格式，由国务院环境保护行政主管部门制定。

第三十一条　建设单位未依法报批建设项目环境影响评价文件，或者未依照本法第二十四条的规定重新报批或者报请重新审核环境影响评价文件，擅自开工建设的，由有权审批该项目环境影响评价文件的环境保护行政主管部门责令停止建设，限期补办手续；逾期不补办手续的，可以处五万元以上二十万元以下的罚款，对建设单位直接负责的主管人员和其他直接责任人员，依法给予行政处分。

建设项目环境影响评价文件未经批准或者未经原审批部门重新审核同意，建设单位擅自开工建设的，由有权审批该项目环境影响评价文件的环境保护行政主管部门责令停止建设，可以处五万元以上二十万元以下的罚款，对建设单位直接负责的主管人员和其他直接责任人员，依法给予行政处分。

海洋工程建设项目的建设单位有前两款所列违法行为的，依照《中华人民共和国海洋环境保护法》的规定处罚。

建设项目环境保护管理条例

（1998 年 11 月 18 日国务院第 10 次常务会议通过）

第十六条　建设项目需要配套建设的环境保护设施，必须与主体工程同时设计、同时施工、同时投产使用。

第二十条　建设项目竣工后，建设单位应当向审批该建设项目环境影响报告书、环境影响报告表或者环境影响登记表的环境保护行政主管部门，申请该建设项目需要配套建设的环境保护设施竣工验收。

环境保护设施竣工验收，应当与主体工程竣工验收同时进行。需要进行试生产的建设项目，建设单位应当自建设项目投入试生产之日起 3 个月内，向审批该建设项目环境影响报告书、环境影响报告表或者环境影响登记表的环境保护行政主管部门，申请该建设项目需要配套建设的环境保护设施竣工验收。

第二十三条　建设项目需要配套建设的环境保护设施经验收合格，该建设项目方可正式投入生产或者使用。

第二十四条　违反本条例规定，有下列行为之一的，由负责审批建设项目环境影响报告书、环境影响报告表或者环境影响登记表的环境保护行政主管部门责令限期补办手续；逾期不补办手续，擅自开工建设的，责令停止建设，可以处 10 万元以下的罚款：

（一）未报批建设项目环境影响报告书、环境影响报告表或者环境影响登记表记表的；

（二）建设项目的性质、规模、地点或者采用的生产工艺发生重大变化，未重新报批建设项目环境影响报告书、环境影响报告表或者环境影响登记表的；

（三）建设项目环境影响报告书、环境影响报告表或者环境影响登记表自批准之日起满5年，建设项目方开工建设，其环境影响报告书、环境影响报告表或者环境影响登记表未报原审批机关重新审核的。

第二十六条　违反本条例规定，试生产建设项目配套建设的环境保护设施未与主体工程同时投入试运行的，由审批该建设项目环境影响报告书、环境影响报告表或者环境影响登记表的环境保护行政主管部门责令限期改正；逾期不改正的，责令停止试生产，可以处5万元以下的罚款。

第二十八条　违反本条例规定，建设项目需要配套建设的环境保护设施未建成、未经验收或者经验收不合格，主体工程正式投入生产或者使用的，由审批该建设项目环境影响报告书、环境影响报告表或者环境影响登记表的环境保护行政主管部门责令停止生产或者使用，可以处10万元以下的罚款。

中华人民共和国行政复议法

（1999年4月29日第九届全国人民代表大会常务委员会第九次会议通过）

第九条　公民、法人或者其他组织认为具体行政行为侵犯其合法权益的，可以自知道该具体行政行为之日起60日内提出行政复议申请；但是法律规定的申请期限超过60日的除外。

因不可抗力或者其他正当理由耽误法定申请期限的，申请期限自障碍消除之日起继续计算。

第二十一条　行政复议期间具体行政行为不停止执行；但是，有下列情形之一的，可以停止执行：

（一）被申请人认为需要停止执行的；

（二）行政复议机关认为需要停止执行的；

（三）申请人申请停止执行，行政复议机关认为其要求合理，决定停止执行的；

（四）法律规定停止执行的。

中华人民共和国行政诉讼法

（1989年4月4日第七届全国人民代表大会第二次会议通过，自1990年10月1日起施行）

第三十七条　对属于人民法院受案范围的行政案件，公民、法人或者其他组织可以先向上一级行政机关或者法律、法规规定的行政机关申请复议，对复议不服的，再向人民法院提起诉讼；也可以直接向人民法院提起诉讼。

法律、法规规定应当先向行政机关申请复议，对复议不服再向人民法院提起诉讼的，依照法律、法规的规定。

第三十八条　公民、法人或者其他组织向行政机关申请复议的，复议机关应当在收到申请书之日起两个月内作出决定，法律、法规另有规定的除外。

申请人不服复议决定的，可以在收到复议决定书之日起15日内向人民法院提起诉讼。复议机关逾期不作决定的，申请人可以在复议期满之日起15日内向人民法院提起诉讼。法律另有规定的除外。

第三十九条　公民、法人或者其他组织直接向人民法院提起诉讼的，应当在知道作出具体行政行为之日起3个月内提出。法律另有规定的除外。

第五十一条　人民法院对行政案件宣告判决或者裁定前，原告申请撤诉的，或者被告改变其所作的具体行政行为，原告同意并申请撤诉的，是否准许，由人民法院裁定。

专家释惑

综合对该案的分析和思考，行政处罚决定在复议期限内只要符合一定的条件，行政机关是可以申请先予执行的。但在具体操作中，还要注意把握以下几点：

首先，要有理论依据。《最高人民法院关于执行〈中华人民共和国行政诉讼法〉若干问题的解释》第94条规定：在诉讼过程中，被告或者具体行政行为确定的权利人申请人民法院强制执行被诉具体行政行为，人民法院不予执行，但不及时执行可能会给国家利益、公共利益或者他人合法权益造成不可弥补的损失的，人民法院可以先予执行。后者申请强制执行的，应当提供相应的财产担保。这一条款虽然只是规定行政诉讼案件可以先予执行，但对行政非诉案件来说也可以适当引用。

其次，对相关的行政非诉案件，有关部门应该制定具体的实施意见，规定如果环境违法行为不及时执行可能给国家利益、公共利益或者他人合法权益造成不可弥补的损失的，在复议期限内，行政机关可以在行政处罚决定复议期限内向人民法院申请先予执行。

第三，程序要合法到位。行政机关在依法作出行政处罚决定后，在复议期限内向人民法院申请先予执行，必须符合以下条件：一是行政处罚决定确已生效；二是行政机关要提供相应的财产担保；三是人民法院对行政机关申请先予执行的非诉案件，仍然要经过行政审判庭听证审查，审查程序合法后，才能裁定先予执行。

52. “可再利用”不改变危险废物属性

案例 52　危险废物再次被转移仍应按危险废物进行管理

事情是这样的

2007 年 1 ~ 3 月，A 市某单位未经批准，未办理危险废物转移联单，擅自将 116 吨丙烯酸酯类废物转移给 B 市甲单位和 C 市乙单位，B 市甲单位和 C 市乙单位专门从事危险废物处置和利用，具有危险废物经营许可证。其间，A 市某单位又将 40 吨此类废物转移给 D 市丁单位，这家单位虽长期从事危险废物处置和利用，却未取得经营许可证。

A 市某单位主要生产丙烯酸酯类产品。产品在合成过程中，同时发生副反应，合成产物是一种混合物，需要进行精制、提纯，产生合格的产品，剩余的残液即为丙烯酸酯类废物，属于《国家危险废物名录》中 HW11 精（蒸）馏残渣类危险废物，按照其项目环境影响报告书要求，应当送废液焚烧系统焚烧处理。

经多次追查，这家单位承认多次出售废物的事实。之后，这家单位又到 A 市质量技术监督部门补办了企业产品标准备案，将废物追加为副产品。这家单位推说其废物是产品，并非废物，转卖活动是企业正常销售产品，不应当按危险废物管理，否认其行为违法。

这家单位转移40吨危险废物给无经营许可证的D市丁单位，违反了《固体废物污染环境防治法》第57条第3款的规定：禁止将危险废物提供给无经营许可证的单位从事经营活动。又据第75条第5项的规定：将危险废物提供给无经营许可证的单位从事经营活动的，处2万元以上20万元以下罚款。

虽然此次转移数量较小，但这家单位明知对方应当具有经营许可证而无经营许可证，属明知故犯，情节较重。但因为此类废物有利用价值，符合资源利用的一般原则。因此，环保部门对其行为给予了15万元的罚款。

律师专线

有人认为，项目环境影响报告书已经确定了此物质为危险废物，就必须焚烧处理，之后的转移活动就应按危险废物管理。还有人认为，此物质是危险废物还是产品，可以从标准备案之日算起，备案之前，为危险废物；备案之后，为产品，不是危险废物。上述两个观点都不准确。一般来说，物质如果有被出售的行为，即可以称之为产品，就应当有产品标准。产品标准备案只对产品的质量起技术监督和鉴定依据的作用，并不能改变物质的危险废物属性。物质既可以作为产品出售，也可以作为危险废物。具有双重属性的物质，应当同时遵守产品管理和危险废物管理的双重规定。也就是说，这家单位在转卖废物的过程中，除应执行相应的产品标准外，还必须执行危险废物污染防治的规定。这种理解也符合《固体废物污染环境防治法》第88条有关固体废物和危险废物含义的规定，即列入国家危险废物名录或者根据国家规定的危险废物鉴别标准和鉴别方法认定的具有危险特性的，就是危险废物，而不必考虑此物质是否有企业产品标准备案。

这家单位转移116吨危险废物给B市甲单位和C市乙单位，违反了《固体废物污染环境防治法》第59条第1款的规定：转移危险废物必须填写转移联单，并向移出地环保部门提出申请，未经批准的，不得转移。又根据此法第75

条第 6 项的规定：不填写危险废物转移联单或者未经批准擅自转移危险废物的，限期改正，并处 2 万元以上 20 万元以下罚款。

虽转移数量较大，但鉴于此废物有利用价值，符合资源利用的一般原则，上述两家接收单位均具有危险废物经营许可证，这家单位在转卖中又特别查验了对方的许可证。因此，环保部门对其行为给予 15 万元罚款的处罚；责令其在 15 日内申报危险废物转移计划，办理转移联单。

法律规范

中华人民共和国固体废物污染环境防治法

（1995 年 10 月 30 日第八届全国人民代表大会常务委员会第十六次会议通过，2004 年 12 月 29 日第十届全国人民代表大会常务委员会第十三次会议修订）

第五十七条　从事收集、贮存、处置危险废物经营活动的单位，必须向县级以上人民政府环境保护行政主管部门申请领取经营许可证；从事利用危险废物经营活动的单位，必须向国务院环境保护行政主管部门或者省、自治区、直辖市人民政府环境保护行政主管部门申请领取经营许可证。具体管理办法由国务院规定。

禁止无经营许可证或者不按照经营许可证规定从事危险废物收集、贮存、利用、处置的经营活动。

禁止将危险废物提供或者委托给无经营许可证的单位从事收集、贮存、利用、处置的经营活动。

第五十九条　转移危险废物的，必须按照国家有关规定填写危险废物转移联单，并向危险废物移出地设区的市级以上地方人民政府环境保护行政主管部门提出申请。移出地设区的市级以上地方人民政府环境保护行政主管部门应当商经接受地设区的市级以上地方人民政府环境保护行政主管部门同意后，方可批准转移该危险废物。未经批准的，不得转移。

转移危险废物途经移出地、接受地以外行政区域的，危险废物移出地设区的市级以上地方人民政府环境保护行政主管部门应当及时通知沿途经过的设区的市级以上地方人民政府环境保护行政主管部门。

第七十五条　违反本法有关危险废物污染环境防治的规定，有下列行为之一的，由县级以上人民政府环境保护行政主管部门责令停止违法行为，限期改正，处以罚款：

（一）不设置危险废物识别标志的；

（二）不按照国家规定申报登记危险废物，或者在申报登记时弄虚作假的；

（三）擅自关闭、闲置或者拆除危险废物集中处置设施、场所的；

（四）不按照国家规定缴纳危险废物排污费的；

（五）将危险废物提供或者委托给无经营许可证的单位从事经营活动的；

（六）不按照国家规定填写危险废物转移联单或者未经批准擅自转移危险废物的；

（七）将危险废物混入非危险废物中贮存的；

（八）未经安全性处置，混合收集、贮存、运输、处置具有不相容性质的危险废物的；

（九）将危险废物与旅客在同一运输工具上载运的；

（十）未经消除污染的处理将收集、贮存、运输、处置危险废物的场所、设施、设备和容器、包装物及其他物品转作他用的；

（十一）未采取相应防范措施，造成危险废物扬散、流失、渗漏或者造成其他环境污染的；

（十二）在运输过程中沿途丢弃、遗撒危险废物的；

（十三）未制定危险废物意外事故防范措施和应急预案的。

有前款第一项、第二项、第七项、第八项、第九项、第十项、第十一项、第十二项、第十三项行为之一的，处一万元以上十万元以下的罚款；有前款第三项、第五项、第六项行为之一的，处二万元以上二十万元以下的罚款；有前款第四项行为的，限期缴纳，逾期不缴纳的，处应缴纳危险废物排污费金额一倍以上三倍以下的罚款。

第七十七条　无经营许可证或者不按照经营许可证规定从事收集、贮存、利用、处置危险废物经营活动的，由县级以上人民政府环境保护行政主管部门责令停止违法行为，没收违法所得，可以并处违法所得三倍以下的罚款。

不按照经营许可证规定从事前款活动的，还可以由发证机关吊销经营许可证。

专家释惑

固体废物，是指在生产、生活和其他活动中产生的丧失原有利用价值或者虽未丧失利用价值但被抛弃或者放弃的固态、半固态和置于容器中的气态的物品、物质以及法律、行政法规规定纳入固体废物管理的物品、物质。危险废物，是指列入国家危险废物名录或者根据国家规定的危险废物鉴别标准和鉴别方法认定的具有危险特性的固体废物。在环保管理中，“贮存”、“处置”、“利用”都有其特定的含义。贮存，是指将固体废物临时置于特定设施或者场所中的活动。处置，是指将固体废物焚烧和用其他改变固体废物的物理、化学、生物特性的方法，达到减少已产生的固体废物数量、缩小固体废物体积、减少或者消除其危险成分的活动，或者将固体废物最终置于符合环境保护规定要求的填埋场的活动。利用，是指从固体废物中提取物质作为原材料或者燃料的活动。

在环境行政执法中，会遇到企业利用法律空白，钻执法部门对危险废弃物的界定和处置方法存在不同看法的空子，逃避环境监管的事件，这需要各级环保部门认真学习环境法律、法规，善于灵活运用相关规定解决执法中遇到的实际问题。

53. 要善于运用证据登记保存措施

案例53　甘肃省敦煌市环保局执法中巧用证据登记保存措施

事情是这样的

甘肃省敦煌市环保局接到群众投诉，在市中心广场，一位个体户开办露天卡拉OK进行营业，每天营业时间很晚，产生较强的环境噪声，对群众生活造成很大影响，当时又接近中高考，群众反映强烈。同时市长热线电话也接到同样的投诉，转至敦煌市环保局办理。敦煌市环保局对此案进行现场调查，发现此个体户经营活动无任何环保审批手续，环境噪声污染事实存在，当即责令其停止违法行为，接受处理。此个体户置之不理，照常营业，继续产生噪声污染。敦煌市环保局数次警告后无效，为及时制止其噪声污染行为，敦煌市环保局对此个体户的音箱进行了暂扣，并进行了进一步调查处理。

随即，此个体户以敦煌市环保局非法没收他人财产为由，向当地法院提起行政诉讼，法院立案受理。敦煌市环保局陷于两难之中，一方面，群众投诉要求处理噪声污染；另一方面，进行环境执法又被告上法庭，面临败诉的可能。敦煌市环保局向甘肃省环保局寻求咨询支持，甘肃省环保局了解案情后，提出两点意见：一是按照《环境噪声污染防治法》和有关环境法律的规定，开办娱乐服务项目，必须进行申报，依法办理环评审批手续。此个体户未办环评审批手续进行经营活动，是一种环境违法行为。根据环境法律、法规，对未办理环评审批手续，进行建设和经营活动的，由环保部门责令补办手续，并可处以 20 万元以下罚款。敦煌市环保局正在对这一噪声污染案件进行调查，具体对这个个体户违法行为如何处罚有待案件调查完成后作出。二是敦煌市环保局暂扣音箱的做法，属于《行政处罚法》所规定的证据登记保存，是一种行政手段和措施，不能认定为行政处罚，更不能认定为没收财产。敦煌市环保局向法院提交了行政诉讼答辩状。法院审理期间，原告认识到自己行为的错误，向法院申请撤诉。法院裁决准予撤诉。

律师专线

本案涉及的是行政强制问题。行政强制措施，是行政机关为预防或制止正在发生或者即将发生的违法行为所采取的约束性措施，具有强制力，如查封、扣押、冻结财产等。在现行法律体系中，仅有公安、工商、税务、海关等少数行政执法部门有此项执法权力，环保部门和其他多数执法部门还没有采取法定行政强制措施的权力。如本案中，当事人对环保部门的告诫置之不理，违法行为继续存在，不能及时制止，群众意见强烈，而环保部门又不能对违法设施进行查封或扣押，给执法带来困难。

需要强调的是，《行政处罚法》确立的证据登记保存制度，暂时解决了这一问题，这也是一种变通。《行政处罚法》第 37 条第 2 款规定：“行政机关在收集证据时，可以采取抽样取证的方法；在证据可能灭失或者以后难以取得的情况下，经行政机关负责人批准，可以先行登记保存，并应当在7日内及时作出处理决定，在此期间，当事人或者有关人员不得销毁或者转移证据。”

法律规范

中华人民共和国环境噪声污染防治法

（1996年10月29日第八届全国人民代表大会常务委员会第二十二次会议通过，自1997年3月1日起施行）

第四十二条　在城市市区噪声敏感建筑物集中区域内，因商业经营活动中使用固定设备造成环境噪声污染的商业企业，必须按照国务院环境保护行政主管部门的规定，向所在地的县级以上地方人民政府环境保护行政主管部门申报拥有的造成环境噪声污染的设备的状况和防治环境噪声污染的设施的情况。

第四十三条　新建营业性文化娱乐场所的边界噪声必须符合国家规定的环境噪声排放标准；不符合国家规定的环境噪声排放标准的，文化行政主管部门不得核发文化经营许可证，工商行政管理部门不得核发营业执照。

经营中的文化娱乐场所，其经营管理者必须采取有效措施，使其边界噪声不超过国家规定的环境噪声排放标准。

第四十九条　违反本法规定，拒报或者谎报规定的环境噪声排放申报事项的，县级以上地方人民政府环境保护行政主管部门可以根据不同情节，给予警告或者处以罚款。

第五十九条　违反本法第四十三条第二款、第四十四条第二款的规定，造成环境噪声污染的，由县级以上地方人民政府环境保护行政主管部门责令改正，可以并处罚款。

中华人民共和国行政处罚法

（1996年3月17日第八届全国人民代表大会第四次会议通过，1996年3月17日中华人民共和国主席令第63号公布，自1996年10月1日起施行）

第三十七条　行政机关在调查或者进行检查时，执法人员不得少于两人，并应当向当事人或者有关人员出示证件。当事人或者有关人员应当如实回答询问，并协助调查或者检查，不得阻挠。询问或者检查应当制作笔录。

行政机关在收集证据时，可以采取抽样取证的方法；在证据可能灭失或者以后难以取得的情况下，经行政机关负责人批准，可以先行登记保存，并应当在7日内及时作出处理决定，在此期间，当事人或者有关人员不得销毁或者转移证据。

执法人员与当事人有直接利害关系的，应当回避。

专家释惑

随着我国经济持续快速发展，环境和资源面临的压力也越来越大，环境与发展的矛盾在局部地区更加突出，成为影响社会稳定和发展的一个重要因素。当前，环境行政执法工作面临着新的形势，环保部门承担的任务更为繁重，但环境行政执法中还存在不少问题，"有法不依、执法不严、地方保护、行政干预、暴力抗法、执法难"等问题还非常普遍，这些问题需要我们及时进行研究。为了适应新的形势，各级环保部门必须要进一步加强自身建设，牢固树立依法行政的观念，努力提高环境管理工作水平，大胆执法，严格执法，做到既不失职，又不越权。同时，在执法中要善于运用各种手段来解决执法中遇到的实际问题。

环保部门在调查处理环境违法案件时，对一些需要及时予以制止的行为，可以采取证据登记保存的办法。但需注意的是，实施证据登记保存必须依法进行，严格遵守《行政处罚法》的有关规定，并向当事人出具登记保存的执法文书，不能越权也不能滥用执法权力。

54．谁对铅超标负责？

案例54　湖南省茶陵县米江乡冶炼厂铅超标案

事情是这样的

湖南省茶陵县米江乡的刘奇勇刚刚36岁就去世了，村民们都怀疑刘奇勇的死和铅冶炼厂有关，因为刘奇勇承包的鱼塘就在铅冶炼厂边上，他常在这里守夜。2006年9月，刘奇勇被查出患肝癌晚期，过了一个月就死了。刘奇勇死亡后，他的妻子和两个孩子都到湖南省的医院去检查，果然发现血铅含量超标。两个孩子和他们的父亲一样都常喊头疼、肚子疼、性情急躁，并且不只是他们一家，村里很多孩子都有相似的症状，有些孩子激动起来会用手打自己的头，家长们看在眼里十分心疼。

不久，村里就传出爆炸性新闻，一拨又一拨的村民带自己的孩子到湖南省的医院检查，发现有铅中毒的情况。正常人血铅低于每升100微克，但记者看到37张孩子们的化验单全部是高血铅，其中10名孩子血铅含量达到250微克以上的中度铅中毒，另有2人属于重度铅中毒。医生说，铅进入人体以后会沉积在骨髓里，对于人体的损害表现为容易烦躁，注意力不集中，和同龄人相比智力较低。刘浩，2岁，才18斤，血铅含量每升336微克，中度铅中毒；刘旭，4岁，血铅含量每升304微克，中度铅中毒；刘航，9岁，血铅含量每升579微克，重度铅中毒。另外，住在冶炼厂周边的一些大人们也被查出了铅中毒。铅冶炼厂已经办了14年，记者来到这个厂子时发现里面空无一人，已经停产了。在乡干部和村民的带领下，记者在冶炼厂里里外外转了一圈儿。

村干部一边带记者参观一边解释说，厂里烧原材料产生的烟最后通过一个红砖砌成的通道排走了，而且全部是浓黑的烟雾，十分呛人。厂子的水处理池因为年久早失去了作用，废水直接顺着墙外的水渠流到了河里。自从去年11月孩子们被纷纷查出铅中毒，厂子也被关闭了，可村民们还是忧虑地听说这个厂以后可能要改炼锌。而且刚过完年，厂子的大门口又贴上了崭新的对联：家业兴旺，财源广进。似乎表示有人还想要大干一场。

村里的一位老大爷快70岁了，每天都要到离家1公里的地方打水，至少往返两趟。其实农民过去都吃自家水井里的水，而现在因为担心污染，不敢吃了。村民们说，2007年12月，市里面的环境监测部门来人取了很多水和土的样本，可是4个月过去了，也没人告诉大家结果。他们托记者拿些样本，到北京检验。

律师专线

早在本案例发生前的1996年6月，国务院就发出了《关于环境保护若干问题的决定》，这样的土法炼铅是必须淘汰的。12年过去了，铅冶炼厂继续生产了十几年，这显然是监管部门没有尽到有效的监管责任，即使它把炼铅停了改为炼锌，仍然是属于土法炼锌设备。因为锌也跟铅一样，也能造成污染，铅和锌都是属于低沸点的金属，所以绝对不能再换汤不换药来处理这个问题。由于这个铅冶炼厂每年要给县里缴税130万，而对于这样的纳税大户，县政府还给他发了“绿卡”。这个“绿卡”可以保护名为复兴冶炼厂的铅冶炼厂在2005年和2006年两年不接受任何单位和个人的扣车、检查、罚款和摊派。发“绿卡”的单位是茶陵县优化经济办公室，在“绿卡”的庇护之下，对一个按国家相关规定早该淘汰的企业，从县环保局2005年起的检查记录看，就是一味要求它立即整改，而一直到发现村民铅中毒时企业根本没有整改。自从村里的孩子被查出铅中毒后，铅冶炼厂的老板拿出8万元作为村民的医药费，但是村民们面临的问题还有很多。这里很显然的问题是地方保护主义，这是片面牺牲环境利益换取经济的短期利益的结果。

法律规范

最高人民法院关于适用《中华人民共和国民事诉讼法》若干问题的意见

（1992年7月14日最高人民法院审判委员会第528次会议讨论通过，法发〔1992〕22号）

74. 在诉讼中，当事人对自己提出的主张，有责任提供证据。但在下列侵权诉讼中，对原告提出的侵权事实，被告否认的，由被告负责举证：

（1）因产品制造方法发明专利引起的专利侵权诉讼；

（2）高度危险作业致人损害的侵权诉讼；

（3）因环境污染引起的损害赔偿诉讼；

（4）建筑物或者其他设施以及建筑物上的搁置物、悬挂物发生倒塌、脱落、坠落致人损害的侵权诉讼；

（5）饲养动物致人损害的侵权诉讼；

（6）有关法律规定由被告承担举证责任的。

专家释惑

1. 铅中毒概述

铅中毒多由于误服醋酸铅、碳酸铅、铬酸铅、四乙基铅及呼吸其粉尘或烟尘、蒸气以及皮肤吸收或口服其溶剂而中毒。过量接触、吸入铅化合物或含铅中药，如樟丹、黑锡丹、羊癫疯丸等，以及使用含铅化妆品等也可引起中毒。铅中毒的危害主要表现在对神经系统、血液系统、心血管系统、骨骼系统等终身性的伤害上：铅对多个中枢和外围神经系统中的特定神经结构有直接的毒害作用。在中枢神经系统中，大脑皮层和小脑是铅毒性作用的主要靶组织；而在周围神经系统中，运动神经轴突则是铅毒害的主要靶组织。其中铅对神经系统的毒害主要表现为以下4种：（1）使铅中毒者的心理发生变化，例如成人铅中毒后会出现忧郁、烦躁、性格改变等症状，而儿童则表现为多动症。（2）铅中毒会导致智力下降，尤其是儿童会出现学习障碍，据报道，高铅儿童的IQ值平均比低铅儿童低4~6分。（3）铅中毒会导致感觉功能障碍，例如很多铅中毒病人会出现视觉功能障碍，如视网膜水肿、球后视神经炎、盲点、眼外展肌麻痹、视神经萎缩、眼球运动障碍、瞳孔调节异常、弱视或视野改变，或嗅觉、味觉障碍等。（4）铅对周围神经系统的主要影响是降低运动功能和神经传导速度，肌肉损害是严重铅中毒的典型证明之一。

2. 明确环境污染侵权的民事责任

环境污染侵权责任属于民事侵权责任的范畴。在环境与资源保护法律中，一般是指公民、法人和其他社会组织因污染环境，造成他人人身损害或财产损失而应承担的民事法律责任。传统民事责任的构成要件有4个，即行为的违法性、损害结果、违法行为与损害结果有因果关系、行为人有过错。由于传统的民事责任以侵权行为具有违法性为必要条件，行为人只对违法行为承担责任。但在环境侵权行为中，却经常地存在“合法”行为损害他人人身或财产的情况。据此，明确损害结果、违法行为与损害结果之间有因果关系这两个构成要件，是承担其民事责任的绝对必备要件，而行为具有违法性、行为人有过错，则是承担其民事责任的相对必备要件。这样，出于强调保护环境的法定义务，则环境侵权行为不以违法性为前提，而以侵权损害的客观性，作为承担民事责任的要件。传统民事责任采用过错责任原则，以行为人主观上的故意和过失，作为承担民事责任的必要条件。但在《环境保护法》中，由于侵权行为的特殊性，应采取无过错责任原则。在法律中规定：凡受到环境污染损害的单位和个人，都有权要求依法赔偿损失，而不论“污染者”有无过错。而且，承担民事责任的方式，除了赔偿损失，还应包括停止污染侵害、排除污染妨碍和清除危险等，以切实保护环境和受害人的合法权益。

3. 坚持举证责任倒置的原则

我国《民事诉讼法》规定：当事人对自己提出的主张，有责任提供证据。因而在传统民事诉讼制度中，因侵权行为而提起损害赔偿诉讼的被害人，应当就加害人具有过错或过失、加害行为违法、被害人受到损害、违法行为与损害后果之间存在着因果关系（构成侵权行为的四要件）承担举证责任。而所谓“举证责任”是指在民事诉讼中，当事人为证明自己的主张成立，避免败诉风险所负担的收集、提供相应的证据，以此证明案件真实情况的责任。但司法实践中出现的环境侵权纠纷，多数情况下，是因企事业单位的生产行为导致环境污染和破坏而引发，环境侵权双方当事人之间存在着强弱之差，而且，环境纠纷的内容也异常复杂和特别专业技术化。因此，受害人对于工厂的排污行为是否出于过错，往往无法知道，也很难收集和提供有关的事实证据。而污染造成的损害往往有一个积累的过程，涉及复杂的科学技术问题，受害人无法确定。要求受害人提出因果关系的充分证据，实际上不太可能，这样无异于剥夺了受害人的胜诉权。在这种情况下，环境被害人的司法救济权将无从实现。因此，为保证及时有效地制止污染和破坏环境及其对人身或财产造成的损害，保护受害人的合法权益，许多国家在实体法上规定无过错责任的同时，程序法上也规定了部分举证责任倒置的原则。司法人员应正确理解并运用“谁主张、谁举证”原则，及时果断地处理相关案件，保护受害人的合法权益。

4. 强化政府环保责任

现行环境立法在规范政府环境行为方面，地方政府对环境质量负责缺乏约束机制和责任追究制度，环境法律体系中缺乏调整和约束政府行为的法律法规。政府在环保方面不作为、干预执法及决策失误是造成环境顽疾久治不愈的主要根源。从震惊全国的“沱江水污染事件”和“松花江特大水污染事件”，到由于政府行政不作为导致的甘肃血铅超标和湖南岳阳砷超标等环境事件，使我们看到环境违法事件背后大都与政府有千丝万缕的联系。

一些地方政府在单纯追求经济利益的错误政绩观指导下，大搞地方保护主义，成为环境违法行为的保护伞和挡箭牌。许多地方环境污染问题之所以长期得不到根本解决，看似责任在企业，实际根源在政府。造成这种问题的主要原因是法律缺失，政府环保责任成为一纸空文。目前，我国现行各单项环境资源法律多以公民、法人或者其他组织作为主要调整对象，而规范和约束政府行为的法律规定非常有限。《环境保护法》对环境监管主体的职能划分不清，责任不明，统一监管部门与分管部门之间、分管部门相互之间职能交叉、缺位、错位现象大量存在，致使有的地方甚至出现环保局局长自己充当举报人写匿名信，向上级反映应该授权由他来解决问题的尴尬局面。

政府不履行环境责任以及履行环境责任不到位，已成为制约我国环保事业发展的严重障碍。修改《环境保护法》是从根源上解决问题的一个很好的途径，但必须突出强化政府环保责任。

55. 应当重视环境影响评价

案例55 圆明园防渗工程事件

事情是这样的

2005年3月22日，兰州大学生命科学院客座教授张正春参观圆明园时，发现园内正在进行大规模铺设防渗膜的工程。由于担心铺设防渗膜将破坏圆明园的整体生态系统和古典园林风格，张正春立即将此事告知媒体。经媒体报道后，圆明园防渗工程引发极大的争议。3月30日，海淀区政府组织专家召开论证会。随后，环保局、文物局、水利局等多家部门相继卷入争论之中。对于一片质疑之声，圆明园管理处回复称，防渗工程范围主要集中在重点景区的湖底，只做底层防渗，不做侧防渗，以保护原有的驳岸遗址和沿岸植物的生存环境。在防渗工程的技术处理手段上，采取复合土工膜防渗技术，可以栽植水生植物，以保持良好的水生生态环境。争议声中，环保部门随即介入调查，结果发现，圆明园湖底铺设防渗膜工程未按国家相关法律作任何环评报告，也未通过市环保局的环保审批。3月30日，已近完工的工程被紧急叫停。4月1日，“圆明园生态与遗址保护研讨会”召开，相关各方均有代表出席。其中，以官方身份出席的国家环保总局环评管理司司长牟广丰表示，对一些有影响的工程，施工、决策之前应该对社会公布。

4月13日，国家环保总局为圆明园管理处在圆明园遗址湖中铺设防渗膜举行的听证会，引起了人们的广泛关注。听证会涉及的问题包括：

(1) 防渗膜的铺设是否因阻断水的自然循环，给圆明园一带动植物物种的多样性及生存状态带来负面的甚至是毁灭性的影响，进而构成对生态和环境的破坏；(2) 与铺设防渗膜相关的挖掉遗址湖边河边原有驳岸并重建红砖加防渗膜外砌仿传统石块驳岸等工程，是否构成对作为国家所有不可移动文物的遗址的破坏；(3) 海淀区政府批准按照法律规定只能由中央政府环境保护和文物保护主管部门批准的工程项目，并动用财政资金于这一项目，是否是违法越权行政；(4) 对工程的招投标及对施工企业与相关政府部门和与圆明园管理处负责人的关系的质疑。

以上四个问题的争议集中于圆明园管理处前述一系列工程相关的行为是否是严重的违法行为。

问题是这些行为并非是偷偷摸摸进行的，在长达几个月的时间内，它为什么没有及早被人们知晓？除了负有执法监督之责的官员的失职外，在我们这个社会中，公共监督的缺失，信息传递不通畅，致使与公众利益密切相关的重大事项，公众无从知晓，都是非常值得思考的问题。

律师专线

2003年9月1日开始实施的《环境影响评价法》规定，对环境有影响的建设项目未编写有关环境影响的篇章或者说明的规划草案，审批机关不予审批，未经环保审批并未获得环保许可证的工程将被强制停工或取缔。

法律规范

中华人民共和国环境影响评价法

(2002年10月28日第九届全国人民代表大会常务委员会第三十次会议通过，自2003年9月1日起施行)

第二条　本法所称环境影响评价，是指对规划和建设项目实施后可能造成的环境影响进行分析、预测和评估，提出预防或者减轻不良环境影响的对策和措施，进行跟踪监测的方法与制度。

第十六条　国家根据建设项目对环境的影响程度，对建设项目的环境影响评价实行分类管理。

第二十四条　建设项目的环境影响评价文件经批准后，建设项目的性质、规模、地点、采用的生产工艺或者防治污染、防止生态破坏的措施发生重大变动的，建设单位应当重新报批建设项目的环境影响评价文件。

第二十七条　在项目建设、运行过程中产生不符合经审批的环境影响评价文件的情形的，建设单位应当组织环境影响的后评价，采取改进措施，并报原环境影响评价文件审批部门和建设项目审批部门备案；原环境影响评价文件审批部门也可以责成建设单位进行环境影响的后评价，采取改进措施。

专家释惑

面向可持续发展的环境影响评价，不仅要关注当代人对环境资源的要求，还要考虑子孙后代对环境的需求。其核心和宗旨是使环境因素与经济、社会、文化、技术等因素一样在不同层次的决策中得到充分的考虑和重视，实现可持续发展。经过以建设项目和开发活动为主的第一代环境影响评价阶段到将评价范围逐步扩展和提高到计划、规划和政策的战略环境影响评价阶段，环境影响评价制度将不断地发展和完善。

1. 通过立法拓宽环境影响评价的适用范围

长期以来，我国主要是对建设项目进行环境影响评价，即通过评价某个建设项目建成投产所带来的环境影响，来对有关项目建设的政策反馈环境保护的要求与建议的。实践证明，仅对建设项目进行环境影响评价是不够的，人类的一项宏观行为，可直接贯彻可持续发展原则，也可抵制可持续发展的原则，两者所产生的正与反的作用，都将大于某一工程项目可能产生的作用。《环境影响评价法》虽增加了对政府规划的评价，但对其范围作了严格的限制。而现实中，有不少环境问题是由宏观政策失误产生的，如自然资源价格低廉引起掠夺性开发和浪费性需求，带来的就不只是一两个项目的所谓“点”上的环境问题，而是对全局产生影响的“面”上的环境问题。美国、加拿大、英国、荷兰等进行战略环境影响评价的经验值得借鉴。如加拿大1993年以“内阁指令”的形式，发布了《关于政策和计划建议的环境评价程序的内阁指令》，指令规定所有联邦政策和计划建议，必须经过环境评价程序。荷兰对立法草案进行“环境论证”，旨在确保新的法律起草过程中，该项法律对环境的影响能够得到适当的考虑，初步结果表明，这些程序的实施已经取得了良好的效果。英国为政策和发展规划可能产生的环境影响，进行鉴别、分析、比较，实行环境评估制度，使得实践操作中有章可循。可见，对政策、立法等活动开展环境影响评价对决策科学化有重要的意义。它可以超越少数政策制定者的认识局限，全面地对环境影响进行评价，在此基础上，可以及时对某项政策、法规进行修改和补充甚至终止，以便防止在政策上产生失误和误导。

建议对政策、立法、生态等活动进行环境影响评价。由于完成此层面的环境影响评价工作需要极其雄厚的技术力量和历史积累的大量数据，因此，由国家环境保护总局进行较为合适，所需资金应由财政拨款支付，评价结果应反馈到决策机构（包括人大、人大常委会、国务院），并由该机构对原决策做更符合环境保护要求的修正。

2. 完善公众参与制度

公众参与的思想形成于20世纪60年代，1969年美国《国家环境政策法》中明确提出了公众参与的要求。自此以后，许多国家的环境法律及国际性法律文件都将公众参与作为一项原则写进法律之中。我国一些环境保护法律、法规都有公众参与的条款。如《水污染防治法》规定:“环境报告书中应当有建设项目所在地单位的意见。”《建设项目环境保护条例》第15条规定：“建设单位编制环境影响报告书，应当依照有关法律规定，征求建设单位所在地有关单位和居民的意见。”随着环境保护运动的不断深入，公众参与逐渐成为与环境有关的行政决策程序的内在组成部分，不仅具有集思广益的功能，而且还能够制约政府的自由裁量权，确保政府公正，以便赢得公众的支持，促进决策的顺利实施。

通过圆明园事件听证会进一步推动环境决策民主化的进程和进一步扩大环保公众参与。按照惯例，圆明园事件我们可以不举办听证会而直接作出行政决定，但我们认为，对公众来说，参与公众事务不是一种施舍，而是宪法赋予的权利，政府有义务进行回应和保护；对政府来说，要想作出科学合理的决策，仅靠几个工作人员和下属单位的专家是不够的，也是片面的。科学合理的决策不仅在专业技术层面要正确，也必须兼顾各社会群体的利益诉求。只有通过民主化程序制定的决策才能最大限度地符合科学规律，才能通过利益均衡取得社会共识，才能最好地体现建设和谐社会的执政理念。据此，应当在立法中明确地规定公众和专家参与专项规划和建设项目环境影响评价的范围、程序、方式及公众意见的法律地位，使公众意见成为环境影响报告书不可缺少的组成部分，形成政府审批、环境保护行政主管部门统一监督、有关部门对规划环境影响负责、公众广泛参与的新机制，开今后环境资源立法之先河。

3. 完善环境影响评价的评审体制

《环境影响评价法》明确规定对规划的环境影响评价由国务院环境保护行政主管部门会同国务院有关管理部门规定，报国务院批准。但对于建设项目的环境影响评价，跨越省、自治区、直辖市界区的建设项目、特殊性质的建设项目和特大型建设项目报国务院环境行政主管部门审查和批准；对国务院环境行政主管部门审批之外的建设项目的审批权限，由省级人民政府规定。由于地方保护主义的存在，各地就有可能因片面地追求其经济利益而牺牲生态利益，大量不符合生态要求的经济活动和其他活动项目，就有可能会顺利地通过各地自己的审批而被准许付诸实施。这样，所谓的环境影响评价的审批就名存而实亡了。另外，一地可能会为了自己的某一目的而不惜牺牲他地的生态利益，如在与他地接壤处建立废弃物仓库等。

为了防止地方保护主义的干扰，使我国环境影响评价工作真正发挥作用，建议采取两级评审体制，即被授权的中央级环境影响评价机关和被授权的省级环境影响评价机关。前者主要负责中央政府政策、规划、计划的环境影响评价及跨省区的对环境有重大影响的区域环境影响评价和项目环境影响评价的评审；剩余的环境影响评价由后者负责，包括本省的政策、规划、计划的环境影响评价及区域环境影响评价和项目环境影响评价等的评审。赋予两种环境影响评价的审批结论具有同等的法律效力。其审批机关，均为被专门授权的环境影响评价审批机关，被专门授权的省级环境影响评价审批机关是被专门授权的中央级环境影响评价审批机关在各省的派出机构，省级环境影响评价审批机关直接受中央级环境影响评价审批机关的领导，并对其负责。立法还应加强对审批部门的法律约束，以保证环境影响评价立法目的的实现。

4．加强对替代方案的环境影响评价

考察替代方案是环境影响评价的核心。它可以促使评价者在活动的早期阶段就开始检验或审视实施既定目标的不同方法，从而帮助最终选择既能实现既定发展目标，又能满足环境保护目标要求的替代方案。这个过程实际上也就是一个环境与发展综合决策的过程。我国在环境影响评价制度中缺乏替代方案的规定，环境影响评价活动不能为决策者提供充分的、全面的科学信息，阻碍了环境影响评价制度的推行，降低了环境影响评价制度的作用，环境影响评价制度的真正目的就无法实现。

科学决策应遵循择优原则，即在决策的几个方案中权衡利弊，最终确定最佳方案。在进行战略环境影响评价时，立法中应规定替代方案的环境影响评价的内容，这样才能体现环境与发展综合决策和预防为主的思想。国际趋势及国外的经验也表明，环境影响评价的核心是替代方案的分析。每一个重大甚至是很小的发展项目都会带来不良的环境影响，环境影响评价所寻求的不是那些没有环境影响的发展项目，而是旨在找出任何情况下在环境和社会经济方面都是最佳的项目选择方案。这就意味着所有可能的项目替代方案必须在对一个具体项目或项目方案作出承诺之前，对它的费用和效益进行审议，包括"无行动"方案和不同的选址、技术、工艺和原材料均须予以考虑。而我国现行的环境影响评价制度未考虑替代方案。《环境影响评价法》也只要求环境评价解决规划是否对环境造成不良影响和建设项目的选址是否合理。因此，根据环境影响评价制度的实质内涵，在立法中应加强对有关替代方案的规定，明确规定环境影响评价制度必须包括替代方案（包括"无行动"方案）。

5. 健全环境影响评价监督机制和法律责任制度

环境影响评价是一个从开展调查研究，组织编制环境影响报告书，到落实有关环境保护措施，开展跟踪评价、后评价及相关后续监督管理的完整过程。只有建立有效的监督管理机制，才能切实发挥环境影响评价的作用。如美国的环境影响评价具有两种监督保障机制，即行政监督和司法监督。前者是指联邦环境保护局不仅有权审查其他联邦机构编制的环境影响报告书，而且有权按照程序进行监督。如果环境保护局审查后确信其他机构提出的行动建议构成"环境否决行动"，环保局局长则有权在收到正式的环境影响报告书25日内，将此案呈请总统环境质量委员会，由该委员会进行协调，特别复杂的甚至报请总统决定。后者是指根据美国法律，公民或者非政府组织有权针对联邦机关的行动提起诉讼，法院也有权对联邦机关的许多行动提起司法审查。新西兰政策和规划的环境影响评价也具有行政和司法“双重”监督机制。成立于1986年的新西兰环境部，在执行政府的环境政策方面承担着政策咨询的职能。它可以就政府的各项政策对环境的影响进行评议并提出意见，因而具有某种“控制”的功能。司法审查是由公众参与机制决定的。任何第三人如果认为某些不利的环境影响在评价和审查过程中未予充分考虑，该第三人就有权向专门的“环境法院”提起诉讼，请求法院发布强制执行令，要求重新评价。实践表明，为了有效减少诉讼而花费的时间和成本，就必须进行全面、客观的环境评价，并尽早咨询公众意见。由此可见，有效的公众参与和有力的司法监督，在确保环境与发展的综合决策方面可以发挥重要而独特的作用。因而，我国在立法中，一方面引入行政监督机制，促使政府机关对重大行动的潜在环境后果予以重视；另一方面，通过公众评议、公开听政和提起环境诉讼等制度，将公众纳入政府机关的决策过程，健全司法监督机制。这样，就可以促进决策的科学化和正确性，完善环境影响评价制度。

由于环境影响评价是项目可行性研究的重要组成部分，作用在于为决策者提供依据，是保证建设项目符合可持续发展的重要手段。如果不切实履行环境影响评价制度而开工建设，就有可能造成环境的巨大污染和破坏，给社会和公众带来极大的危害。我国《环境影响评价法》主要是采用行政处罚的手段来追究规划编制机关和审批机关的法律责任，对决策者的法律责任并没有规定，就不能有效地督促其履行职责。环境执法是一个专业技术性很强的综合性、多元性的执法活动。由于环境影响的潜在性、累积性和灾害放大性，使得环境影响评价的后评价不仅周期长，而且责任主体不易明确，因而要强化相应的法律责任制度，完善监督检查机制：不仅针对管理相对人，而且对执法主体本身的法律责任、违法决策相关人员的法律责任都应加以明确；要结合我国现行的法律监督机制对环境影响评价的全过程进行有效的监督，保障环境与发展综合决策机制得以有效地运行。

56. 从一起环境污染损害赔偿案看污染纠纷处理

案例 56　环保部门在污染纠纷处理中的作用

事情是这样的

1995 年 12 月 2 日，某市商业城居民李某向该市环保局提出申请，称华新娱乐城自 1995 年 10 月营业以来，锅炉烟尘、噪声对其居住环境造成严重污染，要求环保部门进行处理，以排除危害。市环保局受理后，进行了现场勘查，该娱乐城在李某住房隔墙建一燃煤锅炉，烟尘林格曼达三级，厂界噪声 71 分贝，超过了国家规定标准，且该锅炉未经过环境影响评价书（表）审批，经研究决定，责令进行整改，达标后补办手续，并通知对李某提出的污染危害问题进行答辩。

该娱乐城接到通知后，开始着手对锅炉除尘进行改造，由于未请专业人员设计，竟三改三败，同时对李某的污染危害未采取任何补救措施。1996 年 2 月份，李某只好租用其他房子居住，并要求该娱乐城赔偿损失 7350 元。1996 年 11 月份，市环保局对该娱乐城处以 5000 元罚款，责令停止使用。12 月 27 日该娱乐城在环保部门的督促下，将燃煤锅炉闲置，启用燃油锅炉。1997 年 4 月份，李某再一次投书环保部门，要求环保局处理纠纷，令该娱乐城赔偿一年多来的损失 26050 元。理由为在 1995 年 10 月 28 日至 1996 年 12 月期间超标烟尘噪声对全家人身体健康造成危害的住院检查花费及 1995 年 12 月以后租用房子的花费等。

市环保局在 1997 年 4 月份通知该娱乐城召开了两次调解会，受害方李某认为，由于污染致使自己的住房无法居住，该娱乐城应按照自己在此期间所发生的两次租房租金，租房所开支的水、电安装费，全家开支的医疗、检查费及大孩子送回老家上学多开支的费用，老人在老家由别人照顾所开支的费用总计26050元进行赔偿。娱乐城则认为：李某所提出的大孩子的医疗费及回家上学多支出的费用等不符合实际，因其大孩子已在锅炉运行前回老家上学。同时，该娱乐城提出他们出巨资改用燃油锅炉，污染已不复存在，锅炉污染之事已接受了环保局的5000元罚款，不可能再给居民赔偿。

市环保局鉴于这种情况，终止调解，并作出处理决定。1997年5月15日，李某以市环保局在污染纠纷处理中认定事实错误、处理不当，提起行政诉讼，要求法院裁决环保局撤销原处理决定，重新作出处理。市中级人民法院以环保部门处理污染纠纷所作决定不是具体行政行为，驳回起诉。李某上诉到河南省高级人民法院，高级人民法院裁决环保部门作出的处理决定属具体行政行为，要求市中级人民法院重新审理。

市中级人民法院于1998年2月24日开庭审理，在审理过程中，原告变更了诉讼请求，法院通知李某在7日内增补预交诉讼费，而李某逾期未交，市中级人民法院于1998年3月6日作出了原告自动撤诉的裁定。

律师专线

几乎所有重要的环境保护法律法规，包括《环境保护法》和5部单行的污染防治法都规定了环保部门对污染纠纷的处理职责。《环境保护法》第41条规定：造成环境污染危害的，有责任排除危害，并对直接受到损害的单位或者个人赔偿损失。赔偿责任和赔偿金额的纠纷，可以根据当事人的请求，由环境保护行政主管部门或者其他依照法律规定行使环境监督管理权的部门处理；当事人对处理决定不服的，可以向人民法院起诉。当事人也可以直接向人民法院起诉。2008年修订的《水污染防治法》第86条规定：因水污染引起的损害赔偿责任和赔偿金额的纠纷，可以根据当事人的请求，由环境保护主管部门或者海事管理机构、渔业主管部门按照职责分工调解处理；调解不成的，当事人可以向人民法院提起诉讼。当事人也可以直接向人民法院提起诉讼。《大气污染防治法》第62条规定：造成大气污染危害的单位，有责任排除危害，并对直接遭受损失的单位或者个人赔偿损失。赔偿责任和赔偿金额的纠纷，可以根据当事人的请求，由环境保护行政主管部门调解处理；调解不成的，当事人可以向人民法院起诉。当事人也可以直接向人民法院起诉。《环境噪声污染防治法》第61条规定：受到环境噪声污染危害的单位和个人，有权要求加害人排除危害；造成损失的，依法赔偿损失。赔偿责任和赔偿金额的纠纷，可以根据当事人的请求，由环境保护行政主管部门或者其他环境噪声污染防治工作的监督管理部门、机构调解处理；调解不成的，当事人可以向人民法院起诉。当事人也可以直接向人民法院起诉。《固体废物污染环境防治法》第84条规定：受到固体废物污染损害的单位和个人，有权要求依法赔偿损失。赔偿责任和赔偿金额的纠纷，可以根据当事人的请求，由环境保护行政主管部门或者其他固体废物污染环境防治工作的监督管理部门调解处理；调解不成的，当事人可以向人民法院提起诉讼。当事人也可以直接向人民法院提起诉讼。国家鼓励法律服务机构对固体废物污染环境诉讼中的受害人提供法律援助。

法律规范

中华人民共和国环境噪声污染防治法

（1996年10月29日第八届全国人民代表大会常务委员会第二十二次会议通过，自1997年3月1日起施行）

第四十二条　在城市市区噪声敏感建筑物集中区域内，因商业经营活动中使用固定设备造成环境噪声污染的商业企业，必须按照国务院环境保护行政主管部门的规定，向所在地的县级以上地方人民政府环境保护行政主管部门申报拥有的造成环境噪声污染的设备的状况和防治环境噪声污染的设施的情况。

第四十三条　新建营业性文化娱乐场所的边界噪声必须符合国家规定的环境噪声排放标准；不符合国家规定的环境噪声排放标准的，文化行政主管部门不得核发文化经营许可证，工商行政管理部门不得核发营业执照。

经营中的文化娱乐场所，其经营管理者必须采取有效措施，使其边界噪声不超过国家规定的环境噪声排放标准。

第四十九条　违反本法规定，拒报或者谎报规定的环境噪声排放申报事项的，县级以上地方人民政府环境保护行政主管部门可以根据不同情节，给予警告或者处以罚款。

第五十九条　违反本法第四十三条第二款、第四十四条第二款的规定，造成环境噪声污染的，由县级以上地方人民政府环境保护行政主管部门责令改正，可以并处罚款。

第六十一条　受到环境噪声污染危害的单位和个人，有权要求加害人排除危害；造成损失的，依法赔偿损失。

赔偿责任和赔偿金额的纠纷，可以根据当事人的请求，由环境保护行政主管部门或者其他环境噪声污染防治工作的监督管理部门、机构调解处理；调解不成的，当事人可以向人民法院起诉。当事人也可以直接向人民法院起诉。

中华人民共和国大气污染防治法

（2000 年 4 月 29 日第九届全国人民代表大会常务委员会第十五次会议修订通过，自 2000 年 9 月 1 日起施行）

第三十六条　向大气排放粉尘的排污单位，必须采取除尘措施。

严格限制向大气排放含有毒物质的废气和粉尘；确需排放的，必须经过净化处理，不超过规定的排放标准。

第六十二条　造成大气污染危害的单位，有责任排除危害，并对直接遭受损失的单位或者个人赔偿损失。

赔偿责任和赔偿金额的纠纷，可以根据当事人的请求，由环境保护行政主管部门调解处理；调解不成的，当事人可以向人民法院起诉。当事人也可以直接向人民法院起诉。

专家释惑

环境污染纠纷是由于污染或破坏环境而产生的致害者与受害者之间的矛盾和争议。根据我国现行法律规定，环境纠纷处理的方式主要有：由当事人自行协商解决；由法院通过民事诉讼程序处理；由环境保护行政主管部门和其他行使环境监督管理权的行政主管机关处理等。

由当事人自行协商解决方式，在没有第三者评断的情况下往往是很难实现的。因为环境污染纠纷案件涉及面广，致害方和受害方往往不是一个单位和个人，存在着多重矛盾。环境危害的认定技术性强，双方当事人很难把握损失大小的总量。双方当事人基于自身利益对污染纠纷的特定归责认识不一致，且受害方往往存在着技术资金方面的劣势。

由法院通过民事诉讼程序处理，也有一些不足之处：环境案件涉及多种法律、法规，而目前我国多数审判员不能深刻领会环境法律、法规的内涵，因而影响环境案件的正确处理。环境案件有突发性的特点，而诉讼处理程序繁杂，从审查到立案时间较长，往往会错过取证的时机。环境污染纠纷涉及环境科学技术性强，审判人员在取证、勘验时可能会无所适从，不得要领。

由环境保护行政部门处理，具有以上几种方式不可比拟的优势：(1) 环境保护行政主管部门实施对环境污染防治的统一监督管理，首先对企业污染物排放情况了解，有一批既通法律又懂技术的干部，具有得天独厚的优势。其次，查处环境污染事故是其法定职责，具有机动、灵活的现场执法队伍和监测队伍，为及时到达现场、准确提取证据提供了保证。(2) 环境保护行政主管部门是政府职能部门，化解人民内部矛盾是其职责，在充分调查事实的基础上，从中斡旋，有较高的成功率。(3) 由诉讼方式解决，往往需要环境保护行政主管部门提供监测鉴定材料，但目前我国环境监测技术落后，取得的数据不全面、不确切，而且环境污染和破坏的危害后果无法准确计算，加之环境污染和破坏作用机理复杂，影响因素多，用定量指数去衡量确定归责还需要运用综合性专业技巧，由于审判人员对环境知识的先天不足，面对单纯的几项数据难免无所适从。(4) 不少环境污染的焦点是排除危害而非损失的赔偿，环境保护行政主管部门可以运用行政手段或其他综合整治的方法使纠纷得以根本解决。

57. 越权审批导致污染，环保局是否应承担责任？

案例 57 不应鼓励越权审批

事情是这样的

江苏省兴化市张郭镇双乐化工颜料公司（下称双乐公司）因1998年新上的铜酞菁项目在未建污染防治设施的情况下，擅自投入试生产，所排污染物中苯胺、氨氮、化学需氧量、总铜等严重超标，且有铬、铅、挥发酚排放，污染了东台市广山乡水域，渔业损失严重，影响了社会安定，并对东台市区唯一的饮用水源构成威胁。江苏省环保局十分重视这一污染事故，立即组成联合调查组深入调查取证，认定了双乐公司的违法事实。由于这一项目是泰州市环保局于1997年12月15日批准实施建设的，江苏省环保局专门发文建议泰州市环保局进行如下行政处罚：(1) 责令新上的铜酞菁项目立即停止生产，并按有关法律法规规定重新办理审批手续；(2) 处以5万元罚款。

律师专线

本案发生地兴化市地处淮河流域，理应认真贯彻执行国务院发布的《淮河流域水污染防治暂行条例》（下称《条例》），《条例》自1995年8月8日起实施，该《条例》第22条明确规定了化工项目的建设要求：小化工属“禁止”范围，不存在审批问题；大中型项目，属于“严格限制”范围，审批权在省级环保部门，并向国家环保总局备案。双乐公司的铜酞菁项目不管属于小化工还是大中型项目，泰州市环保局均无权审批，故泰州市环保局在1997年12月15日批准“同意该项目实施建设”，是一种典型的越权审批行为（因执法主体资格不具备），江苏省环保局本应依法予以撤销，追究其违法行政责任，却反而专门发文把本应由省环保局拥有的处罚权让给侵权者，其处理也是不合法律精神的，这无异于纵容泰州市环保局的违法行为。

根据我国《水污染防治法》规定：国家禁止新建无水污染防治措施的小型化学制纸浆、印染、染料、制革、电镀、炼油、农药以及其他严重污染水环境的企业。无论泰州市环保局有权无权，批准新建无水污染防治措施的小型化学制纸浆、印染、染料、制革、电镀、炼油、农药以及其他严重污染水环境的企业的行为都是违法的。在这个案件中，泰州市环保局无视国家法律越权审批的行为应认定无效，并承担因此而可能造成的损失。正如上所说，江苏省环保局对于泰州市环保局的行为不但没有予以撤销，反而专门为此事发文，以此为其找到支持和依据，这本身也与环境执法的法定性原则不符。

法律规范

中华人民共和国水污染防治法

（2008年2月28日第十届全国人民代表大会常务委员会第三十二次会议修订，自2008年6月1日起施行）

第十七条　新建、改建、扩建直接或者间接向水体排放污染物的建设项目和其他水上设施，应当依法进行环境影响评价。

第四十二条　国家禁止新建不符合国家产业政策的小型造纸、制革、印染、染料、炼焦、炼硫、炼砷、炼汞、炼油、电镀、农药、石棉、水泥、玻璃、钢铁、火电以及其他严重污染水环境的生产项目。

专家释惑

在这个案件中涉及两个不同主体的不同性质的违法：一、泰州市环保局违反行政法规定，越权审批；江苏省环保局无视国家法律规定，对国家明令禁止建设的项目给予明确支持。二、江苏省兴化市张郭镇双乐化工颜料公司违反《水污染防治法》和《环境保护法》规定，在未建污染防治设施的情况下，建重污染企业，造成严重的环境污染。从这个案件中，明显反映出了环保执法部门不严格执法，为地方污染企业提供保护的行为。导致这种现象发生的原因有很多，其中最主要的原因是保护当地经济发展。经济发展固然重要，但以环境污染和环境破坏为代价的经济未免太沉重；以牺牲国家法律的尊严和法律的威信为代价难免是得不偿失的。

58. 广州市中级人民法院首次审理环境行政诉讼案

案例58 陈伟强诉增城县环境保护办公室案

事情是这样的

广东增城县福利区安良化工厂由陈伟强等人开办，该厂于1983年1月至10月从广州铬盐厂（后与人民化工厂合并）运回260多吨铬酸酐渣，得到补贴2.7万余元。铬渣堆放在两个泥池和一个石池中。因渗漏造成严重的环境污染事故。增城县环境保护办公室（以下简称环保办），根据群众投诉和现场调查，督促安良化工厂采取补救措施。但陈伟强等人置若罔闻。环保办遂于1985年3月决定对该厂罚款2万元并通报全县。

陈伟强等人不服，向增城县人民法院起诉，请求免除罚款。1985年9月4日，县人民法院经审理认为原告请求不当，不予支持，判决维持县环保办的罚款决定。随后，陈伟强等人向广州市中级人民法院上诉。

在审理过程中，被告增城县环保办通过答辩，指出安良化工厂以综合利用废渣生产无明粉、朴硝为名，索取搬运、处理费接受污染转嫁的事实，并出示监测数据，揭露了土壤严重污染、危害群众健康的情况。原、被告双方对广东安良化工厂应不应承担污染责任等问题辩论尤为激烈。

审判长在宣读合议庭判决书时，首先宣布两厂签订的合同为无效合同，因为安良化工厂原生产增塑剂，改产未经有关部门批准，原广州铬盐厂以提供无毒的硫酸氢钠为名，实际送货为含毒的铬酸酐渣。同时，认定安良化工厂严重违反环境保护法，对污染事故负有不可推卸的责任。其上诉应予驳回，支持县环保办的罚款决定。并指定对安良化工厂的罚款由陈伟强等人负责。

律师专线

我国《合同法》规定下列经济合同无效：1. 违反法律和国家政策计划的合同；2. 采取欺诈、胁迫手段所签订的合同。由于安良化工厂改产未经批准，未依法办理环境影响申报审批手续，这一行为即违反了国家法律，以改产为内容所签的合同即为无效。而广州铬盐厂以提供无毒的硫酸氢钠为名，实际送货却是含毒的铬酸酐渣，这是明显违反《合同法》的欺诈行为，故法院判决两厂所签订的合同为无效合同。以后，安良化工厂陈伟强等人接收的货物与合同不符，却接受转嫁污染事实，并擅自将有毒污染物进行处理，不向环保部门报告，造成污染事故，因此应依法承担相应的法律责任。当地人民法院经审理在查明案情事实的基础上辨明了是非，依法维护增城县环保办的行政处罚决定，这不仅使环保部门的依法行政得到了司法协助，而且也维护了环境保护法的尊严。

法律规范

中华人民共和国固体废物污染环境防治法

（1995 年 10 月 30 日第八届全国人民代表大会常务委员会第十六次会议通过，2004 年 12 月 29 日第十届全国人民代表大会常务委员会第十三次会议修订）

第六十二条　产生、收集、贮存、运输、利用、处置危险废物的单位，应当制定意外事故的防范措施和应急预案，并向所在地县级以上地方人民政府环境保护行政主管部门备案；环境保护行政主管部门应当进行检查。

第六十三条　因发生事故或者其他突发性事件，造成危险废物严重污染环境的单位，必须立即采取措施消除或者减轻对环境的污染危害，及时通报可能受到污染危害的单位和居民，并向所在地县级以上地方人民政府环境保护行政主管部门和有关部门报告，接受调查处理。

第八十二条　违反本法规定，造成固体废物污染环境事故的，由县级以上人民政府环境保护行政主管部门处二万元以上二十万元以下的罚款；造成重大损失的，按照直接损失的百分之三十计算罚款，但是最高不超过一百万元，对负有责任的主管人员和其他直接责任人员，依法给予行政处分；造成固体废物污染环境重大事故的，并由县级以上人民政府按照国务院规定的权限决定停业或者关闭。

专家释惑

行政处罚是环境保护监督管理部门对违反环境保护法但又不够行政处罚的单位或者个人实施的一种行政制裁。行政处罚需遵循一定的原则，即立法机关在环境保护法中设置行政处罚规范和执法部门实施行政处罚时必须遵循的指导思想。根据《行政处罚法》的规定和《环境保护法》中有关行政处罚的规定，可将行政处罚原则概括为：依法实施行政处罚原则，行政处罚的轻重与行政责任的大小相当原则，公开、公正原则等。依法实施行政处罚的原则，也称行政处罚法定原则，是指环境保护监督管理部门必须严格依照法律规定的依据、处罚形式和幅度、处罚程序对承担行政责任者实施行政处罚。该项原则包括以下三方面的含义：1. 实施行政处罚必须具有法律依据。首先，实施行政处罚的行政机关享有行政处罚权（含对违法行为的管辖权）；其次，该违法行为依法应给予行政处罚而不是其他的法律制裁。2. 必须严格遵守环境保护法规定的行政处罚形式和幅度。3. 必须依照法定程序实施行政处罚。《行政处罚法》规定，行政机关在作出处罚决定之前，不向当事人告知给予行政处罚的事实、理由、依据，或者拒绝听取当事人的陈述、申辩的，行政处罚决定不能成立。该法第3条还规定：不遵守法定程序（如管辖、立案、调查、检查、回避、听证、审查、决定、告知诉权等）的，行政处罚无效。行政处罚的轻重与行政责任的大小相当原则，也称“过罚相当原则”，是指立法机关或者执法部门必须根据破坏或者污染环境行为的事实、性质、情节以及社会危害程度来设定或者决定对其实施行政处罚的轻重程度。其含义包括以下三个方面：1. 行政处罚规范必须与行政责任规范相当。2. 必须全面认定违法的事实和正确地适用法律。违法的事实包括违法的时间、地点、对象和违法的手段等。这些都需要通过法定程序，全面收集材料，仔细分析和判断证据，才能正确适用法律。3. 行政处罚的轻重必须在法定的处罚形式和幅度之内，执法人员必须依照法律的精神，正确把握违法事实，准确公平量罚。

59. 有排污许可的达标排放，其污染损害能否获精神损害赔偿？

案例59 刘露等407名小学生诉某化工公司环境污染精神损害赔偿案

事情是这样的

2001年12月24日，杭州市中级人民法院审结一起环境污染损害赔偿案，判令某化工公司赔偿刘露等407名小学生精神抚慰赔偿金203500元。这是迄今全国第一起因环境污染承担精神损害赔偿责任的司法判决，值得排污企业和环保部门高度重视。

本案原告刘露等407人均为某小学学生，校东南面是被告某化工公司（以下简称被告公司）。2001年4月4日，该公司反应釜车间因职工违章操作，发生苯乙烯泄漏事故，散发的气体影响到该小学，致使本案原告刘露等407人出现头昏、头痛、恶心、腹痛、咳嗽等症状。

事故发生后，当地环保、卫生、教委等部门迅速组织调查，责令被告公司立即停产，并将部分有反应的学生送到医院检查。部分家长对某医院的检查结果持怀疑态度，随后自发带学生到其他医院检查，但几家医院检查的结果不一致。4月12日，某省、市两级疾病预防控制中心等劳动卫生和职业病防治专家经过认真调查作出结论。根据流行病学调查及现有资料分析，专家组一致认为：本次小学生出现的头昏、恶心、腹痛、咳嗽等症状，系由学校邻近的某化工公司苯乙烯泄漏引起的一次性刺激反应，但没有苯乙烯的急、慢性中毒诊断的依据。

4月13日，市政府召集有关部门进行了行政处理，被告公司根据市政府提出的处理意见，分两批共支付了医疗等费用合计132406.80元，医疗费用已基本兑现。但原告刘露等407人认为被告公司的行为已严重侵害并继续威胁其人身及财产权益，遂诉至法院要求被告公司停止排放废水，并赔偿经济损失及精神损害，合计人民币766万元。

法院另查明，1999年4月29日，当地环保局颁发给被告公司第0064号排污许可证，准予该公司废水排放每月876吨。2001年2月12日，环境监测站对被告公司的工业废水进行现场突击检查，并取水样分析，废水达标排放。

首先，在本案的审理过程中，法院认为：被告公司的环境侵权行为成立。理由是，保护环境是我国的一项基本国策，我国《宪法》第26条第1款明确规定："国家保护和改善生活环境和生态环境，防治污染和其他公害。"本案被告公司因职工违章操作，发生苯乙烯泄漏事故，所散发的气体使周围的环境受到危害，应属违反环保法律的污染环境行为。该行为致使本案原告刘露等407人出现头昏、头痛、恶心、腹痛、咳嗽等一次性刺激反应，对原告身体造成一定程度的损害。故本案的事故，已符合构成环境污染损害赔偿责任所应具备的有违反环保法律的污染环境行为、客观的损害事实及两者之间有因果关系等要件。被告公司对原告刘露等407人的环境侵权成立，并应依法承担侵权赔偿责任。

其次，对本案原告提出的关于经济损失除去已由被告支付的医疗费外，法院不予支持。法院认为，原告刘露等407人在起诉前，已就环境污染损害赔偿向当地政府及行政主管部门作了投诉及请求。当地政府及行政主管部门及时进行了行政处理，被告公司为此已承担了原告刘露等407人包括检查费、医疗费、车费等损失合计132406.80元。被告公司所承担的该部分责任形式，与其在本案所承担的民事责任的形式完全相同。因此，可以认定原告的该部分经济损失已通过行政处理途径获得救济。本案中，原告刘露等407人还主张其他损失，但除去被告已支付的医疗等费用132406.80元，均无具体的事实依据，法院对此无法认定。

再次，关于精神损害，法院给予了部分支持。法院认为，尽管本案被告公司的环境侵权行为尚未对原告的身体健康造成严重损害，但考虑到其污染环境的行为侵害的对象人数众多，并在一定程度上，其侵权行为已影响了原告刘露等407人在当地正常的学习、生活秩序，故应视其侵权行为已构成较为严重的损害后果。因此，被告公司应承担相应的精神损害赔偿责任。综合当地的平均生活水平、被告公司侵权的具体情节、过错程度及其承担责任的经济能力，对原告刘露等407人诉请的精神损失赔偿费，法院予以部分支持。

第四，关于企业的环境义务，法院审理认为企业应当承担环境保护的义务，但由于该案中，企业的废水系达标排放，因此，对于407名学生提出的立即停止排放废水的请求，法院不予支持。但被告公司仍应继续严格遵守环境保护的法律规定，加强和完善对工业废水的净化处理，控制和减少排放工业废水。

2001年12月24日，杭州市中级人民法院依照《民法通则》第124条，《环境保护法》第41条第1款，《最高人民法院关于确定民事侵权精神损害赔偿责任若干问题的解释》第8条第2款、第9条第3款、第10条第1款之规定，判决如下：

（1）被告某化工公司应赔偿原告刘露等407人精神损害抚慰金，合计203500元（每人的精神损害抚慰金为500元，407人×500元＝203500元），于判决生效之日起10日内付费。

（2）驳回原告刘露等407人的其他诉讼请求。

律师专线

这是一起因环境污染引起的精神损害赔偿案件。法院在审理此案时，严格适用了无过错责任原则，判定被告公司的环境侵权行为成立并给予精神损害赔偿部分支持。根据无过错责任原则，只要发生了损害后果，且损害后果与行为之间存在明确的因果关系，就可以构成环境侵权行为。在本案中，因某化工公司反应釜车间职工违章操作，发生苯乙烯泄漏事故，散发的气体影响到该小学，致使本案原告刘露等407人出现头昏、头痛、恶心、腹痛、咳嗽等症状。出现了法定的损害结果，行为人应该就此结果承担责任，根据我国《环境保护法》

《大气污染防治法》的规定，该化工厂损害这407人的环境权益，造成他们的身体健康损害，应该就此承担相应的责任。

然而，在此案中，由于这407人因环境污染造成的身体健康损害已经通过行政处理程序得到了实现。因此，本案的判决主要是针对他们所提出的精神损害赔偿进行审理。依照《民法通则》第124条，《环境保护法》第41条第1款，《最高人民法院关于确定民事侵权精神损害赔偿责任若干问题的解释》第8条第2款、第9条第3款、第10条第1款之规定，杭州市中级法院不仅认定被告公司应承担医疗费等经济损失，同时还认定："考虑到其污染环境的行为侵害的对象人数众多，并在一定程度上，其侵权行为已影响了原告刘露等407人正常的学习、生活秩序，故应视为其侵权行为已构成较为严重的损害后果。因此，被告公司应承担相应的精神损害赔偿责任。"原告刘露等407人作为小学生和独生子女，由于污染，不仅身体受到损害，而且妨碍了正常的学习和生活秩序，并因此给本人及其家庭带来严重精神焦虑。因此，法院综合有关因素，判令被告公司赔偿原告精神抚慰金203500元。法院的审判是完全正确的。

法律规范

中华人民共和国环境保护法

（1989年12月26日第七届全国人民代表大会常务委员会第十一次会议通过，1989年12月26日中华人民共和国主席令第22号公布，自自公布之日起施行）

第四十一条　造成环境污染危害的，有责任排除危害，并对直接受到损害的单位或者个人赔偿损失。

中华人民共和国民法通则

（1986年4月12日第六届全国人民代表大会第四次会议通过，1986年4月12日中华人民共和国主席令第37号公布，自1987年1月1日起施行）

第一百二十四条　违反国家保护环境防止污染的规定，污染环境造成他人损害的，应当依法承担民事责任。

最高人民法院关于确定民事侵权精神损害赔偿责任若干问题的解释

（2001年2月26日最高人民法院审判委员会第1161次会议通过，法释〔2001〕7号）

第八条（第二款）　因侵权致人精神损害，造成严重后果的，人民法院除判令侵权人承担停止侵害、恢复名誉、消除影响、赔礼道歉等民事责任外，可以根据受害人一方的请示判令其赔偿相应的精神损害抚慰金。

第九条　精神损害抚慰金包括以下方式：

（一）致人残疾的，为残疾赔偿金；

（二）致人死亡的，为死亡赔偿金；

（三）其他损害情形的精神抚慰金。

第十条　精神损害的赔偿数额根据以下因素确定：

（一）侵权人的过错程度，法律另有规定的除外；

……

专家释惑

本案法院的判决是一个十分有创新的判决，将精神损害赔偿引入了环境保护法领域，开创了这一类案件判决之先河。首先，在审判中法院适用了严格的无过错责任。法院判决书认定，被告某化工公司实施了因生产事故污染环境的行为，该行为与客观的损害事实之间存在因果关系，因而符合环境损害赔偿责任的3个构成要件，故判决被告公司承担赔偿责任。由此可见，排污单位即使无过错也应承担赔偿责任。

其次，达标排放不构成企业免除责任的理由。法院在判决前已经查明，本案被告公司在事故前已获得排污许可证，并经多次检测废水达标排放。即使如此，法院仍然判决该公司承担污染赔偿责任。这是因为，《环境保护法》第41条第1款并未将排污单位是否超标排放或者是否获得排污许可作为其承担污染损害赔偿责任的条件。

这意味着，排污单位超标排放或者未经许可排放或经许可排放，只要造成污染损害仍应承担民事责任。

第三，本案属于典型的集团诉讼。本案原告为 407 名小学生，均为污染事故的受害人。这些共同原告由其法定代理人推举出 4 名诉讼代表人，并就同一污染侵权事故，向同一污染侵权事故，向同一肇事公司索取污染赔偿。这类纠纷在行政处理过程中也经常出现，即众多污染受害人推举代表，向同一排污企业索取赔偿。采用集团诉讼的方式，在环境纠纷引起的诉讼中，具有至关重要的意义。人民法院处理集团诉讼的程序对环保部门按行政途径处理类似污染纠纷，也具有借鉴意义。

第四，在本案中，已经将污染损害的赔偿范围扩大到精神损害。环境污染损害的赔偿范围，过去主要集中在直接损失，即“对直接受到损害的单位或者个人赔偿损失”（见《环境保护法》第 41 条第 1 款）。实践中，直接损失大多限于经济损失。

最高人民法院 2001 年发布了《关于确定民事侵权精神损害赔偿责任若干问题的解释》（法释〔2001〕7 号）。该解释第 8 条规定：“因侵权致人精神损害，造成严重后果的，人民法院除判令侵权人承担停止侵害、恢复名誉、消除影响、赔礼道歉等民事责任外，可以根据受害人一方的请求判令其赔偿相应的精神损害抚慰金。”另据该《解释》第 9 条，精神抚慰金的方式除残废赔偿金、死亡赔偿金外，还包括“其他情形的精神抚慰金”。

本案中，杭州市中级法院综合有关因素，判令被告某化工公司应赔偿原告刘露等 407 人精神损害抚慰金，合计 203500 元（每人的精神损害抚慰金为 500 元，407 人 ×500 元 =203500 元），于判决生效之日起 10 日内付费。由此可见，司法机关已通过判决认定，环境污染不仅可能造成经济损失，还可能导致精神损害；污染单位不仅应赔偿经济损失，还可能被判令赔偿因污染造成的精神损害。本案被告某化工公司正是由于环境污染损害，除赔偿 13 余万元经济损失外，还被判令赔偿受害人 20 余万元精神抚慰金，这正是本案最为特殊之处。